# Linguistische Arbeiten 406

Herausgegeben von Hans Altmann, Peter Blumenthal, Herbert E. Brekle, Gerhard Helbig, Hans Jürgen Heringer, Heinz Vater und Richard Wiese

Detlef Peter Zaun

# Künstliche neuronale Netze und Computerlinguistik

Max Niemeyer Verlag
Tübingen 1999

Die Deutsche Bibliothek – CIP-Einheitsaufnahme

**Zaun, Detlef P.:** Künstliche neuronale Netze und Computerlinguistik / Detlef Peter Zaun. – Tübingen : Niemeyer, 1999
  (Linguistische Arbeiten ; 406)
  Zugl.: Köln, Univ., Diss., 1996

ISBN 3-484-30406-5     ISSN 0344-6727

Druck: Weihert-Druck GmbH, Darmstadt
Buchbinder: Nädele Verlags- und Industriebuchbinderei, Nehren

# Inhaltsverzeichnis

## Inhaltsverzeichnis `neuron-s_code.ps`

# Vorwort

Bezogen auf die – zumindest in der Vergangenheit – verschiedenartigen Verarbeitungsmethoden der symbolorientierten Computerlinguistik und den Modellen künstlicher neuronaler Netze deutet der Titel dieses Buches an, daß es möglicherweise Berührungspunkte zwischen beiden Disziplinen geben kann. Solche Berührungspunkte, die oft auch „Reibungspunkte" sind, möchte die vorliegenden Arbeit in das Zentrum der Diskussion stellen, nicht aber ohne mit dem NEURON–S Simulator und dem Verfahren der selektiven Propagierung einen eigenen Beitrag zur Computerlinguistik und zu künstlichen neuronalen Netzen zu leisten.

Die Entscheidung, den NEURON–S Programmcode separat in maschineller Form über das Internet frei zugänglich zu machen, erfolgte in erster Linie aus folgenden Gründen: der Programmcode kann mit Hilfe von Zusatzprogrammen direkt in verarbeitbaren Code übersetzt werden und ist nur für diejenigen interessant, die an einer praktischen Arbeit mit künstlichen neuronalen Netzen sowie deren Implementation interessiert sind. Zudem hätte der Programmcode den Umfang des vorliegenden Buches deutlich vergrößert.

An dieser Stelle möchte ich mich bei Prof. Dr. Heinz Vater bedanken, der die Erstellung der vorliegenden und im Sommer 1996 als Dissertation von der Philosophischen Fakultät der Universität zu Köln angenommenen Arbeit angeregt und ihre Entstehung mit Toleranz, Hilfe und Kritik begleitet hat sowie erster Referent war. Tag des Rigorosums war der 6.7.1996. Bedanken möchte ich mich auch bei Prof. Dr. Jürgen Rolshoven, der sich dazu bereit erklärt hat, als zweiter Referent eine Begutachtung vorzunehmen.

Mein größter Dank gebührt meiner Frau, Dr. Anja Kristina Radojewski-Zaun, die mich bei der Abfassung dieser Arbeit stets unterstützt hat.

Zons, den 27.07.1998                                                      Detlef Peter Zaun

# 1 Einleitung

## 1.1 Unzufriedenheit

Betrachtet man die Erfolge der künstlichen Intelligenz (KI) und der Computerlinguistik gemessen an der Leistungsfähigkeit heutiger Rechenanlagen, so scheint es, daß die
Forschung im Hinblick auf die traditionelle, symbolische Verarbeitung in einer Sack-
gasse angelangt ist. Im Bereich syntaktischer Analyseprogramme ist beispielsweise
der von Earley (1970) entwickelte Chart–Parser immer noch der meist verwendete Algorithmus. Neuere Entwicklungen auf dem Gebiet der automatischen Analyse
natürlicher Sprachen sind häufig nur als Modifikationen alter Modelle anzusehen[1].
In den auf symbolischer Verarbeitung basierenden semantischen Modellen ist die Situation ähnlich. Die in der Computerlinguistik dominierenden Ansätze sind semantische Netze, die eine Codierung mit indizierten Kanten und symbolischen Knoten
verwenden. Eine Darstellung solcher, in Anlehnung an häufig gebrauchte Kantenindi-
zierungen benannten „is–a" Netze, findet sich beispielsweise bei Norman/Rumelhart
(1975), Findler (1979) und Ritchie/Hanna (1983). Obwohl semantische Netze oft intuitiv erfaßbar sind und systematische Zusammenhänge auf den ersten Blick klar wie-
derzugeben scheinen, mangelt es den meisten Systemen an konzeptioneller Klarheit.
Ritchie/Thompson (1984:375) stellen hierzu fest:

> To propose a theory of meaning based on semantic nets, one should specify (among other
> things):
> - What organisational links are available
> - How the various types of links and nodes can be connected
> - What operations can performed on these combinations of links and nodes
>
> In the past, most proposals for semantic net systems have not made such details clear
> (relying on a few sample diagrams and the reader's intuitions), and many confusions have
> crept in concerning the use of network notation.

Diese Kritik trifft ebenfalls auf Systeme zu, die eine Prädikatenlogik verwenden, da
sich nach Simmons/Bruce (1971) alle linguistischen Codierungen in Netzwerkform direkt in Formate eines Prädikatenkalküls überführen lassen (vgl. auch Wilks 1977:202).

Sieht man von dem bei Lenat (1990) beschriebenen Cyc Projekt ab, das sich die
ehrgeizige Aufgabe gestellt hat, den größten Teil menschlichen Alltagswissens in Form
von Sätzen der Prädikatenlogik und Inferenzmechanismen zu codieren, ist in der Forschung zur KI keinem dieser Modelle ein wirklicher Durchbruch gelungen. Der KI–
Forscher H. Dreyfus bemerkte in einem Interview mit dem NDR–Fernsehen:

> Aber wenn Cyc scheitert, ist die KI wirklich am Ende. Das ist wirklich das letzte Projekt,
> das noch irgendeine Hoffnung bietet. Die KI ist dann so viele Jahrhunderte tot, wie es
> dauert, dieses mysteriöse Ding namens Gehirn zu verstehen.
>
> (zitiert nach Schult 1994:99)

---

[1] Eine Übersicht gängiger symbolverarbeitender Parser bietet Hellwig (1989).

Obwohl sich die Computerlinguistik von einer reinen Hilfswissenschaft zu einem integralen und theoriebildenden Bestandteil der KI entwickelt hat[2], sind sprachverstehende und intelligente Computersysteme noch nicht in Sicht. Vor dem Hintergrund symbolischer Ansätze scheint in der KI und Computerlinguistik eine Situation eingetreten zu sein, die an die Situation in der Forschung zur maschinellen Übersetzung nach Erscheinen des berüchtigten ALPAC–Reports im Jahre 1966 erinnert[3]. Viele Forschungsvorhaben wurden daraufhin eingestellt, da auf absehbare Zeit keine erfolgversprechenden Perspektiven in Sicht waren, was dazu führte, daß die Entwicklung in den folgenden Jahren stagnierte.

Als ein Beispiel für die Unzufriedenheit mit den Ergebnissen symbolischer Verarbeitung in der KI und der Computerlinguistik soll hier der Bericht von Dyer (1991:383) stehen:

> Although my students and I worked diligently at designing and building such complex symbol processing systems, by 1986 I was becoming increasingly unhappy with the tremendous amount of knowledge engineering that such systems required, and unsatisfied with their resulting fragility. I began to question whether symbol processing (based on hand–coded knowledge constructs and processing strategies, such as logical predicates, frames, scripts, demons, unification, discrimination trees, and so on) was the only available research path to modeling the mind. While symbol processing technology allows one to build sophisticated architectures, capable of exhibiting complex behavior in limited task/domains, it seems very difficult to theorize as to how such complex structures and processes could have arisen in the first place in such systems, through learning and experience. In addition, hand–coded structures seemed to lack an inherent 'richness' in representation. At the time I suspected that the inability to automatically acquire and represent the complexity of experience is a major reason for the resulting fragility of these human–engineered systems.

In diesem Zusammenhang stellt sich die Frage, auf welcher Ebene der Verarbeitung nach Gründen für die Unzulänglichkeit traditioneller Systeme zu suchen ist. Waltz/Pollack (1985:69f.) sehen den Grund in den Beschränkungen, die der KI und der Computerlinguistik durch das Modell der seriellen und symbolmanipulierenden Von-Neumann-Architektur[4] auferlegt werden:

> Computer scientists, like cognitive scientists, tend to be limited by the conceptual framework of serial processing, the 30–year–old framework of the "von Neumann" machine,

---

[2] Noch im Jahre 1977 konstatierte Eisenberg (1977:4): „Auch wenn es eine ganze Reihe von Berührungspunkten gibt (...), ist die Beschränkung der Linguistik zunächst auf Teilbereiche des 'Wissens über die Sprache' und dann auf dieses Wissen insgesamt aber dennoch eines der schwerwiegendsten Hindernisse zur Kooperation mit der künstlichen Intelligenz (...)." Eine solche Beschränkung auf 'Wissen über Sprache' läßt sich heute im allgemeinen nicht mehr beobachten, da auch in die Linguistik Begriffe wie Kontext und Weltwissen in die Theoriebildung eingegangen sind. Schank (1990:13) fordert daher: „AI (Artificial Intelligence) should, in principle, be a contribution to a great many fields of study. AI has already made contributions to psychology, linguistics, and philosophy as well as other fields. In reality, AI is, potentially, the algorithmic study of processes in every field of inquiry."

[3] Der ALPAC–Bericht (vgl. ALPAC 1966) stellte die Unzulänglichkeit maschineller Sprachverarbeitung am Beispiel maschineller Übersetzung fest und konstatierte einen mangelnden Bedarf an solchen Programmen.

[4] Vgl. S.10 dieser Arbeit.

with its Central Processing Unit connected to its passive array of memory by a small bundle of wires.

Diese Hypothese scheint die Ursache auf die Ebene der physikalischen Realisierung von Computerprogrammen zu reduzieren und Programmiersprachen, Algorithmen, Theorien über kognitive Strukturen und Grammatikmodelle der Computerlinguistik auszuklammern. Da die einzelnen Ebenen jedoch stark miteinander interagieren, ist eine differenziertere Betrachtungsweise geboten.

Aufgabe von Kapitel 2 ist daher eine eingehendere Untersuchung des klassischen, symbolischen Ansatzes in der KI und Computerlinguistik, sowie die diesem Ansatz zugrundeliegende Theorie und Systemarchitektur. Im Vordergrund der Betrachtung soll dabei die Chomsky–Hierarchie der Sprachen stehen, ein formaler Rahmen, der für die Entwicklung computerlinguistischer Modelle von großer Bedeutung ist. Bezüglich der mit den Sprachen der Chomsky–Hierarchie korrespondierenden Grammatikmodelle soll besonders auf die generative Grammatik in der Tradition von Chomsky (1957) näher eingegangen werden, die die Basis für viele formale und natürlichsprachliche Grammatiken gelegt hat. Die Government Binding Theorie (vgl. Chomsky 1986) läßt sich in ihren Grundzügen direkt aus den frühen Phrasenstrukturgrammatiken Chomskys ableiten. Selbst Ansätze wie die Lexikalisch–Funktionale Grammatik (vgl. Kaplan/Bresnan 1982) oder die Head–driven Phrase Structure Grammar (vgl. Pollard 1984) tragen für die Verarbeitung entscheidende Komponenten des Modells von 1957 in sich. Da sich eine seriöse Beschäftigung mit alternativen Verarbeitungsmodellen stets in argumentativer Auseinandersetzung mit den klassischen Ansätzen befinden sollte, muß der kritischen Erörterung ebendieser traditionellen Modelle ein entsprechender Umfang eingeräumt werden. Insbesondere gilt dies, wenn es sich beim Gegenstand der Kontroverse nicht um kleinere notionelle Veränderungen oder die Formulierung neuer Regelmodule handelt, sondern grundsätzliche Aspekte der Verarbeitung und Repräsentation natürlicher Sprachen angesprochen werden.

## 1.2   Neue Perspektiven

Zitiert man die eben angeführten Unmutsäußerungen von Dyer (1991:383) weiter, so scheint es einen Ausweg aus dem Dilemma zu geben. Er bemerkt:

> Around that time, the two volume PDP books came out (Rumelhart and McClelland, 1986). Like many, I had preordered these books and upon their arrival "devoured" them with great excitement, seeing in them the potential solution to all my problems. Here was an alternative paradigm and technology, holding the promise of automatic acquisition of knowledge, where knowledge consists of distributed representations, and where processing involves spreading activation (versus the unification-based symbol processing mechanisms I had been using).

Die beiden Aufsatzsammlungen von Rumelhart/McClelland (1986), *Parallel Distributed Processing* (= PDP) – *Explorations in the Microstructure of Cognition*, begründeten ein neues Interesse und einen ungeahnten Boom in der Forschung zu künstlichen neuronalen Netzwerken. Im allgemeinen werden die beiden Bände daher heute als die „Bibel des neueren Konnektionismus" bezeichnet. Die Architektur und Arbeitsweise solcher künstlichen neuronalen Netze kann als Abstraktion über biologische neuronale Netze aufgefaßt werden. Der neuere Konnektionismus beschäftigt sich u.a. mit der Anwendung solcher künstlichen neuronalen Netze bei der Simulation kognitiver Fähigkeiten und scheint somit ein neues Paradigma für die KI und Computerlinguistik zu bilden.

Kapitel 3 behandelt zunächst die Grundprinzipien der Informationsverarbeitung in biologischen neuronalen Netzen, von denen die Arbeitsweise künstlicher neuronaler Netzwerke abgeleitet ist. Im Vordergrund soll zunächst ein Systemvergleich zwischen den Eigenschaften biologischer neuronaler Netze und der klassischen Von-Neumann-Architektur stehen, wobei ein zentraler Aspekt die Fähigkeit zur Sprachverarbeitung ist. Der Aufbau des menschlichen Gehirns, die Frage nach der Lokalisierung von Sprachzentren und die damit verbundene These der Autonomie der Syntax sollen ebenfalls diskutiert werden.

Der Mechanismus der Erregung von Nervenzellen und die Weiterleitung von Aktionsimpulsen an nachgeschaltete Zellen ist ebenso Gegenstand der Untersuchung wie der Prozeß der Signalweiterleitung und der Gewichtung von Aktionsimpulsen innerhalb der Synapsen, den Schaltstellen zwischen den Nervenzellen. Da das „Wissen" eines biologischen neuronalen Netzes neben der Netzwerktopologie im wesentlichen durch diese synaptischen Verbindungen determiniert wird, sind die in der Synapse ablaufenden Prozesse von größtem Interesse für die Konstruktion von daraus abgeleiteten künstlichen neuronalen Netzwerken. Aus diesem Grund soll die Arbeitsweise der Synapsen eingehender betrachtet werden.

Kapitel 4 ist den Prinzipien der Informationsverarbeitung in künstlichen neuronalen Netzwerken – d.h. dem neueren Konnektionismus – gewidmet. Neben einer Darstellung der Arbeitsweise und einer Klassifizierung künstlicher neuronaler Netze soll außerdem die Klärung des Begriffs „neuerer Konnektionismus" im Vordergrund stehen, der impliziert, daß es einen „älteren Konnektionismus" gegeben hat. Der Grundmechnismus der Aktivierungsausbreitung in künstlichen neuronalen Netzen sowie die laterale Hemmung einzelner Verarbeitungselemente bestimmt im wesentlichen das Reaktionsverhalten solcher Netze auf eingegebene Daten. Wichtige Parameter hierbei sind, neben der Netzwerktopologie, die Gewichtungen der einzelnen Verbindungen der Verarbeitungselemente untereinander. Da neben einer manuellen Justierung solcher Gewichte auch automatisierte Adaptionsverfahren existieren, sollen die Vor- und Nachteile solcher Verfahren beleuchtet werden.

Ein weiterer Punkt betrifft die unterschiedlichen Netzwerktopologien und Klassen künstlicher neuronaler Netzwerke. Einige der bekanntesten Modelle sollen deshalb hier vorgestellt werden. Darüberhinaus stellt dieses Kapitel mögliche Kombinationen von Netzwerken mit traditionellen regelbasierten Systemen in hybriden Modellen zur Diskussion.

Grundlegende Aspekte bei der Modellierung von Sprachverarbeitsprozessen werden in Kapitel 5 angesprochen. In diesem Zusammenhang sollen einige Modelle, die bei der Entwicklung sprachverarbeitender konnektionistischer Netzwerke eine wichtige Rolle spielen, näher betrachtet werden. Dabei ist in erster Linie das „Past–Tense" Modell von Rumelhart/McClelland (1986b) zu nennen, das eine Simulation des Spracherwerbsprozesses bei Kindern in bezug auf den Erwerb des Past Tense im Englischen vornimmt.

Die Zuweisung von Rollen an Konstituenten eines Eingabesatzes steht im Mittelpunkt des von McClelland/Kawamoto (1986) entwickelten „Sentence Processing" Modells. Über eine Spezifizierung der Argumentstrukturen von Verben sowie eine Verknüpfung der Argumente mit semantischen Microfeatures ist das Netzwerk in der Lage, Rollen korrekt zuweisen zu können.

Ein weiterer interessanter Ansatz ist das „Massively Parallel Parsing" nach Waltz/ Pollack (1985). Ziel dieses Modells ist es, unter Zuhilfenahme von Kontextinformationen, welche durch Mengen vom Microfeatures ausgedrückt werden, eine Desambiguierung mehrdeutiger Elemente der Eingabekette vorzunehmen und somit eine eindeutige Interpretation eines Satzes zu liefern. Im Gegensatz zu den Modellen von Rumelhart/McClelland (1986b) und McClelland/Kawamoto (1986) handelt es sich hierbei um ein lose gekoppeltes und rekurrentes Netzwerk mit streng lokalen Repräsentationen.

Neuere Ansätze, wie die sequentiellen Netzwerke nach Elman (1990) oder rekursive auto–assoziative Speicher nach Pollack (1988), werden ebenfalls in Kapitel 5 diskutiert, da sie möglicherweise neue Aspekte der Verarbeitung natürlicher Sprachen durch künstliche neuronale Netzwerke bieten.

In Kapitel 6 erfolgt die Darstellung des im Rahmen dieser Arbeit entwickelten NEURON-S Simulators. Dabei handelt es sich um eine Entwicklungs- und Simulationsumgebung für künstliche neuronale Netzwerke, die über entsprechende Zusatzdateien weitgehend frei zu konfigurieren ist. Über externe Dateien lassen sich in der Programmiersprache Cambridge Lisp Aktivierungs-, Propagierungs- und Lernfunktionen definieren und in den laufenden Simulator compilieren. Die Konstruktion von Netzwerken sowie eine Steuerung und Auswertung der Simulation kann dann durch NEURON-S erfolgen.

In diesem Zusammenhang wurde außerdem ein neues Propagierungsverfahren für künstliche neuronale Netze entwickelt, das im folgenden als „*selektive Propagierung*" bezeichnet wird. Durch dieses neue Verfahren ist es möglich, den Verarbeitungsaufwand für die Simulation künstlicher neuronaler Netze erheblich zu reduzieren. Eine Vorstellung und Diskussion der selektiven Propagierung ist ebenfalls Gegenstand dieses Kapitels.

Außerdem sollen anhand unterschiedlicher Fallbeispiele die Möglichkeiten der Codierung sprachlichen Wissens demonstriert werden. So behandelt das erste Beispiel die Deklination von Personalpronomina im Deutschen, das zweite die Codierung von Wortformen und das dritte die gegenseitige Beeinflussung solcher Wortformen untereinander. Dabei soll dargestellt werden, wie eine zeitlich versetzte Darbietung der Elemente einer Eingabekette die jeweiligen Lesarten dieser Elemente determiniert und sich durch diese Vorauswahl die Interpretation in eine bestimmte Richtung lenken läßt.

Für die Darstellung des Programmcodes des NEURON-S Simulators wurde in der ersten Form der vorliegenden Arbeit ein separater zweiter Band verwendet. Diese

Form der Präsentation sollte im wesentlichen die Handhabung der einzelnen Teile dieser Arbeit erleichtern und ließ sich auch bezüglich der unterschiedlichen Inhalte der beiden Bände begründen. Da Programmcode aber besser direkt in maschinenlesbarer Form präsentiert werden sollte, wurde der gesamte Inhalt des vormalig sog. „zweiten Bandes" in Form einer Postscript–Datei unter der folgenden Adresse im Internet abgelegt:

`ftp://ftp.uni-koeln.de/neural-nets/papers/neuron-s_code.ps.gz`

Die Datei wurde hiefür mit dem Programm `gzip` komprimiert, das Postscript–Format wurde mit `dvips` aus einer TEX–DVI Quelle erzeugt.

# 2 Computer und Sprache

## 2.1 Von Automaten und Computern

### 2.1.1 Die Turingmaschine

Der Aufbau und die Funktionsweise heutiger digitaler Rechenanlagen, allgemein als
„Computer" bezeichnet, basiert im wesentlichen auf den theoretischen Überlegungen
Alan Turings und den Entwürfen John von Neumanns. Sieht man von den zahlreichen
Ideen und Realisierungen mechanischer Rechenautomaten ab, die es seit Leonardo da
Vinci und Blaise Pascal immer wieder gegeben hat, so kann der „Urahn" heutiger
Computer in dem abstrakten Formalismus der Turingmaschine gesehen werden[5]. Tu-
ring (1936) entwarf hierbei einen theoretischen Automaten, dessen schematischen Auf-
bau Abbildung 2.1 zeigt. Eine Turingmaschine setzt sich demnach aus einem Schreib–

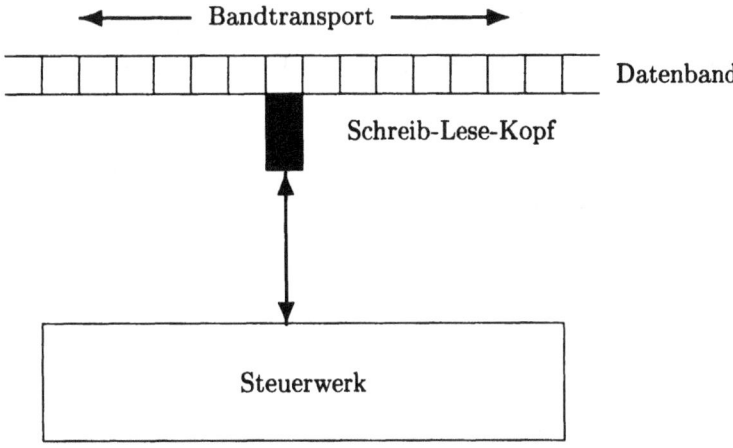

Abb. 2.1: Aufbau einer Turingmaschine

Lese–Kopf, einem Datenband mit einer Menge von Feldern und einem Steuerwerk für
die Bandbewegung und die Applikation von Regeln zusammen. Formal kann sie als ein
Quadrupel $\{K, \sum, s, \delta\}$ angesehen werden (vgl. Partee/ter Meulen/Wall 1990:510),
wobei

$K$ eine endliche Menge von Zuständen ist, die als Untermenge die Menge der Hal-
tezustände $F$ enthält ($F \subseteq K$),

---

[5] Zu einer exakten Darstellung und umfassenden Erörterung von Turingmaschinen vgl. Minsky
1967:117ff., Hopcroft/Ullman 1969:80ff. und Partee/ter Meulen/Wall 1990:507ff.

$\sum$ eine endliche Menge von Symbolen (Alphabet) und ein Leersymbol #[6],

$s$ ein Startsymbol aus $K$ $(s \in K)$ und

$\delta$ eine Übergangsfunktion, die die Bandbewegung regelt und für die
$K \times \sum \rightarrow K \times (\sum \cup \{L, R\})$ gilt.

Dieser Automat ist in der Lage, aus einer endlichen Anzahl von Symbolen und Steueranweisungen eine nur durch die Bandlänge beschränkte, aber theoretisch unendliche Sequenz von Symbolen zu generieren oder zu erkennen. Dazu verfährt der Automat wie folgt: Beginnend mit einem aktuellen Zustand $s$ (bzw. $q_0$) des Steuerwerks wird ein neues Symbol auf das Band geschrieben. Dann wird das Band nach rechts oder links bewegt und ein neues Symbol vom Band gelesen. Aus diesem Zeichen und dem aktuellen Zustand des Steuerwerks wird mittels einer Übergangsfunktion $\delta$ ein neues Symbol generiert und an die Stelle des zuletzt gelesenen Zeichens auf das Band geschrieben. Anschließend nimmt das Steuerwerk einen neuen Zustand ein und bewegt das Band nach rechts oder nach links. Dieser Vorgang wird solange fortgesetzt, bis das Steuerwerk einen Haltezustand $F$ erreicht.

Problematisch ist in diesem Zusammenhang, daß es algorithmisch nicht entscheidbar ist, ob eine Turingmaschine jemals terminiert, d.h. daß sie einen Zustand $F$ einnehmen kann und somit eine Eingabekette $x$ akzeptiert[7]. Ausgehend von einem Alphabet $\sum$ und den Regeln der Übergangsfunktion $\delta$ kann eine Turingmaschine T (falls sie terminiert) eine Eingabekette $x$ zwar syntaktisch bewerten, hingegen können keinerlei Aussagen über deren Semantik gemacht werden. Daher ist algorithmisch weder entscheidbar, ob ein spezieller Wert Resultat eines Programms[8] sein kann, noch ob syntaktisch verschiedene Programme den gleichen Wert berechnen.

Charakteristisch für eine Turingmaschine ist also, daß es sich bei ihr um einen sequentiell arbeitenden Automaten handelt, der mit einer endlichen Anzahl von Regeln, Symbolen und Zuständen in der Lage ist, theoretisch unendliche Ketten zu generieren bzw. zu erkennen. Hinsichtlich rekursiver Fähigkeiten gilt, daß wenn $x$ von einer Turingmaschine akzeptiert oder erzeugt wird, $x$ eine rekursiv aufzählbare Menge ist und es einen Algorithmus zur Erkennung bzw. Generierung aller Elemente von $x$ geben muß (vgl. Wall 1972:280). Hinsichtlich des Verhältnisses zwischen Turingmaschinen und Sprachen der Chomsky-Hierarchie (vgl. Partee/ter Meulen/Wall 1990:561ff.) kann im Vorgriff auf die zum Thema Sprache folgenden Ausführungen

---

[6] Wall (1972:276) charakterisiert eine Turingmaschine als $\{K, \sum, \#, \delta, q_0, F\}$ mit $q_0 = s$ und der Einschränkung, daß # nicht Element aus $\sum$ ist. Der Hintergrund hierfür ist, daß das Leersymbol zur Menge der erlaubten Bandsymbole gehört, nicht aber zur Menge der Eingabesymbole. Partee/ter Meulen/Wall (1990:511) sprechen in diesem Zusammenhang von: „$\{K, \sum, s, \delta\}$ and $\sum_1$, a subset of $\sum$ which does not contain #...". Hopcroft/Ullman (1969:81) dagegen verwenden $\{K, \Gamma, \sum, \delta, q_0, F\}$, wobei $\Gamma$ eine endliche Menge der erlaubten Bandsymbole mit dem Leersymbol # ist, $\sum$ hingegen eine Untermenge von $\Gamma$ ohne #.

[7] Zum sogenannten „Halteproblem" vgl. Partee/ter Meulen/Wall 1990:522ff., Minsky 1967:146ff., Hopcroft/Ullman 1969:80ff. und Wall 1972:287.

[8] Mit der Bezeichnung Programm sind hier hauptsächlich die möglichen Zustände $K$, das Alphabet $\sum$ und die Übergangsregeln $\delta$ des Steuerwerks gemeint.

festgehalten werden, daß wenn eine Sprache $L$ von einer Typ–0–Grammatik erzeugt wird, $L$ auch von einer Turingmaschine erkannt wird, bzw. wenn $L$ durch eine Turingmaschine erkannt wurde, muß $L$ von einer Typ–0–Grammatik generiert worden sein (vgl. Hopcroft/Ullman 1969:111f.).

## 2.1.2 Computer

Heutige Computer entsprechen in ihrer Konzeption im wesentlichen dem Entwurf der Turingmaschine. Die wichtigsten Bestandteile eines Computers sind hierbei Speicher (Memory) und Hauptprozessor (Central Processing Unit = CPU)[9]. Wie in Abbildung 2.2 zu sehen ist, bestehen zwischen dem Prozessor und dem Speicher Verbindungen,

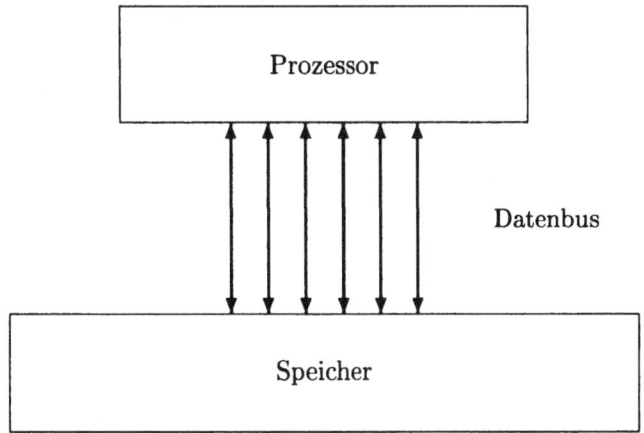

Abb. 2.2: Architektur eines Computers

über die ein Austausch von Informationen in beide Richtungen erfolgen kann. Die Verbindung zwischen Speicher und Prozessor, über die der Datenaustausch erfolgt, wird Bus, Systembus oder Datenbus genannt. Bei den Daten handelt es sich um codierte Objekte, die auf unterster Ebene als diskrete, binäre Einheiten realisiert sind. Eine solche binäre Einheit, die als Zustand 0 oder 1 einnehmen kann, wird als Bit bezeichnet. Im Speicher sind Bits im allgemeinen in Gruppen zu 8 Bit (= Byte), 16 Bit (= Word), 32 Bit (= Longword) oder höher organisiert. In Abhängigkeit zur Größe dieser Gruppen ist der gesamte Speicher in Zellen eingeteilt, die jeweils mit einer eindeutigen Adresse versehen und über diese zu identifizieren sind. Auf abstrakter Ebene sind die Speicherzellen mit den Zellen des Bandes einer Turingmaschine vergleichbar.

---

[9] Neben Speicher und Hauptprozessor sind noch viele weitere Komponenten, wie z.B. Ein- und Ausgabeeinheiten, Treiberbausteine, Taktgeneratoren usw., zum Betrieb eines Computers notwendig. Speicher werden zudem noch nach Read–Only–Memory (= ROM) und Random–Access–Memory (= RAM) unterteilt. Weitere feinere Abstufungen nach SRAM, DRAM, VRAM etc. sind ebenfalls möglich, doch sind all diese Komponenten für den grundsätzlichen Aufbau eines Computers zunächst irrelevant.

Der Prozessor stellt eine arithmetisch–logische Einheit dar, die über eine bestimmte Anzahl von Funktionen verfügt. Diese Funktionen sind durch festverdrahtete logische Schaltungen realisiert und variieren je nach Prozessortyp. Der vom Prozessor aus erfolgende Zugriff auf Speicherzellen ist immer eine sequentielle Operation. Ein Datenobjekt wird aus einer Speicherstelle gelesen, im Prozessor nach Regeln verarbeitet und in den Speicher zurückgeschrieben, wobei entweder der alte Wert überschrieben wird oder eine andere Speicherzelle den neuen Wert erhält. Die Auswahl der Speicheradressen korrespondiert im wesentlichen mit der Bandbewegung einer Turingmaschine. Wichtig ist hierbei, daß immer nur ein Datenobjekt zu einem Zeitpunkt verarbeitet werden kann.

### 2.1.3  Programmierung

Geht man davon aus, daß das Programm einer Turingmaschine durch das Alphabet, den aktuellen Zustand und die Regeln des Steuerwerks bestimmt wird, stellt sich die Frage, wie neben dem festverdrahteten Befehlssatz des Prozessors Programme in einem Computer realisiert werden können. Wirth (1983:20f.) bemerkt hierzu:

> Aus der elementaren Forderung, daß ein Computer fähig sein soll, einem gegebenen Programm zu folgen, ergibt sich, daß dieses Programm dem Computer zugänglich sein muß. Wo befindet sich deshalb das Programm zweckmäßigerweise? Es war die geniale (und heute beinahe trivial anmutende) Idee von John von Neumann, das Programm ebenfalls im Speicher unterzubringen. Derselbe Speicher enthält also sowohl die zu bearbeitenden Daten als auch das zu befolgende Programm.

Vor diesem Hintergrund wird die Gesamtarchitektur eines Computers allgemein als *Von-Neumann-Architektur* bezeichnet. Kennzeichen dieser Architektur ist, ebenso wie die Arbeitsweise der Turingmaschine, das Prinzip der sequentiellen und rekursiven Verarbeitung von diskreten symbolischen Objekten durch eine Menge von Steueranweisungen. Beschreiben solche Anweisungen einen Prozeß und dessen Teilhandlungen vollständig, wird die Gesamtheit der hierzu notwendigen Anweisungen *Programm* genannt (vgl. Wirth 1983:14). War es in den fünfziger Jahren noch üblich, Programme an dem Instruktionssatz eines bestimmten Prozessors auszurichten und Befehle in Form binärer, oktaler oder hexadezimaler Folgen zu codieren, so werden Programme heute mit Hilfe „höherer Programmiersprachen" formuliert. Solche Sprachen wie z.B. Fortran, Lisp oder C gestatten es dem Entwickler, Programme in einer von dem aktuell verwendeten Prozessor unabhängigen, problemorientierten und auf die menschlichen Gewohnheiten ausgerichteten Weise zu erstellen. Merkmale dieser symbolischen und regelorientierten Programmierung sind beispielsweise **wenn-dann** Konditionen, **while** oder **for** Schleifen sowie die Bereitstellung von Datenstrukturen wie Zeichenketten, Listen oder Klassen[10].

---

[10] Klassen, ebenso wie z.B. Methoden und Instanzen, werden von objekt–orientierten Programmiersystemen (= OOP) wie Smalltalk oder C++, bzw. von Systemen mit objekt–orientierten Erweiterungen (z.B. Lisp) verwendet. Objekt–orientierte Systeme sind keine parallel und verteilt arbeitenden Modelle, da sie spezialisierte und komplexe Aufgaben durchführen (vgl. Kemke 1988:3) und keine uniformen Verarbeitungselemente bereitstellen. Sie können daher als Spezialfall sequentieller, symbolischer und regelorientierter Verarbeitung angesehen werden.

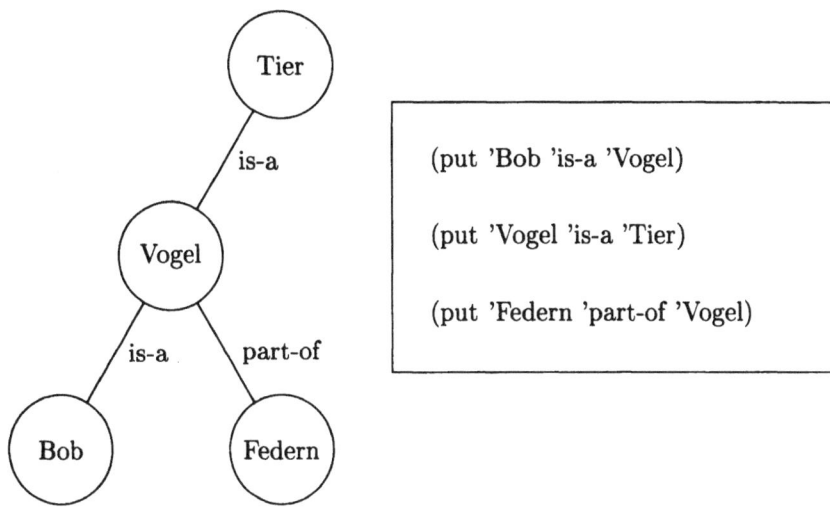

Abb. 2.3: Codierung eines is–a Netzes

Ein Beispiel für die symbolische und regelbasierte Art der Codierung ist in Abbildung 2.3 zu sehen. Sie zeigt ein einfaches hierarchisch organisiertes Netzwerk aus symbolischen Knoten und indizierten Kanten sowie eine dazu äquivalente Beschreibung durch Eigenschaftslisten in der Programmiersprache Lisp[11].

Mittels symbolischer Codierung ist es nun problemlos möglich, eine Sequenz von Anweisungen zusammenzustellen, die Antwort auf die Frage gibt, ob *Federn* ein Teil von *Bob* ist.

```
(cond ((equal (get 'Bob 'is-a)
              (get 'Federn 'part-of)) 'ja)
      (t 'nein))
```

Diese Folge kann in natürlicher Sprache wie folgt beschrieben werden: Wenn (= cond) die beiden Terme, die jeweils die is-a Eigenschaft von Bob (= (get 'Bob 'is-a)) und part-of Eigenschaft von Federn (= (get 'Federn 'part-of)) ermitteln, gleich sind (= equal), dann gib ja aus, ansonsten (= t) gib nein aus.

Technisch gesehen werden die Lisp–Anweisungen durch einen Interpreter oder Compiler in einen sogenannten Maschinencode überführt, der vom Prozessor ausgeführt werden kann (vgl. Zaun 1992:6f.). Interpretersprachen führen diesen Code sofort aus und liefern ein Ergebnis zurück. Compilersprachen hingegen nehmen zunächst nur eine Übersetzung vor und generieren damit ein separat vorliegendes, ausführbares

---

[11] Zu der Programmiersprache Lisp vgl. Winston/Horn 1984. Zu den verwendeten Eigenschafts-listen Zaun 1992:28ff. Mit der Funktion **put** wird einem Symbol (wie z.B. Bob) unter einem beliebigen Indikator (z.B. is-a) ein Wert (z.B. Vogel) zugewiesen. Mit der Funktion **get** kann dann bei Angabe des Symbols und des Indikators der jeweilige Wert abgefragt werden.

Programm in Maschinencode. Die in der KI und Computerlinguistik meistverwendete Programmiersprache Lisp gestattet es zudem, einzelne Funktionen zu compilieren und im Interpretermodus zu verwenden.

### 2.1.4 Äquivalenzen

Hinsichtlich der Architektur eines informationsverarbeitenden Systems stellt sich nun die Frage, wie diese beschaffen sein muß, um „intelligentes Verhalten" hervorbringen zu können, bzw. bezüglich der Computerlinguistik, die hier im Mittelpunkt des Interesses steht, natürliche Sprache verarbeiten und/oder generieren kann. Für die bisher vorgestellten Systeme, die Turingmaschine und den Computer, ist das gemeinsame Prinzip das der sequentiellen Verarbeitung von Symbolen. Durch diese Arbeitsweise, welche rein mechanisch, d.h. ohne Zuhilfenahme einer Semantik oder einer über bloße Mechanik hinausgehenden Komponente vollzogen wird, kann ein allgemeines Verfahren zur Erkennung bzw. Generierung einer Kette $x$ definiert werden. (vgl. Wall 1972:279f.). Ein solches Verfahren, bei dem sichergestellt werden kann, daß es terminiert, wird als Algorithmus bezeichnet. Betrachtet man noch einmal die Aussage von S.8, daß, wenn $x$ von einer Turingmaschine akzeptiert oder erzeugt wird und $x$ eine rekursiv aufzählbare Menge ist, es einen Algorithmus zur Erzeugung bzw. Generierung aller Elemente von $x$ geben muß, so wird deutlich, daß ein solcher Algorithmus auf alle Automaten übertragbar ist, die zu einer Turingmaschine äquivalent sind. Diese These ist allgemein als die *Church–Turing These* bekannt[12]. Hopcroft/Ullman (1969:80) formulieren dies wie folgt:

> However, from the definition of a Turing machine, it will be readily apparent that any computation that can be described by means of a Turing machine can be mechanically carried out. Thus the definition is not too broad. It can also be shown that any computation that can be performed on a modern–day digital computer can be described by means of a Turing machine.

Dorffner (1991:7) verdeutlicht diese Aussage, indem er explizit sagt:

> Jede berechenbare Funktion kann von einer Turing–Maschine berechnet werden, somit auch von jeder Maschine, die einer Turingmaschine äquivalent ist.
> Ein von Neumann Computer, mit theoretisch beliebig viel Speicherraum, ist einer Turingmaschine äquivalent.

Letztendlich führt diese Behauptung zu der Annahme, daß die physikalische Beschaffenheit eines informationsverarbeitenden Systems völlig irrelevant für die Belange der KI und der Computerlinguistik ist. Wichtig ist nur, daß das System den Prinzipien der sequentiellen rekursiven Symbolverarbeitung folgt und diese auf einer beliebigen physikalischen Struktur realisieren kann. Dabei ist es unwichtig, auf welcher Grundlage ein solches System arbeitet. Newell (1973:44f.) bemerkt:

---

[12] Minsky (1967:108) bemerkt hierzu: „Turing goes on to defend the following proposition, now often called *Turing's thesis*: Any process which could naturally be called an effective procedure can be realized by a Turing machine. This proposition, in its most general form, is usually called *Church's thesis*, after the work of Alonzo Church relating the intuitive notion of effectiveness to formal logical process."

Mind is an information–processing system.
Minds (information–processing systems) are realized in physical systems.
(...)
Neurophysiology is almost totally irrelevant to the nature of mind.
(...)
Electronics is almost totally irrelevant to the nature of artificial intelligence.

Diese Sichtweise impliziert, daß auch die menschliche Kognition vollständig durch symbolmanipulierende Verfahren beschreibbar ist, bzw. auf diesen beruht.

> The view that man is an information processor means that his behavior can be seen as the result of a system consisting of memories containing discrete symbols and symbolic expressions (i.e., occurrences of symbols), and processes that manipulate these symbols. The central notion is that of the symbol, which is taken to mean essentially what it does in computer science, an entity with a certain functional property, to wit: that when a process has a token of a symbol it has access to information about what that symbol designates (encoded in symbolic expressions). The processes that can be performed on symbols are their creation (and, possibly, destruction), the obtaining of designated information, the creation of symbolic expressions, and the manipulation of these symbolic expressions by insertion, deletion, replacement, and reordering.
>
> (Newell 1973:27)

Newell/Simon (1976) formulierten hieraus die sogenannte *Physical Symbol Systems Hypothesis*:

> Ein 'Physical Symbol System' hat die notwendigen und hinreichenden Voraussetzungen für ein intelligentes System.
> Def.: Ein 'Physical Symbol System' ist ein System, das aus Symbolen und Symbolstrukturen besteht, die physikalisch realisiert sein müssen.
>
> (zitiert nach Dorffner 1991:3f.)

Es stellt sich jedoch die Frage, ob es sich bei der menschlichen Kognition tatsächlich um ein physikalisches System handelt, auf das ein wie auch immer gearteter symbolverarbeitender Mechanismus aufgesetzt ist. Trifft diese Annahme zu, so kann auch behauptet werden, daß sich der menschliche Geist wie ein Computerprogramm verhält, das auf einer neuronalen Architektur implementiert ist. In den Kognitionswissenschaften wird dies als *Computermetapher* bezeichnet (vgl. Schwarz 1992:15f.). Geist verhält sich danach zum Gehirn wie die Software zur Computerhardware. Die Computermetapher scheint allerdings auszuklammern, daß die Hardware eines Computers durch Vorgabe hochkomplexer Logikschaltungen bereits strukturiert ist und damit über „Wissen" verfügt. Zudem kann auf Software vollständig verzichtet werden, wenn Prozesse durch feste Verschaltungen auf einem Chip realisiert werden. In diesem Fall gibt es keine formale Trennung zwischen Software und Hardware mehr. Das Wissen eines solchen Systems liegt somit in der physikalischen Verschaltung der Hardware. Die Sichtweise der Computermetapher impliziert hingegen, daß es sich bei dem menschliche Geist, ebenso wie bei der Turingmaschine und dem Computer, um ein sequentielles und symbolmanipulierendes System handelt. Folglich basiert auch die Fähigkeit zur Sprachverarbeitung auf diesen Prinzipien und kann aufgrund der Church-Turing These und der Physical Symbol System Hypothesis auf Computern nachgebildet werden.

Wie im folgenden noch dargelegt wird, kann diese Auffassung der menschlichen Kognition und speziell die der menschlichen Sprachkompetenz nur als ein Mißverständnis der computerisierten Linguistik aufgefaßt werden. Die Eignung zur Sprachverarbeitung basiert auf den speziellen und im Laufe der Evolution erworbenen Fähigkeiten, die durch die neurobiologische physikalische Architektur des Gehirns determiniert werden. Daher ist eine stärkere Einbeziehung der Prinzipien neurophysiologischer Informationsverarbeitung in die linguistische Theoriebildung gefordert.

## 2.2   Sprachverarbeitung

Auf den ersten Blick scheint es übertrieben zu sein, das Prinzip der sequentiellen und rekursiven Symbolverarbeitung im Bereich der Computerlinguistik als ein Mißverständnis der computerisierten Linguistik zu bezeichnen, doch zeigt ein Rückblick auf die Entstehungsgeschichte und Motivation der generativen Grammatik in der Tradition Chomskys (1957 und 1965), daß eine kritische Betrachtungsweise generativer Grammatiktheorien und Sprachverarbeitungsmodelle notwendig ist, um die Ursachen für die Probleme symbolorientierter Ansätze aufzuzeigen.

### 2.2.1   Der Strukturalismus

Richtungsweisende und für viele Grundprinzipien der generativen Grammatik wichtige Ideen wurden bereits von de Saussure zu Beginn dieses Jahrhunderts formuliert. Im Mittelpunkt seines Interesses stand in erster Linie die Systematik im Aufbau natürlicher Sprache, genauer die *langue*, d.h. die von allen Individuen einer bestimmten Sprachgemeinschaft geteilte Fähigkeit, das formale System einer einzelnen Sprache verstehen und hervorbringen zu können[13]. Die Grundannahme war hierbei, daß es sich bei einem sprachlichen System um ein logisch exakt beschreibbares System von formalen Strukturen handelt, das unabhängig und frei von jeglichem substantiellen Gehalt darstellbar ist (vgl. Bussmann 1983:510).

> Der Systemgedanke ist zentral für Saussure und die ganze auf ihm aufbauende Richtung des Strukturalismus. In diesem System bedingt sich alles gegenseitig: Jedes Sprachelement erhält seinen besonderen *Wert* durch seine Beziehungen zu allen anderen Elementen des Systems.
>
> (Vater 1982:19f.)

Kern einer solchermaßen ausgerichteten Vorstellung von Sprache ist also die Untersuchung des relationalen Geflechts der einzelnen sprachlichen Elemente. Vater (1982:23) bemerkt weiter:

---

[13] Neben *langue* werden von de Saussure noch *parole* und *langage* unterschieden, wobei *langage* die generelle und von Einzelsprachen unabhängige Fähigkeit des Sprachgebrauchs meint, *parole* hingegen den individuellen Gebrauch in einer konkreten Situation (vgl. hierzu auch Helbig 1971:35 und Vater 1982:18f.).

Sprachliche Äußerungen sind also nicht willkürliche Ansammlungen von sprachlichen Elementen (z.B. Wörtern), sondern sie sind strukturiert: ihre Elemente stehen in analysierbaren Beziehungen zueinander, sie haben eine *Struktur*. Der Strukturgedanke ist es denn auch, der, neben dem Gedanken, daß der eigentliche Gegenstand der Sprachwissenschaft das Sprachsystem (langue) ist, ein entscheidendes gemeinsames Merkmal aller strukturalistischen Schulen bildet und dem Strukturalismus den Namen gegeben hat.

Eine radikal antimentalistische Auffassung vom Aufbau des Systems der menschlichen Sprache war Kennzeichen des amerikanischen Strukturalismus, dessen bekanntester Vertreter in Bloomfield (1933) zu finden ist[14]. Sprache wurde hier, ganz in der Tradition des Behaviorismus, auf ein durch formale Operationen erfaßbares System reduziert, das in seinem Aufbau ohne Berücksichtigung seiner Bedeutung beschrieben werden kann. Statt einer mentalistischen Konzeption liegt eine mechanistische Sprachauffassung zugrunde, die den Menschen als einen auf Reize reagierenden Apparat ansieht (vgl. hierzu auch Arens 1969:554f.). Trotz der heute allgemein üblichen Ablehnung behavioristischer Theorien muß festgehalten werden, daß durch den amerikanischen Strukturalismus neue Darstellungsmittel und Vorgehensweisen bei der Analyse von Sprache etabliert wurden.

> Chomsky und seine Nachfolger können hauptsächlich aufgrund einer solchen erweiterten Berücksichtigung neuer Darstellungsmittel verstanden werden. Grammatiken als formale Algorithmen zu betrachten, ermöglichte eine vorher noch nie erreichte Klärung theoretischer Begriffe und theoretischer Zusammenhänge (...) als auch eine Möglichkeit – in syntaktischer Hinsicht – wesentlich differenziertere Daten zu erfassen und sogar überhaupt erst zu erkennen.
>
> (Ballmer 1976:9)

### 2.2.2 Die generative Grammatik

Unter linguistischen Aspekten kann der amerikanische Strukturalismus daher als ein direkter Vorläufer der generativen Grammatik nach Chomsky angesehen werden, jedoch mit dem Unterschied, daß die generative Grammatik durch die Ablehnung behavioristischer Standpunkte stärker mentalistisch orientiert ist und statt einfacher Konstituentenanalyseverfahren (wie z.B. Expansion, Reduktion etc.; vgl. Wells 1947) ein komplexes Regelwerk zur Bescheibung syntaktischer Strukturen formuliert. Die Untersuchung der Systematik von Sprache, die bereits im Mittelpunkt des Interesses von Saussure stand, von ihm aber nie durch formalisierte Verfahren realisiert wurde, präzisierte Chomsky (1957) durch ein von rekursiven Regeln gelenktes System zur Generierung und Analyse von Sprache. Dieser generative Aspekt in der Sprachauffassung von Chomsky entspringt allerdings nicht der linguistischen Tradition, sondern stellt eine Übertragung der Grundlagen der Automatentheorie in Verbindung mit den Beiträgen von Thue (1914) sowie Post (1936) dar, der die sogenannten *rewriting rule systems* auf dem Gebiet der mathematischen Kombinatorik entwickelte. Chomskys formales Instrumentarium zur Beschreibung natürlicher Sprache entspringt größtenteils der Mathematik, der formalen Logik und der Automatentheorie. Dies wird um

---

[14] Zu weiteren Strömungen und Vertretern des Strukturalismus, insbesonders Harris 1951, vgl. die Darstellung von Vater 1982, Kap.1.

so deutlicher, betrachtet man Chomskys richtungsweisende Arbeiten auf dem Gebiet der formalen Sprachen und der axiomatischen Grammatikmodelle[15].

Charakteristisch für die Sprachauffassung von Chomsky (1957:13) ist, daß Sprache als eine potentiell infinite Menge von Sätzen angesehen wird, die aus einem endlichen Alphabet und einer endlichen Menge von Regeln generiert werden kann. Das Ziel der linguistischen Analyse ist dabei die formale Bestimmung des Vokabulars und der Regeln einer Sprache $L$, d.h. daß durch ein Regelwerk, genauer durch eine Grammatik einer Sprache $L_{(G)}$, ein Verfahren bestimmt werden kann, das in der Lage ist, nur grammatisch korrekte Folgen einer Sprache zu generieren, bzw. grammatische von ungrammatischen Folgen zu unterscheiden[16]. Kann eine Folge $\omega$ durch die Grammatik einer Sprache $L_{(G)}$ generiert werden, so ist $\omega$ eine grammatisch korrekte Folge der Sprache $L$. Eine Sprache läßt sich daher als ein axiomatisches System auffassen, das über eine Grammatik $G$ definiert ist, die als Quadrupel $\{S, P, V_T, V_N\}$ darstellbar ist, wobei

$S$ ein Startsymbol mit $S \in V_N$ ist,

$P$ eine Menge von Produktionsregeln[17] der Form $p \Rightarrow q$,

$V_T$ das terminale Vokabular einer Sprache (= alle möglichen „Wörter"),

$V_N$ das nicht–terminale Vokabular (= eine Menge von Hilfssymbolen).

Dazu ein Beispiel. Gegeben sei eine Grammatik $G_1$ einer Sprache $L_1$ mit dem terminalen Vokabular $V_T = \{$der die maria mann schlafen sah$\}$ und dem Hilfsvokabular $V_N = \{$S NP VP N PN DET V$\}$. Außerdem sollen die nachstehenden Ersetzungsregeln angenommen werden:

$$
\begin{aligned}
\text{S} &\Rightarrow \text{NP VP} \\
\text{NP} &\Rightarrow \text{DET N} \\
\text{NP} &\Rightarrow \text{PN} \\
\text{VP} &\Rightarrow \text{V (NP)} \\
\text{DET} &\Rightarrow \{\text{der die}\} \\
\text{N} &\Rightarrow \{\text{mann}\} \\
\text{PN} &\Rightarrow \{\text{maria}\} \\
\text{V} &\Rightarrow \{\text{schlafen sah}\}
\end{aligned}
$$

---

[15] Vgl. hierzu Chomsky 1956, 1959, 1963 und Chomsky/Miller 1958, 1963.

[16] Hierbei muß jedoch beachtet werden, daß nach Chomsky (1965, 1972, 1975) alle Einzelsprachen auf einer sogenannten *Universalgrammatik* aufbauen, die als Fundament der menschlichen Sprachfähigkeit ein allen Sprachen gemeinsames Strukturprinzip formuliert. „Die Universalgrammatik (UG) ist die Charakterisierung eines spezifischen Systems mentaler Strukturen, das die Voraussetzung für den Spracherwerb bildet." (vgl. Fanselow/Felix 1987a:127).

[17] Solche Produktionsregeln werden auch als Ersetzungsregeln (rewriting rules) bezeichnet, da bei der Generierung einer Kette das Symbol links des Ersetzungspfeils durch ein Symbol oder eine Menge von Symbolen auf der rechten Seite ersetzt wird. Bei rekursiven Regeln ist das Symbol auf der linken Seite auch auf der rechten zu finden, wie z.B. bei $AP \Rightarrow A(AP)$, wodurch beliebig lange Ketten von $A$ generiert werden können. Neben linguistischen Anwendungen werden Beschreibungen durch Ersetzungssysteme in erster Linie in der Mathematik und der Informatik verwendet. So ist es beispielsweise üblich, den Aufbau von Programmiersprachen oder eine Beschreibung von Datenstrukturen in *Chomsky-Normalform* (= Codierung durch Ersetzungsregeln) vorzunehmen.

Durch die Grammatik $G_1$ können nun die folgenden Sätze der Sprache $L_1$ erzeugt werden:

(2–1)  der mann sah maria

(2–2)  maria sah der mann

(2–3)  maria schlafen

(2–4)  die mann schlafen die mann

Da alle Sätze von $G_1$ erzeugt werden konnten, sind sie grammatische Folgen der Sprache $L_1$, obwohl hinsichtlich der Grammatik des Deutschen nur (2–1) grammatisch ist. Somit beschreibt $L_{G_1}$ nicht die Menge aller Sätze des Deutschen. (2–2) ist ungrammatisch, da die Phrase *der mann* Satzsubjekt und *maria* Objekt ist und $G_1$ über keine Regel der Form S $\Rightarrow$ VP NP verfügt. (2–3) ist aufgrund nicht übereinstimmender Kongruenzmerkmale zwischen Subjekt und finiten Verb ebenfalls kein grammatischer Satz des Deutschen. In mehrfacher Hinsicht ungrammatisch ist (2–4). Hier kongruieren Artikel und Nomen nicht miteinander und das einstellige Verb *schlafen* läßt im Deutschen normalerweise kein Objekt zu[18]. Für eine Grammatik des Deutschen müßte, neben einer erheblichen Erweiterung der Produktionsregel und des Hilfsvokabulars, die Menge $V_T$ alle Wörter des Deutschen enthalten. Da durch kreative Wortbildungsverfahren das terminale Vokabular aber nie eindeutig zu bestimmen ist, stellt sich die Frage, ob ein System, das mit abgeschlossenen diskreten Symbolen in Form von Wörtern arbeitet, überhaupt zur Analyse und Generierung natürlicher Sprachen geeignet ist. Formuliert man ein an das vorhergehende Schema angelehntes Verfahren zur Wortbildung stellt sich die Frage nach dem terminalen Vokabular erneut: Welches sind die zugrunde liegenden diskreten Symbole? Morpheme, Silben, Buchstaben, Grapheme, Phoneme oder sogar Einheiten auf der Skala einer Frequenzanalyse bzw. deren Codierung durch Bits? Diese Frage stellte sich für Chomsky zunächst nicht, da im Mittelpunkt seines Interesses der von der Sprachebene unabhängige Generierungsformalismus stand. Dieser Umstand trug, wenn auch nicht maßgeblich, wie im folgenden noch zu sehen sein wird, mit zur Bildung der Autonomiehypothese bei.

### 2.2.3  Die Chomsky–Hierarchie

Chomsky entwickelte im Zuge seiner schon zuvor erwähnten Arbeiten zu formalen Sprachen und Automaten eine Hierarchie der Sprachen, die allgemein als *Chomsky-Hierarchie* (vgl. Partee/ter Meulen/Wall 1990:561ff.) bezeichnet wird. Gemäß dieser Hierarchie sind alle Sprachen, die als Typ-i-Sprachen ($0 \leq i \leq 3$) bezeichnet werden, nach den Grammatiken eingeteilt, die in der Lage sind, die jeweilige Sprache zu generieren oder zu erkennen. Hierbei existiert zu jeder Sprache und der mit ihr korrespondierenden Grammatik ein endlicher Automat, der hinsichtlich seiner Kapazität die betreffende Sprache erkennen oder generieren kann. Die einfachsten Sprachen sind sogenannte *Typ-3-Sprachen*, denen eine reguläre Grammatik mit endlichen Zuständen (= finite state grammar) zugrunde liegt. Diese Grammatiken können als finite Netzwerke oder Markovprozesse (vgl. Markov 1954) beschrieben werden, da sie immer

---

[18] Ausgenommen sind Ausdrücke wie z.B.: *Er schläft den Schlaf des Gerechten.*

einen Anfangs- und einen Endzustand haben. Rekursive Übergänge, die einen Zustand auf sich selbst abbilden können, sind hierbei zulässig. Der den Typ–3–Sprachen entsprechende Automat ist ein *endlicher Automat* (= finite state machine). Charakteristisches Merkmal von regulären Sprachen und endlichen Automaten ist, daß jeder Zustand seine möglichen Folgezustände eindeutig determiniert und Ersetzungen stets nur am Anfang (oder Ende[19]) einer Kette vornimmt, wodurch sich ein finites Netzwerk von Zuständen bzw. ein strikt rechts–verzweigender Baumgraph ergibt. Aus diesem Grund werden Typ–3–Grammatiken auch als *rechts–lineare Grammatiken* bezeichnet (vgl. Partee/ter Meulen/Wall 1990:474). Regeln in solchen Grammatiken haben somit immer die Form $A \rightarrow xB$ oder $A \rightarrow x$ mit $V_N = \{AB\}$ und $V_T = \{x\}$. Die Abbildung 2.4 zeigt ein Netzwerk, das lediglich die Sätze *Maria raucht Pfeife* und *Maria trinkt Wein* erzeugen kann. Natürliche Sprachen können durch finite Automa-

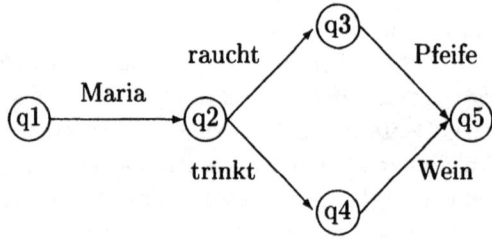

Abb. 2.4: Ein endliches Netzwerk

ten und endliche Grammatiken jedoch nicht erkannt oder von ihnen generiert werden (vgl. Chomsky 1957:18ff. und Partee/ter Meulen/Wall 1990:480ff.), da ihre generative Kapazität zu schwach ist, um Sätze der folgenden Art abbilden zu können:

(2–5)   Der Kaffee, der in die Kanne lief, duftete.

(2–6)   Der Computer, der den Satz, der aus dem Englischen stammt, analysierte, stürzte ab.

(2–7)   Der Pförtner, der den Redner, der den Vortrag, der für heute geplant war, halten sollte, nicht einließ, wird entlassen.

Solche symmetrischen Satzeinbettungen, die für natürliche Sprachen charakteristisch sind, fordern für jedes Element $a$ ein damit korrespondierendes $b$. Folglich muß für solche Strukturen mindestens $L = \{a^n b^n \mid n \geq 0\}$ angenommen werden. Da durch Typ–3–Grammatiken nicht sichergestellt werden kann, daß wie in Abbildung 2.5 zu jedem Element genau ein Komplement existiert, sind natürliche Sprachen keine Typ–3–Sprachen. Endliche Automaten und Markovprozesse sind daher für die Verarbeitung natürlicher Sprachen ungeeignet.

---

[19] Typ–3–Grammatiken, welche eine Ersetzung am Ende einer Kette vornehmen und durch links-verzweigende Baumgraphen gekennzeichnet sind, werden *links–lineare Grammatiken* genannt.

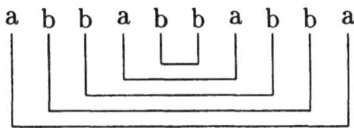

Abb. 2.5: Symmetrische Einbettung

Wichtig in diesem Zusammenhang ist allerdings, daß sich die gegenüber endlichen Automaten und Typ–3–Grammatiken gemachten Einschränkungen auf die sequentielle Arbeitsweise beziehen. Formal können Verbände von Nervenzellen als endliche Netzwerke angesehen werden, in denen die Aktivierungszustände einzelner Zellen von den Aktivierungen der mit ihnen verbundenen vorgeschalteten Zellen determiniert werden. Folglich wäre die generative Kapazität eines neuronalen Netzwerkes vom Typ–3 und damit zur Verarbeitung natürlicher Sprachen ungeeignet, obwohl es gerade das menschliche Gehirn ist, das alleine über diese Fähigkeit verfügt. Da in solchen Netzen keine sequentielle sondern parallele Verarbeitung stattfindet[20], scheint ein wesentlicher Faktor der Informationsverarbeitung in der mathematischen Behandlung von Sprachen durch Grammatiken der Chomsky–Hierarchie ausgeklammert zu sein.

Phrasenstrukturgrammatiken, wie sie von Chomsky (1957) vorgeschlagen werden, sind *Typ-2-Grammatiken*, die auch *kontextfreie* Grammatiken genannt werden. Diese sind aufgrund der Fähigkeit, Sprachen wie $L = \{a^n b^n \mid n \geq 0\}$ generieren zu können, auch dazu in der Lage, symmetrische Einbettungen zu erzeugen und zu erkennen. Die den Typ–2–Grammatiken zugeordneten Sprachen heißen kontextfreie Sprachen. Produktionen dieser Grammatiken sind dadurch gekennzeichnet, daß sie immer die Form $A \rightarrow \psi$ haben, wobei $A$ ein Element aus $V_N$ ist und $\psi$ ein Element aus $V_T \cup V_N$. Die mit Typ–2–Grammatiken korrespondierenden Automaten sind *Kellerautomaten* (= pushdown automata). Hierbei handelt es sich um endliche Automaten, die wie diese ein Eingabeband von links nach rechts lesen können, aber darüber hinaus über einen Zusatzspeicher (bzw. ein zusätzliches Datenband) verfügen. Dieser Speicher ist als Stapelspeicher (= stack) nach dem Prinzip „last in, first out" organisiert. Eine direkte Implementation eines deterministischen Kellerautomaten zur Syntaxanalyse des Englischen findet sich in dem Parsifal-Parser von Marcus (1980).

Es stellt sich nun die Frage, ob die generative Kapazität von Typ–2–Grammatiken zur Behandlung natürlicher Sprachen ausreichend ist, d.h. ob natürliche Sprachen kontextfrei sind. Pullum/Gazdar (1982) setzen sich intensiv mit diesem Problem auseinander und argumentieren für eine Kontextfreiheit, doch weist Shieber (1985) am Beispiel des Schweizerdeutschen nach, daß bestimmte Konstruktionen (cross–serial dependencies) in natürlichen Sprachen kontextsensitiv sind (vgl. Partee/ter Meulen/Wall 1990:504):

---

[20] Vgl. Kap. 4 dieser Arbeit.

(2–8)   Jan säit das mer em Hans es huus hälfed aastriiche.
(Johann sagt daß wir dem Hans das Haus halfen anstreichen)

(2–9)   Jan säit das mer d'chind em Hans es huus lönd hälfe aastriiche.
(Johann sagt daß wir die Kinder dem Hans das Haus lassen helfen
anstreichen)

Betrachten wir die Abhängigkeiten in den beiden Beispielen, so können wir die folgenden Indizierungen vornehmen:

(2–8)'   ... Hans$^p$ ... huus$^q$ hälfed$^p$ aastriiche$^q$

(2–9)'   ... d'chind$^p$ ... Hans$^q$ ... huus$^r$ lönd$^p$ hälfe$^q$ aastriiche$^r$

Es zeigt sich, daß in natürlichen Sprachen neben symmetrischen Einbettungen auch Überkreuz–Relationen zu beobachten sind. Da kontextfreie Grammatiken keine Konstruktionen wie in Abbildung 2.6 erzeugen können, sind natürliche Sprachen keine Typ–2–Sprachen. Im allgemeinen wird in der Computerlinguistik jedoch nach Klenk

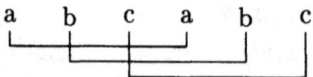

Abb. 2.6: Überkreuz–Relationen

(1989:89) davon ausgegangen, daß „jede natürliche Sprache im wesentlichen mit einer kontextfreien Syntax beschreibbar ist". Der schon in Kapitel 1 erwähnte Chart–Parser von Earley (1970), der als der meistverwendete Algorithmus zur Syntaxanalyse angesehen werden kann, eignet sich ebenfalls lediglich zur Verarbeitung kontextfreier Grammatiken. Für die Konzeption vieler Grammatikmodelle wird dieser Umstand jedoch nicht als Nachteil angesehen.

> Die Attraktivität von GPSG und LFG für die Computerlinguistik erklärt sich daraus, daß ihr kontextfreier Kern es erlaubt, für die Syntaxanalyse Algorithmen zu verwenden, die aus der Informatik bekannt sind.
>
> (Klenk 1989:89)

Kontextsensitive Sprachen werden als *Typ-1-Sprachen* bezeichnet und folglich von Typ–1–Grammatiken erzeugt. Produktionen haben hier immer die Form $\alpha A \beta \rightarrow \alpha \psi \beta$, wobei $A \in V_N$ ist, $\alpha$, $\beta$, $\psi \in V_N \cup V_T$ sind und $\psi \neq \epsilon$ gilt , d.h. $\psi$ darf nicht leer sein. $\alpha$ und $\beta$ bilden hier den Kontext, in dem eine Ersetzung vorgenommen werden kann. Eine wesentliche Einschränkung von Typ–1–Grammatiken ist, daß abgeleitete Ketten niemals kürzer als der linke Teil der betreffenden Regel sein dürfen. Aufgrund ihrer Fähigkeit, Sprachen wie $L = \{a^n b^n c^n \mid n \geq 0\}$ erzeugen zu können, sind Typ–1–Grammatiken in der Lage, die für kontextsensitive Sprachen typischen Überkreuz–Relationen verarbeiten zu können. Die dem Typ–1 entsprechenden Automaten sind linear beschränkte Automaten (= linear bounded automata). Im Unterschied zu Kellerautomaten sind sie in der Lage, auf einem Datenband in beide Richtungen zu schreiben und zu lesen, wodurch der Zugriff auf jedes Element im Speicher gewährleistet wird und die Beschränkungen der für Kellerautomaten typischen Stapelverarbeitung aufgehoben sind.

Ein großes Problem bei der Verwendung kontextsensitiver Systeme in der Computerlinguistik ist deren hoher Komplexitätsgrad bezüglich der Anzahl der für die Verarbeitung einer Kette nötigen Rechenschritte. Während bei einer Eingabe der Länge $n$ reguläre Sprachen eine lineare Komplexität von $2n$ zeigen, wächst der Verarbeitungsaufwand für kontextfreie Sprachen polynominal schon auf $n^2$ an (vgl. Barton/Berwick/Ristad 1987:7ff.). Die Komplexität für kontextsensitive Sprachen ist mit $2^n$ jedoch schon exponentiell. Nach Garey/Johnson (1979), die einen Vergleich von $n^3$ und $2^n$ bei einer angenommenen Verarbeitungszeit von 1 Mikrosekunde je Rechenschritt durchführten, ergaben sich für $n^3$ bei einer Problemgröße von jeweils 10, 50 und 100 die Zeiten 0.001, 0.125 und 1.0 Sekunden. Für $2^n$ allerdings wurden bei gleicher Problemgröße als Verarbeitungszeit 0.001 Sekunden, 35.7 Jahre und $10^{15}$ Jahrhunderte ermittelt (vgl. auch Barton/Berwick/Ristad 1987:9). Unter Berücksichtigung dieser Komplexität wird ersichtlich, warum in der Computerlinguistik kontextfreie Grammatiken und deren Algorithmen zur Sprachverarbeitung überaus beliebt sind.

Eine noch höhere Komplexität weisen die *Typ-0-Sprachen* auf, die mit rekursiv aufzählbaren Mengen identisch sind. Produktionen durch Typ-0-Grammatiken entsprechen denen kontextsensitiver Grammatiken mit der Erweiterung, daß $\psi$ leer sein darf. Aus diesem Grund findet sich für Typ-0-Grammatiken auch die Bezeichnung „unbeschränkte Ersetzungssysteme" (vgl. Partee/ter Meulen/Wall 1990:541) oder „kontextsensitive Grammatik mit Löschung" (vgl. Kuno 1976:169). Der mit Typ-0-Grammatiken korrespondierende Automat, der im Gegensatz zu linear gebundenen Automaten zusätzlich Löschungen vornehmen kann[21] und über ein endloses Datenband verfügt, ist die Turingmaschine. Hinsichtlich der generativen Kapazität können Sprachen wie $L = \{a^{2^n} \mid n \geq 0\}$ erzeugt bzw. erkannt werden.

### 2.2.4 Die Problematik mathematischer Beschreibungen

Wie schon in Kapitel 2.1.1 erläutert, ist es algorithmisch nicht entscheidbar, ob eine Turingmaschine jemals terminiert. Bezüglich des Halteproblems und der Fähigkeit, rekursiv aufzählbare Mengen erzeugen zu können (vgl. S. 8), weisen Hopcroft/Ullman (1969:108ff.) nach, daß es Mengen gibt, die nicht rekursiv aufzählbar sind, bzw. Mengen existieren, die rekursiv aufzählbar und nicht rekursiv sind. Aus diesem Grund sind Ketten möglich, die von einer Turingmaschine nicht akzeptiert werden und solche, die zwar akzeptiert werden, aber nicht entscheidbar sind (vgl. Partee/ter Meulen/Wall 1990:523f.). Die Komplexität von Typ-0-Sprachen geht daher gegen $\infty$. Programmierern ist diese Problematik hinreichend bekannt, da nach $\infty$ gehende Rekursionen

---

[21] Durch die Möglichkeit Löschungen vornehmen zu können, dürfen abgeleitete Ketten kürzer als die Ausgangsketten sein. Hierdurch sind Produktionen wie $aBcc \rightarrow ac$ möglich.

einen Speicherüberlauf provozieren[22]. Zudem sind Prozeduren möglich, die in eine Endlosschleife laufen und nur durch Eingriff von außen gestoppt werden können.

Hinsichtlich der Entscheidbarkeitsproblematik im Zusammenhang mit den Typ–0–Sprachen, bei denen es sich nach Peters/Ritchie (1973) genau um diejenige Menge von Sprachen handelt, die unter Zugrundelegung des Aspects–Modell (vgl. Chomsky 1965) von Transformationsgrammatiken erzeugt werden, wurde von Chomsky (1980a) die Ansicht vertreten, daß für natürliche Sprachen deren Erlernbarkeit, nicht aber deren Entscheidbarkeit im Vordergrund steht, wobei erlernbare Sprachen allerdings nicht notwendigerweise entscheidbar sein müssen (vgl. Klenk 1989:91). Da natürliche Sprachen sowohl entscheidbar als auch erlernbar sind, drängen sich intuitiv einige kritische Bemerkungen auf. Man kann festhalten:

(a) In der Chomsky-Hierarchie sind nur Typ–3–Sprachen entscheidbar. Aufgrund des Unvermögens der Typ–3–Sprachen, symmetrische Einbettungen sequentiell abarbeiten zu können, sind sie zur Verarbeitung natürlicher Sprachen nicht geeignet.

(b) Da jede Sprache, die nicht vom Typ–3 ist, theoretisch ein Unendlichkeitspostulat in sich trägt und somit nicht immer entscheidbar ist, natürliche Sprachen aber entscheidbar sind, scheinen sich diese ebenfalls nicht zur Verarbeitung natürlicher Sprachen zu eignen.

(c) Hinsichtlich benötigter Rechenschritte scheinen lediglich Grammatiken mit linearer oder polynominaler Komplexität geeignet zu sein, da bei sequentiell arbeitenden Automaten die Verarbeitungszeit im Gegensatz zu Speicherraum eine kritische Größe ist. Bei der menschlichen Sprachverarbeitung ist Zeit im Unterschied zu Speicher jedoch unkritisch[23].

Bezogen auf die Aussage unter (a) kann eingewendet werden, daß Verbände von Nervenzellen, d.h. neuronale Netzwerke, stets endliche Netze im Sinne eines finiten Automaten darstellen. Wie in Kapitel 3 noch zu sehen sein wird, basiert das Grundprinzip neuronaler Informationsverarbeitung im Unterschied zu sequentiell arbeitenden Automaten auf parallelen verteilten Prozessen. Die Feststellung unter (c) weist ebenfalls auf die jeweils unterschiedlichen Verarbeitungsmechanismen von sequentiellen Automaten und neuronalen Netzen hin, bei denen Verarbeitungszeit aufgrund der parallelen Architektur keine kritische Größe darstellt.

Bezogen auf die Entscheidbarkeitsproblematik unter (b) stellt sich letztlich die Frage, ob eine Anwendung der Typ–i–Sprachen auf natürliche Sprachen anstelle einer Beschränkung auf formale Sprachen überhaupt sinnvoll ist. Findet nicht vielmehr eine Vermischung verschiedener Gegenstandsbereiche statt? So werden mathematische Begriffe auf einen nicht mathematischen Objektbereich angewendet, ohne daß der Forschungsgegenstand Sprache und das Beschreibungsmodell ausreichend voneinander getrennt werden (vgl. Klenk 1989:91f.). Vielfach findet sich in Zusammenhang mit

---

[22] Bei einem Computer mit beliebigem Speicherraum, der zu einer Turingmaschine äquivalent ist, würde ein solcher Prozeß niemals terminieren.

[23] Neuronalen Systemen kann kein beliebiger Speicherraum „hinzugefügt" werden.

der Bemerkung unter (b) der Einwand, gerade die Fähigkeit solcher Typ–i–Sprachen, unendliche Ketten generieren zu können, sei für ein Modell der Grammatik natürlicher Sprache notwendig (vgl. z.B. Bartsch/Lenerz/Ullmer–Ehrich 1977:95). Fanselow/Felix (1987b:29) bezeichnen Rekursion sogar als das wichtigste Kriterium für natürlichsprachliche Grammatiken und gehen soweit, eine biogenetische Verankerung von Rekursivität als Bestandteil der Universalgrammatik anzunehmen (1987b:130):

> Das Prinzip der Rekursivität, das der Infinitheit natürlicher Sprachen zugrunde liegt, muß daher im Erwerbsmechanismus selbst spezifiziert sein und kann nicht erst aus den sprachlichen Daten erschlossen werden.

Doch bereits Chomsky (1957:23f.) räumt ein, daß rekursive Beschreibungen in erster Linie Mittel einer optimierten mathematischen Formulierung sind:

> In general, the assumption that languages are infinite is made in order to simplify the description of these languages. If a grammar does not have recursive devices (closed loops in the finite state grammar) it will be prohibitively complex.

Da Rekursion mathematisch eine Variablenbindung und das Kopieren von Bindungsumgebungen voraussetzt, jedoch bei Verarbeitungsprozessen in biologischen neuronalen Netzwerken nach Bedarf keine neuen Zellen oder Verbindungen hergestellt werden können, sind „echte" rekursive Verfahren bei der menschlichen Sprachverarbeitung ausgeschlossen. Dies impliziert jedoch nicht, daß Aussagen der Art „eine Adjektivphrase besteht aus einem Adjektiv und möglicherweise aus einer weiteren Adjektivphrase, die ihrerseits wieder aus einem Adjektiv und einer weiteren Adjektivphrase besteht, die ..." unzulässig sind. Es gilt vielmehr, biologisch plausible Verfahren zu formulieren, die solchen beobachtbaren Phänomenen gerecht werden[24]. Dennoch sind aufgrund der Finitheit biologischer neuronaler Netze keine unendlichen Ketten möglich. Reihen von 3 oder 5 Adjektiven mögen noch im Rahmen des üblichen sein, jedoch bilden 7 oder 12 Adjektive in gesprochener Sprache eher die Ausnahme. Soll ein Sprecher beispielsweise 20 oder 30 Adjektive aneinanderreihen, so werden sich mit großer Wahrscheinlichkeit Wiederholungen im gewählten Wortmaterial ergeben. Für die Reihung einer noch größeren Zahl von Adjektiven sind bereits Hilfsmaterialien wie z.B. eine externe Fixierung notwendig (vom bloßen auswendigen Aufsagen einer großen Wortliste vielleicht abgesehen). Die Zahl möglicher Aneinanderreihungen kann unter Umständen sehr groß sein, sie ist aber niemals infinit.

Unter Berücksichtigung der hier aufgezeigten Problematik bezüglich Entscheidbarkeit, Verarbeitungskomplexität sowie den Widersprüchen zwischen den Eigenschaften und formalen Beschreibungen der Typ–i–Sprachen und den biologischen Mechanismen wird schnell einsichtig, weshalb eine Beschäftigung mit den traditionellen Grammatikmodellen der Chomsky–Hierarchie zu einer Unzufriedenheit innerhalb der Computerlinguistik führt und zu einer Suche nach Alternativen herausfordert, bzw. zu einer Haltung führt, die nur noch praktisch anwendbare und heuristisch organisierte Sprachverarbeitungssysteme in den Fordergrund der Forschung stellt und jegliches

---

[24] Denkbar sind beispielsweise Schleifen in rekurrenten Netzwerken oder spezielle Netzwerktopologien, wie sie Pollack 1988 mit seinem RAAM–Modell vorschlägt.

theoretisches Interesse an der menschlichen Fähigkeit zur Verarbeitung natürlicher Sprachen verneint. Letztere Einstellung kann und darf eine erkenntnisorientierte computerlinguistische Forschung nicht dominieren.

Ein wesentliches Kennzeichen der Sprachen der Chomsky–Hierarchie ist ihr Inklusionsverhältnis. So bilden die Typ–3–Sprachen eine Untermenge der Typ–2–Sprachen, d.h. daß jede Typ–2–Grammatik auch Typ–3–Sprachen erzeugen oder erkennen kann. Typ–2–Sprachen, die keine leere Kette enthalten, bilden ihrerseits eine Untermenge der Typ–1–Sprachen. Typ–0–Grammatiken sind in der Lage, auch Typ–1–Sprachen verarbeiten zu können. Dies impliziert, daß eine Turingmaschine alle Typ–i–Sprachen generieren oder akzeptieren kann, sofern sie mit einen definierten Endzustand terminiert.

An dieser Stelle schließt sich der Kreis zwischen Computern und den Sprachen der Chomsky–Hierarchie. Setzt man das Inklusionsverhältnis unter Berücksichtigung der Äquivalenz von Automaten, Typ–i–Sprachen und Grammatiken mit der Church–Turing These und der Physical Symbol System Hypothesis von Newell/Simon (1976) in Beziehung, so folgt daraus, daß ein Computer mit beliebigem Speicherraum jede kontextfreie und kontextsensitive Sprache, also auch jede natürliche Sprache vom Typ–1 oder Typ–2, generieren und erkennen kann. Beachtet man zudem das zeitliche Zusammentreffen der Entwicklung praktisch einsetzbarer Von-Neumann-Computer und erster höherer Programmiersprachen wie Fortran und Lisp mit der Formulierung der Grundprinzipien generativer Grammatik durch Chomsky (1957), so verwundert es nicht, daß sich die theoretischen Grundlagen, die Arbeitsweise und der formale Aufbau beider Systeme decken. Im Jahre 1956 wurde zudem auf der ersten Dartmouth–Konferenz am Dartmouth–College in Hanover, New Hampshire, von John McCarthy, dem Entwickler der Programmiersprache Lisp, erstmals der Begriff „Artificial Intelligence" geprägt. Claude Shannon, auf dessen Arbeiten auf dem Gebiet der Automaten– und der Kommunikationstheorie sich auch Chomsky (1957) beruft (vgl. Shannon 1948 und 1956), war neben Marvin Minsky ein prominenter Teilnehmer. Auf der Dartmouth–Konferenz stellten auch Newell und Simon mit dem *Logic Theorist* (vgl. Newell/Shaw/Simon 1963) ein erstes Programm zur Schaffung einer intelligenten Maschine vor, welches ein Jahr später in der Entwicklung des *General Problem Solver* (= GPS) mündete (vgl. Newell/Shaw/Simon 1969), dessen Scheitern Newell bereits einige Jahre später einräumte. Doch nicht das Grundprinzip der sequentiellen Symbolverarbeitung wurde angezweifelt, sondern nur das jeweils konkrete formulierte Programm. Dietrich (1990:226) bemerkt hierzu:

> The formal, mathematical results were what Newell, Simon, and the rest thought they needed to place their work on solid foundations. Their hypothesis *had* to be correct: Turing machines could think, and computers were Turing machines. The problem was not the theory; it was rather that Logic Theorist and General Problem Solver (and a host of other programs since) simply embodied the wrong computer program. Hence the goal was to find the right computer program ... and AI has been searching for the right program ever since.

Für die Verarbeitung natürlicher Sprache erscheint es im diesem Sinne folgerichtig, lediglich die Mechanismen der sequentiellen und rekursiven Verarbeitung mit empirischen Daten über natürliche Sprachen in Übereinstimmung zu bringen, um letztendlich ein vollständig beschreibungs– und erklärungsadäquates Modell menschlicher Sprachfähigkeit präsentieren oder auf dem Computer nachbilden zu können. Übertragen auf das Forschungsgebiet der künstlichen Intelligenz, welches die Verarbeitung natürlicher Sprachen einschließt, zeigt *Dietrich* (1990:227f.) auf, daß eine solche Annahme als Mißdeutung anzusehen ist:

> It is true that if Turing's argument is correct, then on the assumption that ordinary computers are equivalent to Turing machines (up to the size of memory), correctly programmed computers can think (assuming enough memory). But this fact is useless in helping us *find* the correct program, which is where all the action is. Assuming that this fact *is* useful is the first error. Consider an analogous case: we know now that the brain is the organ responsible for thinking, but this does not tell us what thinking is, except quit generally.
> The second error is related to the first one. Though it may be true that (intelligent) thinking is computing some recursive function, it does not follow that the theory of computation is a theory of intelligent thought, nor the foundation of such a theory. The theory of computation cannot be an adequate foundation for AI because it does not help us discover what kind of computation thinking is.

Hinsichtlich des methodischen Vorgehens zur Erklärung und Simulation intelligenten Verhaltens wirft diese Hypothese scheinbar Probleme auf. Wie kann Denken erklärt werden, ohne eine formale und systematische Separation der hierzu notwendigen Verarbeitungsschritte vorzunehmen? Wodurch kann die Fähigkeit zur Verarbeitung symmetrischer Einbettungen wie in Beispiel 2.5 beschrieben werden? Reichen hierzu rekursive Verfahren und die Verwendung eines Stapelspeichers aus? Eine Antwort auf die Frage, welche Vorgehensweise als angemessen gelten kann, könnte in dem folgenden Verfahren liegen: Zunächst gilt es, grundsätzliche Verarbeitungsprinzipien intelligenter sprachverarbeitender Systeme aufzuzeigen. Kann z.B. Assoziation als ein solches Prinzip identifiziert werden, muß eine Verarbeitungstheorie diese Fähigkeit widerspiegeln können. Gelingt es ferner, die der Assoziation in kognitiven Systemen zugrundeliegenden Mechanismen transparent zu machen, so müssen diese Mechanismen ebenfalls Bestandteil der Verarbeitungstheorie sein. Hierbei ist es gleichgültig, welches Beschreibungsmittel zur Formulierung eingesetzt wird. Ob die Mechanismen, welche die Prinzipien der Informationsverarbeitung determinieren, in Form mathematischer Ausdrücke oder durch das Programm einer Von-Neumann-Architektur beschrieben werden, ist letztendlich nur unter Effizienzgesichtspunkten von Belang. Wichtig ist nur, daß eine Theorie der Informationsverarbeitung von den beobachtbaren Grundprinzipien intelligenten Verhaltens (wie z.B. Assoziation, Fehlertoleranz, Interaktion verschiedener Wissenstypen usw.) und den ihnen zugrundeliegenden Mechanismen (z.B. parallele Verarbeitung, graduelle Aktivierung und laterale Hemmung) ableitbar ist. Der umgekehrte Weg, Rückschlüsse von den Eigenschaften formaler axiomatischer Systeme oder Automaten auf die Prinzipien des Denkens oder der Fähigkeit zur Verarbeitung natürlicher Sprachen ziehen zu können, kann lediglich dem Versuch gleichkommen, mittels einer „trial and error" Strategie zum Ziel zu gelangen. Daß hierdurch auch in einigen Bereichen Teilerfolge erzielt werden können, mag nicht abzustreiten sein, doch verlangt die Komplexität des Forschungsgegenstandes eine systematische Vorgehensweise.

## 2.3 Grammatikmodelle in der Computerlinguistik

Die stetige Weiterentwicklung der generativen Grammatik in der Tradition der Theorie Chomskys vollzog sich unter der Fehlannahme, daß durch die Formulierung sequentieller symbolverarbeitender Prinzipien und Prozesse natürliche Sprache vollständig beschrieben werden kann. Ausgehend von einer auf Automaten und formale Systeme zugeschnittenen Theorie der Informationsverarbeitung sollte es möglich sein, ein beschreibungs- und erklärungsadäquates Modell natürlicher Sprache aufstellen zu können.

Doch leider erwiesen sich die empirischen Daten natürlicher Sprache zuweilen als inkompatibel zu dem vorgegebenen Grammatikmodell. In Chomskys Ansatz von 1957 betraf dies in erster Linie die sog. diskontinuierlichen Konstituenten. Hierbei handelt es sich um Elemente eines Satzes, die semantisch eine Einheit bilden, aber auf der Satzoberfläche nicht adjazent sind. Im Deutschen sind solche Konstruktionen weit verbreitet (vgl. Eisenberg 1986:51). Typische diskontinuierliche Konstituenten des Deutschen sind z.B.:

(2–10)   Das Institut hat neue Drucker bestellt.

(2–11)   Die alten Geräte holen Mitarbeiter des Rechenzentrums ab.

(2–12)   Gebrauchte Drucker schenkt die Universität einer Schule.

(2–13)   Den Studenten gefällt die Qualität der neuen Ausdrucke sehr.

In Beispiel (2–10) sind das finite Hilfsverb *hat* und das Partizip II *bestellt* nicht benachbart, da ein Akkusativobjekt zwischen beiden steht. In (2–11) sind Verbpartikel und Verbstamm voneinander getrennt. Beispiel (2–12) zeigt, daß das Satzsubjekt *die Universität* zwischen finites Verb und Dativobjekt getreten ist, während die Subjekts–NP in (2–13) von finitem Verb und Adverb umschlossen wird. Stellt man z.B. (2–12) als Baumgraphen dar, so überkreuzen sich die Kanten des Baumes, wie in Abbildung 2.7 zu sehen ist[25]. Illustriert eine graphische Repräsentation noch die Abhängigkeiten im Strukturbaum, so ist eine dazu äquivalente Beschreibung durch Listenstrukturen unmöglich. Eine sequentiell arbeitende Phrasenstrukturgrammatik ist daher zunächst nicht in der Lage, solche semantischen Zusammengehörigkeiten repräsentieren zu können, da sie nicht durch Listenstrukturen beschreibbar sind. Die zweidimensionale Oberflächenstruktur korreliert direkt mit dem Datenband einer Turingmaschine. Sind Abhängigkeiten darzustellen, die über eine einfache direkte Nachbarschaft von Elementen der Eingabekette hinausgehen, so scheitern alle sequentiell arbeitenden Phrasenstrukturregeln und die darauf aufbauenden Typ–i–Grammatiken

---

[25] Zur der Problematik der Konstituentenstrukturanalyse hinsichtlich diskontinuierlicher Elemente vgl. auch Zaun 1990:11ff.

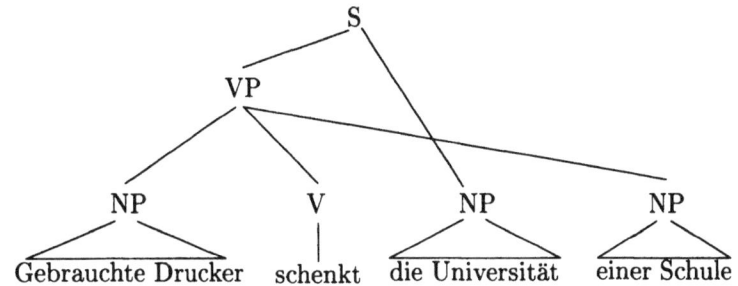

Abb. 2.7: Überkreuzende Kanten bei diskontinuierlichen Konstituenten

an dieser Aufgabe. Implementationen kontextfreier Grammatiken, wie z.B. der Chart–Parser nach Earley (1970), sind nicht in der Lage, diskontinuierliche Konstituenten an der Eingabekette auszuzeichnen. Die Codierung syntaktischer Regeln erfolgt beim Chart–Parser durch Merkmal–Werte–Paare, die eine direkte Umsetzung von Ersetzungsregeln darstellen. Eine Regel der Form VP ⇒ V NP NP (bzw. die Darstellung als Merkmal–Werte–Paar: VP V NP NP) läßt es nicht zu, daß eine der von VP dominierten Nominalphrasen einem Element außerhalb des Definitionsbereiches der VP zugeordnet ist. Aus diesem Grund ist es nicht möglich, eine der Nominalphrasen als Satzsubjekt (d.h. als die NP aus dem Definitionsbereich der Funktion S ⇒ NP VP) zu interpretieren.

Eine Lösung dieses Problems bot Chomsky (1965) mit der Annahme von zwei getrennten Repräsentationsebenen an. Die Oberflächenstruktur (surface structure) eines Satzes spiegelt dessen syntaktische Realisierung in einer konkreten Äußerungssituation oder bei der schriftlichen Fixierung wider. Auf dieser Ebene müssen semantisch zusammengehörige Elemente nicht unbedingt direkt benachbart sein. Diese Relationen werden deshalb in einer zweiten Repräsentationsebene, der sog. Tiefenstruktur (depth structure), codiert. Aufgrund des häufigen Auftretens diskontinuierlicher Elemente wurde für das Deutsche die Verbstellung im konjunktional eingeleiteten Nebensatz (Verb–Endstellung) als die zugrundeliegende Struktur angenommen (vgl. Bartsch/Lenerz/Ullmer–Ehrich 1977:141ff.). Grundsätzlich kann man hierbei zwischen Sprachen mit Subjekt–Verb–Objekt (SVO) und solchen mit Subjekt–Objekt–Verb (SOV) Reihenfolge, zu denen auch das Deutsche zu zählen ist, unterscheiden. Entsprechend zeigt Beispiel (2–14) die Abfolge der Konstituenten in der Oberflächenstruktur und (2–15) die hiermit korrespondierende Tiefenstruktur.

(2–14)   Den Grund sah Peter sehr spät ein.

(2–15)   (weil) Peter den Grund sehr spät einsah.

Auf Grundlage der Repräsentation in (2–15) ist es nun problemlos möglich, eine Baumstruktur abzuleiten, in der die Bedingung erfüllt wird, daß zusammengehörige Elemente vollständig von einem Knoten dominiert werden, ohne daß sich die Kanten des Baumes überkreuzen. Eine Notation in Form einer strukturierten Liste ist somit ebenfalls möglich. Hieraus folgt wiederum, daß eine Verarbeitung durch kontextfreie Grammatikformalismen wie z.B. den Chart–Parser durchführbar ist.

Es stellt sich aber die Frage, in welcher Beziehung Oberflächen– und Tiefenstruktur zueinander stehen und welche operationalen Verfahren zwischen beiden Strukturebenen angenommen werden können. Da die Serialisierung der Elemente in der Tiefenstruktur aufgrund der angenommenen SOV–Stellung für das Deutsche oft nicht der tatsächlichen Reihenfolge der Elemente auf der Satzoberfläche entspricht, vermitteln in dem „Aspects"–Modell von Chomsky (1965) sogenannte *Transformationen* zwischen beiden Strukturen. Dabei handelt es sich meist um Bewegungsoperationen, die nach vorgegebenen Regeln Elemente aus der Tiefenstruktur in ihre Positionen auf der Oberflächenstruktur bringen oder ausgehend von der Satzoberfläche eine Tiefenstruktur mit Verb-Endstellung erzeugen[26].

Eine weitere Änderung gegenüber dem ursprünglichen Modell von Chomsky (1957) betraf die Regeln zur Ableitung terminaler Elemente. Anstatt einfacher Ersetzungsregeln wie in (2–16) wurden, wie (2–17) zeigt, terminalen Elementen im Lexikon syntaktische Merkmale zugeordnet (vgl. auch Vater 1982:80ff.).

(2–16)   Kategorie $\Rightarrow Wort_1, Wort_2, \ldots, Wort_n$

(2–17)   $Wort, [\,\text{Merkmal}_1, \text{Merkmal}_2, \ldots, \text{Merkmal}_n\,]$

Hierbei handelt es sich im Gegensatz zu dem prozeduralen Schema der PS–Regeln um eine deklarative Datenbasis, die allerdings nur eine notationelle Variante des kontextfreien Ersetzungsformalismus darstellt. Beide Beschreibungsmodelle lassen sich als Merkmal–Werte–Paare im Sinne der Typ-i-Grammatiken und Automaten auffassen. Als formale Operatoren fungieren bei der Abarbeitung der deklarativen Basis des Lexikons sogenannte *Lexical Insertion Rules* (vgl. Radford 1981:118), die jeder präterminalen lexikalischen Kategorie ein Element des Lexikons zuordnen. Durch Subkategorisierungsrahmen ist es möglich, Bedingungen für eine Einsetzung zu formulieren, wobei strikte Subkategorisierungen, wie in Beispiel (2–18), Aussagen hinsichtlich kategorialer Umgebungen zulassen. Selektive Subkategorisierungen, wie in (2–19), berücksichtigen darüber hinaus noch die syntaktischen Merkmale des Kontextes (vgl. Vater 1982:85).

(2–18)   $[\,+\,\text{NP}\_\_\,]_{\text{VP}}$

(2–19)   $[\,+\,[\,+\text{human}\,]_{\text{NP}}\,[\,[\,-\text{animate}\,]_{\text{NP}}\,\_\_\,]_{\text{VP}}\,]_{\text{S}}$

Durch die Hinzunahme kontextsensitiver Kriterien durch Chomsky (1965) entspricht die Basiskomponente der Transformationsgrammatik Produktionen der Form $\alpha A \beta \rightarrow \alpha \psi \beta$, die für Typ-1-Grammatiken charakteristisch sind. Es zeigt sich, daß auch dieses Modell, zumindest bezüglich der in Abbildung 2.8 (vgl. Radford 1981:155) dargestellten Basis, dem Prinzip der rekursiven Symbolverarbeitung folgt und sich gegenüber den kontextfreien Typ-2-Grammatiken durch die Formulierung kontextsensitiver Elemente dem Modell der universalen Turingmaschine weiter genähert hat.

---

[26] Beispielsweise kann durch die Verb–Zweit–Transformation (vgl. Vater 1982:100f.) aus der Tiefenstruktur *das Institut neue Drucker bestellt hat* die Oberflächenstruktur aus (2–10) generiert werden.

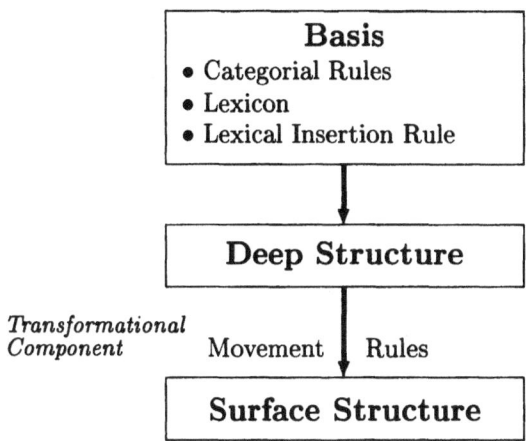

Abb. 2.8: Aufbau einer Transformationsgrammatik

Allerdings wurde durch die Annahme zweier getrennter Repräsentationsebenen aus Gründen der Darstellungsökonomie und zur Vermeidung überkreuzender Kanten von dem urspünglich angenommenen Verarbeitungsprinzip abgewichen. Da Transformationen nur die Beziehungen zwischen Strukturbäumen ausdrücken, dürfen sie nicht als Verarbeitungsregeln interpretiert werden. Hierin ist wohl auch der Grund dafür zu finden, daß sich Transformationsgrammatiken gegenüber reinen Phrasenstrukturgrammatiken in der Computerlinguistik nicht durchsetzen konnten. Ritchie/Thompson (1984:360) bemerken:

> TG was not widely adopted as a computational model, although there were one or two attempts at "reverse transformational parsing" (e.g., Zwicky et al. [1965], Petrick [1973], Plath [1973]; see King [1983] for a review). The most successful TG-inspired programs accepted the idea of deep structure (i.e., a standardised structure) but performed the surface–to–deep conversion by any computational technique that seemed to work (rather than sticking strictly to Chomskian transformations).

In den späten 60er Jahren wurden in erster Linie Übergangsnetzwerke (= Transition Networks) zur syntaktischen Analyse natürlicher Sprachen eingesetzt. Als eines der erfolgreichsten Systeme kann das LUNAR System von Woods (1973, 1977) angesehen werden, dessen Parser auf einem erweiterten Übergangsnetzwerk (= ATN: Augmented Transition Network) basierte[27].

Ein wesentliches Merkmal der Transformationsgrammatiken war die Forderung, daß Transformationen immer bedeutungserhaltend sein müssen. Da dieses Postulat nicht einzuhalten war[28] und die Zahl benötigter Transformationen immens anwuchs, erfuhr der Ansatz von Chomsky (1965) weitere Veränderungen, die über Zwischenstufen[29]

---

[27] Zu rekursiven und erweiterten Übergangsnetzwerken vgl. auch Woods 1970 und Winograd 1983.

[28] Vgl. Vater 1982:113ff.

[29] Vgl. Chomsky 1970, 1976, 1977, 1980a, 1980b sowie Chomsky/Lasnik 1977 und Jackendoff 1977.

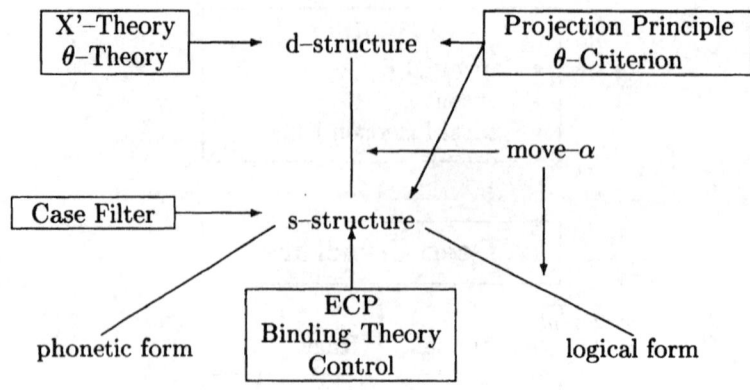

Abb. 2.9: GB Modell (nach Sells 1987:24)

zur Entwicklung des *Government and Binding* Modells (= GB) von Chomsky (1981) führte (vgl. Abb. 2.9)[30]. Einzeltransformationen wurden hier zugunsten einer universellen Bewegungsoperation *move–α* abgeschafft, die durch Subkategorisierungen und Rektionsprinzipien gesteuert zwischen der Tiefen- und Oberflächenstruktur vermittelt. Weitere Änderungen betrafen den Status von Ersetzungsregeln. Anstatt einzelne Regeln zu spezifizieren, wurde, wie bereits mit move–α hinsichtlich der Transformationen, eine einzelne universelle Produktionsregel eingeführt.

$$X^n \to \ldots X^m \ldots \quad (\text{mit } m = 1 \text{ oder } m = n - 1)$$

Bei dieser Regel, dem X–bar Schema (auch $\bar{X}$ oder X' geschrieben), handelt es sich um die rekursive Formulierung einer PS–Regel, die ein kategoriales Element auf der linken Seite durch ein Element niederer Ordnung auf der rechten Seite ersetzt. Da das Element auf der rechten Seite von der gleichen Kategorie wie das der linken sein muß, wird sichergestellt, daß eine Phrase vom Typ X immer ein Element der Kategorie X enthält. Ein Element N, der lexikalische Kopf einer Nominalphrase, wird beispielsweise über bar–Stufen wie N' und N" bis zur maximalen Stufe $X^{max}$ projiziert[31]. Einzelne bar–Stufen (meist N') können nach Radford (1981:104) durch die Formulierung $m = n$ rekursiv aufgerufen werden.

Obwohl das GB–Modell gegenüber seinen Vorgängern viele linguistisch motivierte Erweiterungen erfahren hat, sind die Grundprinzipien sequentieller und rekursiver Produktionsregeln beibehalten und lediglich bezüglich ihrer Notation modifiziert worden. Ausgehend von den Grundlagen des Aspects–Modells sind das X–bar Schema und

---

[30] Zu Einzelheiten der Rektions- und Bindungstheorie und den in Abbildung 2.9 vorgestellten Mechanismen und Prinzipien, wie z.B. θ–Theorie, ECP (= Empty Category Principle) usw., vgl. auch Fanselow/Felix 1987b und Bennis/Groos 1982.

[31] Die Anzahl der bar–Stufen ist prinzipiell nicht festgelegt und kann je nach Sprache variieren. Jackendoff (1977) geht jedoch von 3 Stufen aus. Vater (1986) führt Gründe für die Annahme von 3 Stufen für die NP–Struktur des Deutschen an.

move–$\alpha$ ebenfalls Bestandteile der Universalgrammatik. Die notationellen Veränderungen scheinen zunächst den Zweck zu erfüllen, mit universelleren Prinzipien der Formulierung einer Universalgrammatik näher zu kommen. Tatsächlich aber handelt es sich hierbei um ein verallgemeinertes und universelles Regelschema im Sinne einer (universellen) Turingmaschine. Setzt man die Prinzipien der Turingmaschine mit den Prinzipien und Mechanismen der menschlichen Sprachverarbeitung gleich, so kann diese Vorgehensweise als legitim angesehen werden. Da sich Von-Neumann-Architekturen aber grundsätzlich von den Verarbeitungsprinzipien biologischer neuronaler Systeme unterscheiden[32], muß dieser Gleichsetzung entschieden entgegengetreten werden. Sieht man GB allerdings als ein abstraktes Berechnungsschema an, so hat sich dieser Ansatz dem Vergleich mit anderen Verarbeitungsmodellen zu stellen.

Daß andere Ansätze in der Computerlinguistik weitaus erfolgreicher als das GB-Modell waren, mag nicht weiter verwundern, da in diesen das Prinzip der kontextfreien Abarbeitung konsequenter und ohne hemmende Faktoren, wie etwa der Anspruch auf neurobiologische Realität der Verarbeitungsprinzipien, verfolgt wurde. Gegenüber den ursprünglichen kontextfreien Algorithmen der Phrasenstrukturgrammatik nach Chomsky (1957) war das GB-Modell aufgrund seiner hohen computationellen Komplexität für die Computerlinguistik wenig attraktiv geworden. Im Zuge der Weiterentwicklung der GB-Theorie über *Barriers* bis hin zum *Minimalist Programm* und der *Bare Phrase Structure* (vgl. Chomsky 1986, 1992 und 1994) änderte sich an diesem Umstand wenig. Lediglich Verarbeitungsmodelle, die sich stark an dem frühen PS-Modell orientierten, konnten erfolgreich zur Analyse natürlichsprachlicher Daten eingesetzt werden. Ein Beispiel hierfür ist der deterministische *Parsifal-Parser* von Marcus (1980)[33], der im wesentlichen einen deterministischen Kellerautomaten im Sinne einer Typ-2-Grammatik darstellt. Aufgrund des sequentiellen Charakters des Verarbeitungsmechanismus war Marcus (1980) jedoch gezwungen, heuristische Verfahren wie z.B. das *look ahead* einzusetzen[34].

Ende der 70er Jahre spalteten sich viele der heute die Computerlinguistik bestimmenden Modelle von der generativen Grammatik auf der „Linie" Chomskys ab, ohne jedoch alle Prinzipien und Regelmodelle der Chomsky-Grammatik zu verwerfen. Ein Beispiel hierfür ist die Lexikalisch-Funktionale Grammatik (= LFG) nach Kaplan/Bresnan (1982), die ein Modell der Syntax natürlicher Sprachen postuliert, welches nicht nur strukturbasiert ist (vgl. Sells 1985:135). Stattdessen repräsentieren Kaplan/Bresnan (1982) grammatische Funktionen (wie Subjekt, Objekt usw.), Kongruenz, Anaphora und die Zusammengehörigkeit diskontinuierlicher Konstituenten in funktionalen Strukturen (= *f-structure*). In der Konstituentenstruktur (= *c-structure*)

---

[32] Vgl. hierzu auch Kap. 3.1.

[33] Zu einer modifizierten Version dieses Parsers vgl. auch Berwick 1985. Weiterentwicklungen von auf Kellerautomaten basierenden Parsern finden sich bei Berwick/Abney/Tenny 1991 (vgl. auch Lohnstein 1993).

[34] Hierbei handelt es sich um eine Vorausschau auf noch folgende Elemente der Eingabekette, um für die Analyse Entscheidungen hinsichtlich des weiteren Vorgehens zu treffen. Entgegen der Berücksichtigung aller Möglichkeiten bei paralleler Erzeugung mehrerer alternativer Analysestränge, ist bei sequentiellen Prozessen die Einbeziehung späterer Elemente nötig, um richtige Entscheidungen für den einmal eingeschlagenen Analyseweg treffen zu können.

hingegen werden die Reihenfolge und Phrasenstruktur der Elemente der Eingabekette repräsentiert. Obwohl eine schwache Äquivalenz zwischen der c–structure bei
Kaplan/Bresnan (1982) und der Oberflächenstruktur bei Chomsky (1981) existiert,
können f-structure und die Tiefenstruktur nicht gleichgesetzt werden, da keine Operationen zwischen c- und f–structure vermitteln, jede Struktur auf unterschiedliche
Weise repäsentiert wird und ihren eigenen Beschränkungen unterworfen ist. Beide
Strukturebenen werden in LFG durch Regeln des Lexikons generiert, wobei Subkategorisierungen grammatische Funktionen bestimmen, nicht aber grammatische Kategorien wie in GB. Durch die Übernahme sequentieller und rekursiver Verarbeitungsmechanismen gelten für LFG ähnliche Einschränkungen und Nachteile, wie sie auch
schon für das Modell Chomskys gemacht worden sind. Dennoch erhebt die Lexikalisch–
Funktionale Grammatik keinen Anspruch auf neurobiologische Realität, obgleich sie
stark mit der Psycholinguistik interagiert und durch ihre Fähigkeit, unterschiedliche Sprachen bei verschiedenen c–Strukturen und gleicher f–Struktur codieren zu
können[35], dem Anspruch an eine Universalgrammatik nahe kommen würde.

Weitere Ansätze, wie z.B. die Generalized Phrase Structure Grammar (= GPSG;
vgl. Gazdar et al. 1985), die nur eine einzige Repräsentationsebene sowie Wohlgeformtheitsbedingungen zur Erzeugung syntaktischer Baumstrukturen annimmt, oder die
Head–driven Phrase Structure Grammar (= HPSG; vgl. Pollard 1984 und Pollard/Sag
1994), eine Weiterentwicklung der GPSG, die davon abweichend Subkatogorisierun-
gen als Eigenschaften lexikalischer Köpfe ansieht, beruhen ebenfalls auf dem Prinzip der sequentiellen Verarbeitung und beinhalten Komponenten mit rekursiven und
kontextfreien Phrasenstrukturregeln. Ferner gestatten spezielle ID/LP Formalismen
(= Immediate Dominance und Linear Precedence) die Verwendung einer abkürzen-
den Notation für bestimmte kontextfreie Syntaxen (vgl. Klenk 1989). Modelle wie
die Tree Adjoining Grammar (= TAG; vgl. Joshi 1985 und Schabes/Abeillé/Joshi
1988) verlagern Teile von Produktionsregeln auf das Lexikon, indem Grundgerüste
von ungebundenen Teilbäumen dort gespeichert und bei Bedarf durch Indizierung
mit Elementen der Eingabeketten und anderen Baumstrukturen verknüpft werden.
Solche Grammatiken, die auch als lexikalisierte Grammatiken bezeichnet werden, basieren hinsichtlich ihrer Implementation meist auf kontextfreien Algorithmen, die eine
effektive Abarbeitung gewährleisten.

Daneben sind noch solche sequentiell arbeitenden Grammatikmodelle zu nennen,
die entsprechend ihrer Implementation und des hierbei eingesetzten Verarbeitungsfor-
malismus als Unifikationsgrammatiken bezeichnet werden[36]. Häufig werden Elemente
und Strukturbeschreibungen aus anderen Modellen (meist LFG und GPSG/HPSG)
übernommen und mittels Unifikationsmechanismen verarbeitet. In erster Linie fallen
die Functional Unification Grammar (= FUG; vgl. Kay 1985), die Categorial Unification Grammar (= CUG; vgl. Uszkoreit 1986) und die Regular Unification Grammar

---

[35] Sells (1985:153f.) zeigt wie strukturell unterschiedliche Oberflächen (Chichewa, Japanisch, Wal-
lisisch) in einer universalen f–Struktur repräsentiert werden.

[36] Unter Unifikation kann die Bildung einer Vereinigungsmenge verstanden werden, mit der Einschränkung, daß die so erzeugte Menge nur funktionale Elemente, d.h. kein Attribut mit mehr
als einem zugeordneten Wert, aufweisen darf (vgl. Rohrer/Schwarze 1988:37).

(= RUG; vgl. Carlson 1988) unter diese Bezeichnung[37]. Gemeinsam ist allen Modellen, daß ihre Entwicklung allein unter computationellen Gesichtspunkten erfolgte und keinerzeit der Anspruch erhoben wurde, die Mechanismen der menschlichen Sprachfähigkeit nachbilden zu wollen.

Die Kategorialgrammatik bildet in mehrfacher Weise eine Ausnahme von den bisher vorgestellten Grammatikmodellen. Sie wurde von Lesniewsky (1929) und Ajdukiewicz (1935) entwickelt, um mathematische Probleme im Zusammenhang mit dem Russelparadox zu lösen und weist dadurch eine von der generativen Grammatik unabhängige Herkunft und Intention auf. Ein weiterer Unterschied betrifft die Form und den Status von Regeln und Kategorien. Während in der generativen Grammatik streng zwischen funktionalen Regeln und rein statischen Kategorien unterschieden wird, kennt die Kategorialgrammatik nur eine syntaktische Regel:

Def.: ist $\alpha$ von der Kategorie $A|B$, und ist $\beta$ von der Kategorie $B$, dann ist $\alpha\beta$ von der Kategorie $A$.

kurz: $(A|B) * B = A$

(vgl. Bartsch/Lenerz/Ullmer–Ehrich 1977:211)

Kategorien lassen sich zudem in Funktor– und Argumentkategorien unterteilen. Während z.B. Eigennamen immer als Argumente aufzufassen sind, fungieren Verben als Funktoren, die je nach Stelligkeit eine unterschiedliche Zahl von Argumenten nehmen und damit Propositionen auf Satzebene abbilden können. In Phrasenstrukturgram-

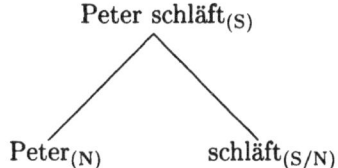

Abb. 2.10: Eine kategorialgrammatische Analyse

matiken wären die Elemente *Peter* und *schläft* gleichberechtigte Konstituenten des Satzes, wohingegen in der Kategorialgrammatik *schläft* als Funktor und *Peter* als Argument aufzufassen ist. Obwohl die Kategorialgrammatik von ihrem Ansatz her nur ein axiomatisches System zur Beschreibung und Lösung logischer und mathematischer Probleme darstellt, welches nicht zur Verarbeitung natürlicher Sprachen gedacht war, kombinierte Bar–Hillel (1953) dieses System mit den strukturalistischen Methoden von Harris (1951) und Fries (1952) und verwendete die Kategorialgrammatik zur Beschreibung natürlicher Sprachen (vgl. Zaun 1990:17). Probleme mit diskontinuierlichen Konstituenten, die zu einem Aufbrechen der Verbindung von Funktor und Argument geführt hätten, veranlaßten Bartsch (1976) zur Annahme einer gesonderten

---

[37] Einen Überblick bieten z.B. Shieber 1986 und Shieber/Pereira et al. 1986.

34

Repräsentationsebene, wie sie auch in anderen Grammatiken zu finden sind. Da kategorialgrammatische Parser weitgehend kontextfrei gestaltet werden können, existieren meist recht effiziente Systeme, wie z.B. der *Kasimir*-Parser von Moortgat (1986), der allerdings mit einem erweiterten Satz syntaktischer Regeln arbeitet.

Die links–assoziative Grammatik (= LAG) nach Hausser (1986) stellt eine stark veränderte Weiterentwicklung der Kategorialgrammatik dar. Konstituenten werden hier als „mögliche Fortsetzungen" von Ausdrücken aufgefaßt[38], wobei aus der komplexen Kategorie des linken Kontextes und der Kategorie des nächsten Elements, das diesen Kontext fortsetzt, mittels kategorialgrammatischer Operationen eine neue Ergebniskategorie erzeugt wird. Diese Operation besteht in der Anwendung einer

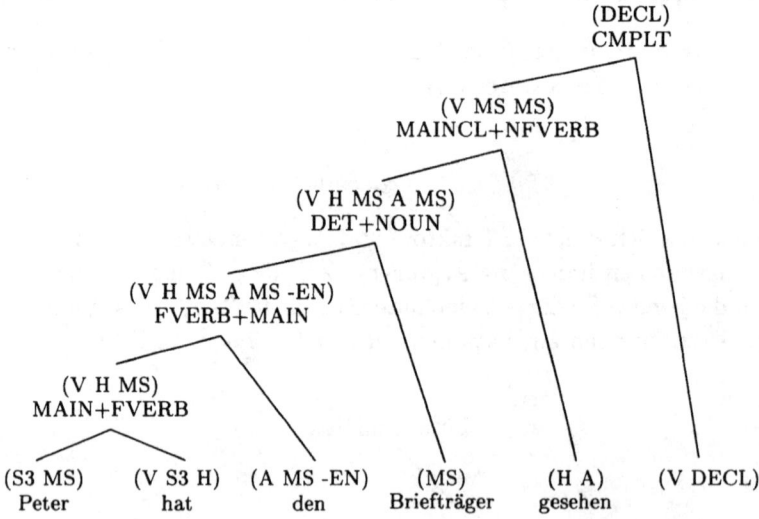

Abb. 2.11: Eine links–assoziative Analyse

Kombinationsregel, die in Anhängigkeit des nächsten präterminalen Elementes und des linken Kontextes aus einem Regelpaket mögliche Fortsetzungen auswählt und selbst wieder nur eine eingeschränkte Anzahl möglicher Fortsetzungen gestattet. So kann z.B. nach Anwendung der Regel MAIN+FVERB aus Abbildung 2.11, die eine Hauptkonstituente mit einem finiten Verb kombiniert, nicht noch einmal in diese Regel verzweigt werden, weil das Vorfeld im Deutschen nur mit einer Hauptkonstituente besetzt werden kann. Im Gegensatz zu den sequentiell arbeitenden Regelgrammatiken und Parsingalgorithmen, basiert der NEWCAT–Parser (vgl. Hausser 1986 und Zaun 1990), bei dem es sich um eine direkte Implementierung der links–assoziativen Grammatik handelt, auf einem Verfahren, welches unterschiedliche Analysestränge parallel und unabhängig voneinander verfolgt. Da das links–assoziative Analyseverfahren stets in linksverzweigenden binären Baumstrukturen resultiert und sich die

---

[38] Zur Diskussion des Konstituentenbegriffs in links–assoziativer Grammatik vgl. Zaun 1990:8ff.

Verarbeitung streng an die lineare Abfolge der Elemente der Eingabekette sowie die Reihenfolge kategorialer Operationen anlehnt, ist die Forderung nach einer zweiten Repräsentationsebene hinfällig. Die Zusammengehörigkeit diskontinuierlicher Konstituenten läßt sich in links–assoziativer Grammatik durch komplexe Kategorien und die protokollierte Anwendung unterschiedlicher Regelpakete ausdrücken. Das Grundprinzip links–assoziativer Ableitung erweist sich zudem als flexibel genug, um auch in anderen linguistischen Teilgebieten, wie z.B. der Morphologie natürlicher Sprachen, zur Anwendung zu kommen[39]. Obwohl die Strategie der parallelen Verfolgung unterschiedlicher Analysestränge gegenüber der sequentiellen Verarbeitung erhebliche Vorteile bringt, die sich insbesonders in der Vermeidung heuristischer Verfahren wie z.B. des look–ahead äußert, unterliegen die Abläufe innerhalb der einzelnen Entscheidungsbäume den gleichen Beschränkungen, denen alle sequentiell und rekursiv arbeitenden Ansätze unterliegen.

Es zeigt sich, daß in der Computerlinguistik eine große Anzahl unterschiedlicher Grammatikmodelle, Verarbeitungsstrategien und Algorithmen zum Einsatz kommen. Gemeinsam ist allen Ansätzen das Prinzip der sequentiellen und rekursiven Symbolverarbeitung, wobei für die parallele Verfolgung von Alternativen in der links–assoziativen Grammatik die bereits erwähnten Einschränkungen gelten. Ferner läßt sich beobachten, daß sehr viele der besprochenen Modelle gezwungen sind, mehr als eine Repräsentationsebene anzunehmen, um z.B. die Zusammengehörigkeit diskontinuierlicher Konstituenten darstellen zu können, oder, wie im Fall des Kellerautomaten beim deterministischen Parser von Marcus (1980), auf zusätzliche Ebenen der Verarbeitung und Speicherung angewiesen sind. Dennoch reichen auch heuristische Verfahren nicht aus, um z.B. ungrammatischen Input verarbeiten, oder Regularitäten im Datenmaterial selbständig entdecken zu können. Führt man sich vor diesem Hintergrund noch einmal die von Dyer (1991:383) konstatierte Unzufriedenheit mit der aktuellen Situation in der Computerlinguistik vor Augen, so wird schnell deutlich, wozu die sequentiell und rekursiv arbeitenden Symbolverarbeitungsmodelle geeignet sind: zur Verarbeitung und Analyse formaler Sprachen und axiomatischer Systeme. Hierin liegt die eigentliche Stärke der Grammatiken der Chomsky–Hierarchie und der mit ihnen korrespondierenden Automaten. Beide basieren auf den Grundannahmen der Turingmaschine und der damit verbundenen Verarbeitungsphilosophie. In der Annahme, natürliche Sprachen wären mit den Beschreibungsmitteln und Prozeduren formaler Sprachen ebenso gut zu analysieren oder zu generieren, wie dies z.B. für Programmiersprachen der Fall ist, liegt der Grundirrtum der generativen Grammatik in der Tradition von Chomsky 1957[40]. Eine Orientierung an den Prinzi-

---

[39] Entsprechend beschreibt Hausser 1989 und 1995 eine links–assoziative Morphologie mit Namen LAMORPH. Mit MALAGA stellt Beutel 1995 eine Sprache zur Implementierung links–assoziativer Grammatiken bereit. Im Gegensatz zu dem auf die Syntax natürlicher Sprachen ausgerichteten NEWCAT–Parser, eignet sich MALAGA auch für das Parsing morphologischer Strukturen. Zudem arbeitet MALAGA nicht nur mit Segmentlisten, sondern auch mit strukturierten Merkmal–Werte Paaren.

[40] Diese Kritik schließt ebenso Kategorialgrammatiken ein, die zwar nicht in der Tradition Chomskys stehen, aber aufgrund ihrer Ausrichtung auf formale axiomatische Systeme für die Verarbeitung natürlicher Sprachen wenig geeignet erscheinen.

pien und Mechanismen von Turingmaschinen und Von-Neumann-Architekturen kann nur der Verarbeitung von solchen Sprachen dienen, die auf diese Architekturen zugeschnitten sind. Die Behandlung natürlicher Sprachen wird jedoch größtenteils von Strukturen determiniert, wie sie für biologische sprachverarbeitende Systeme, d.h. für das menschliche Gehirn, typisch sind. Folglich muß sich eine Theorie der Verarbeitung natürlicher Sprachen, zumindest in Teilen, an den prozessualen Charakteristiken biologischer Systeme orientieren. Inwieweit eine Übertragung dieser Prinzipien auf Von-Neumann-Architekturen möglich ist oder wichtige Prinzipien und linguistische Erkenntnisse aus der generativen Grammatik auf künstliche neuronale Architekturen übernommen werden können, wird sich im Verlauf dieser Arbeit noch zeigen.

# 3 Neuronale Netzwerke

## 3.1 Ein Systemvergleich

Bevor wir uns der eingangs von Dyer (1991) beschriebenen Alternative, den künstlichen neuronalen Netzwerken, zuwenden, scheint es angebracht, einen Vergleich verschiedener informationsverarbeitendener Systeme vorzunehmen, um bezüglich der Fähigkeit zur Verarbeitung natürlicher Sprachen einen Anforderungskatalog der computationellen Eigenschaften eines Modells erstellen zu können. Ein Vergleich soll dabei sowohl hinsichtlich des Gegenstandes als auch bezüglich der Art der Verarbeitung in prozessualer Hinsicht erfolgen und eine Bewertung der unterschiedlichen Architekturen in Hinblick auf den jeweiligen Verarbeitungsgegenstand abgeben. Bei den relevanten Architekturen handelt es sich um das klassische Von-Neumann Modell, d.h. den sequentiellen symbolverarbeitenden Computer, sowie um diejenige Architektur, die nicht nur zur Verarbeitung natürlicher Sprache prädestiniert ist, sondern sie auch hervorbringt: das menschliche Gehirn.

Ein erstes Kriterium, unter dem ein Vergleich beider Informationsverarbeitungssysteme vorgenommen werden kann, ist die Behandlung von Sprache im allgemeinen Sinne. Hinsichtlich der Verarbeitung formaler Sprachen erweist sich der Computer dem Gehirn gegenüber als überlegen. Komplexe Problembeschreibungen durch Programmiersprachen können von Computern in Bruchteilen von Sekunden abgearbeitet werden. Die Leistungsfähigkeit moderner Digitalrechner wird heute im Durchsatz von Millionen Instruktionen je Sekunde bemessen. Für Übertragungen formal–logischer und axiomatischer Systeme in Programmiersprachen, wie z.B. das in der Programmiersprache PROLOG implementierte System der Prädikatenlogik[41], gelten die gleichen Maßstäbe. Es treten jedoch Probleme auf, sobald die Komplexität der jeweiligen formalen Sprache einen polynominalen Grad überschreitet. Wie bereits ausführlich dargelegt, betrifft dies alle Sprachen, die keine Kontextfreiheit besitzen und eine exponentielle Komplexität aufweisen. Ebenfalls wirkt sich das schon angesprochene Halteproblem auf die Behandlung von formalen Sprachen durch Computer aus. Dennoch kann festgehalten werden, daß sich Computer hervorragend für die Verarbeitung formaler Sprachen eignen. Das menschliche Gehirn ist aufgrund seiner internen Organisationsstruktur wenig geeignet, formale Sprachen mit der entsprechenden Präzision und Geschwindigkeit zu verarbeiten. Sieht man von der Ausnahme ab, daß schriftliche Fixierungen formaler Sprachen regelmäßige Muster enthalten, die vom Menschen visuell sofort erfaßt werden können, oder von dem Umstand, daß in kurzen formalen

---

[41] Zu PROLOG vgl. Clocksin/Mellish 1981 oder die kurze Einführung von Clocksin 1984. Die Verwendung logik–basierter Systeme und Programmiersprachen für die KI und die Computerlinguistik wird nach anfänglicher Begeisterung heute eher kritisch betrachtet. Hewitt (1990:395) bemerkt: „Logic programming has some fundamental limitations that preclude its becoming a satisfactory programming methodology. It is inadequate for the needs of open systems because it is based on logical operations instead of due–process reasoning."

Beschreibungen Endlosschleifen durch den Menschen relativ schnell erkannt werden, schneidet das menschliche Gehirn gegenüber dem Computer hinsichtlich Geschwindigkeit und Präzision der Operationen schlechter ab.

Die Problematik der Verarbeitung natürlicher Sprachen durch Computer wurde bereits eingangs ausführlich diskutiert. Geht man von der Kontextsensitivität natürlicher Sprachen aus, so muß der Computer schon bezüglich der hierbei auftretenden Komplexität, die durch seine sequentielle Architektur bestimmt wird, negativ bewertet werden. Ungrammatische Konstruktionen, die der menschliche Sprecher/Hörer zum größten Teil noch nicht einmal bewußt wahrnimmt, können von Computern lediglich in einem sehr begrenzten Rahmen durch aufwendige heuristische Verfahrensweisen abgefangen werden. Sogenannte natürlichsprachliche Schnittstellen, wie sie beispielsweise für die Anfrage menschlicher Benutzer an formale Datenbanksysteme eingesetzt werden, sind weit davon entfernt, eine wirkliche Verarbeitung natürlicher Sprache zu leisten[42]. Stattdessen zwingen solche Systeme dem Benutzer eine sehr eingeschränkte Syntax und eine fixierte Menge an Wörtern auf, die mehr an eine formale als an eine natürliche Sprache erinnert.

Die Fähigkeit des menschlichen Gehirns, natürliche Sprache zu verarbeiten braucht hier nicht näher bewertet zu werden, da es, wie bereits angesprochen, das menschliche Gehirn ist, welches das Phänomen Sprache hervorbringt. Ein wichtiges Merkmal menschlicher Sprachfähigkeit besteht in seiner fehlertoleranten Arbeitsweise, die es gestattet, ungrammatischen Input rekonstruieren und damit interpretieren zu können. Außerdem ist das menschliche Gehirn in der Lage, Sprache mit außersprachlichen Daten in Beziehung zu setzen und somit taktile Empfindungen wie Hitze, Kälte oder Druck, ebenso wie visuellen oder auditiven Input mit sprachlichen Elementen zu verknüpfen. Sprachliche Äußerungen wie z.B. *„es riecht nach Frühling"* setzen eine extrem hohe Komplexität und Interaktion verschiedener Kenntnissysteme und Datenmengen voraus, die bis hin zur Berücksichtigung hormoneller Zustände reichen kann. Die Anzahl der den Sprachverarbeitungsprozeß determinierenden Parameter ist derart groß, daß eine sequentielle Verarbeitung hinsichtlich der hierfür benötigten Zeit kaum vorstellbar ist.

Ein weiteres Kriterium, das es zu berücksichtigen gilt, ist die Fähigkeit zum selbständigen Wissenserwerb. Computersysteme sind zwar in der Lage eine exakte Speicherung sehr großer Datenmengen vorzunehmen, doch scheitern sie meist an der Aufgabe, Regularitäten in den dargebotenen Datenmengen zu entdecken und diese zu extrahieren. Computer arbeiten nach festen vorgegebenen Regeln und Steueranweisungen. Sie sind nur in Ausnahmefällen und unter Aufbietung eines großen programmiertechnischen Aufwandes fähig, auf der Basis des Datenmaterials neue Regeln zu generieren. Lernen besteht bei Computern meist nur in der Sammlung von Daten und weniger in deren Interpretation. Zwar gestatten es einige Programmiersprachen der KI, wie z.B. Lisp, in Abhängigkeit des Datenmaterials neue Anweisungen und Programme zu generieren, doch geschieht dies nur nach Vorgabe eines festgeleg-

---

[42] Vgl. hierzu Jarke/Krause 1985, Jarke/Krause/Vassiliou 1984 und das USL–System von Ott/ Zoeppritz 1979. Bei Zoeppritz 1985 findet sich eine Untersuchung hinsichtlich der besonderen sprachlichen Eigentümlichkeiten bei der Interaktion von Mensch und Computer.

ten Algorithmus. Die Lernfähigkeit des Computers muß somit, trotz der Möglichkeit durch Rechnerkopplung auf beliebig große Resourcen an Speicherraum zurückgreifen zu können, als mangelhaft bezeichnet werden. Das menschliche Gehirn, welches nicht annähernd über solche Resourcen verfügt, ist dennoch in der Lage, selbständig Regularitäten im Eingabematerial zu erkennen, dieses mit bereits gespeicherten Daten in Beziehung zu setzen und so den Erfahrungsschatz erweitern zu können. Durch die Strategie der vernetzten und assoziativen Speicherung vermag das menschliche Gehirn für den Verstehensprozeß relevante Daten zu extrahieren und ressourcensparend abzuspeichern[43].

Ein anderer Unterschied zwischen Computern und biologischen informationsverarbeitenden Systemen betrifft die Art und Weise der internen Repräsentation von Daten. Während Von-Neumann-Architekturen als symbolmanipulierende Systeme verstanden werden können, operiert das Gehirn auf der Basis verteilter subsymbolischer Repräsentationen. Da sprachliche Einheiten wie Wörter in ihrer externen Repräsentation als Symbole angesehen werden können, kommt die symbolbasierte Arbeitsweise des Computers auf den ersten Blick der menschlichen Auffassung einer Sprachverarbeitung näher. Die Mechanismen neuronaler Repräsentation basieren jedoch nicht auf diesem Prinzip, sondern auf dem der verteilten subsymbolischen Datenspeicherung, welches die folgenden Beispiele erläutern sollen.

Auf einem Computer wird z.B. der Großbuchstabe X als ein Symbol angesehen, das durch den ASCII–Code 88 (hex. 58), bzw. in 8 Bit–Codierung durch das Byte 01011000 repräsentiert wird. Von dieser Codierung, die selbst bedeutungsleer ist und nur auf Vereinbarungen basiert[44], sind keinerlei Abweichungen möglich.

Die Repräsentation des Buchstabens X in einem subsymbolisch arbeitenden System kann man sich, im konkreten Fall stark vereinfacht, als eine einfache Matrix vorstellen, welche aus einzelnen Zellen besteht, die entweder aktiv oder inaktiv sein können. Geht

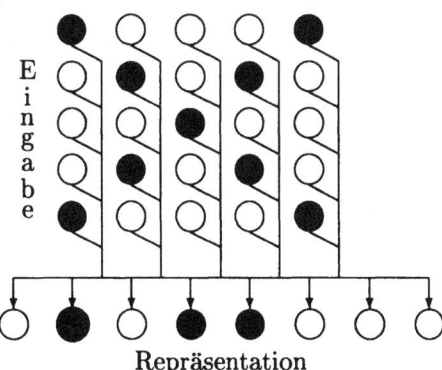

Repräsentation

Abb. 3.1: Aktivierung des Musters für den Buchstaben X

---

[43] Zu den hier angesprochenen Kriterien siehe auch Crick 1979.
[44] Die Vereinbarung im Falle des ASCII–Codes ist eine technische Norm.

man davon aus, daß jedes Element der Eingabeschicht mit allen Elementen einer Repräsentationsschicht verbunden ist, so wird durch Erregung und Hemmung ein Aktivierungsmuster in der Repräsentationsschicht erzeugt, welches als subsymbolisch verteilte Repräsentation des Buchstabens X interpretiert werden kann (vgl. Abbildung 3.1)[45]. Durch eine solche Art der Repräsentation hat ein einzelnes Element, wie z.B eine Zelle im Eingabegitter, keine bedeutungstragende Funktion mehr. Daher würde in einem subsymbolisch arbeitenden System auch das Muster aus Abbildung 3.2 als Buchstabe X erkannt werden, allerdings mit einem niedrigeren Aktivierungsgrad der

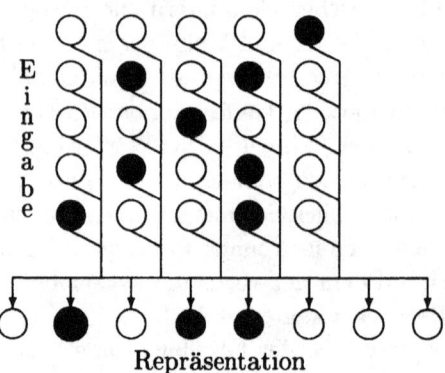

Abb. 3.2: Unvollständige und fehlerhafte Eingabe.

Elemente der Repräsentationsschicht, als bei einem „typischen" gelernten X. Diese Art der Repräsentation und Verarbeitung von Daten impliziert, daß der Ausfall einzelner Elemente keinen nachhaltigen Einfluß auf den Erkennungsprozeß haben muß. Zudem sind fließende Übergänge von einem Muster auf ein anderes möglich. Es zeigt sich somit, daß verteilte subsymbolische Repräsentationen robuster und fehlertoleranter als symbolische sind. Bezogen auf die Verarbeitung in biologischen Systemen stellt z.B. die Netzhaut des menschlichen Auges ein Raster von Millionen Nervenzellen dar, von denen bestimmte auf Helligkeit, andere wiederum auf Farbe reagieren. Für die zur Verarbeitung optischer Daten verantwortlichen Bereiche des primären Sehfeldes der Großhirnrinde, die über die Sehnerven mit der Netzhaut verbunden sind[46], ist der Ausfall einzelner Zellen auf der Netzhaut irrelevant, falls noch eine hinreichende Anzahl von Zellen zur Erkennung vorhanden ist. Ebenso können Fehler im Datenmaterial ausgeglichen werden.

Neben der Fehlerrobustheit subsymbolischer Systeme können noch weitere Unter-

---

[45] Wie im Zusammenhang mit dem sogenannten X–OR Problem noch zu sehen sein wird (vgl. Rumelhart/McClelland 1986:111ff. und Rumelhart/Hinton/Williams 1986:330ff.), ist zur Erzeugung eines Aktivierungsmusters in der Repräsentationsschicht meist eine zusätzliche Zwischenschicht erforderlich. Zudem entspricht das Aktivierungsmuster der Repräsentationsschicht im vorliegenden Beispiel dem binären Muster des Buchstabens X im ASCII–Code, was jedoch beabsichtigt ist.

[46] Vgl. hierzu Hubel/Wiesel 1979 und Crick 1979.

schiede zu symbolverarbeitenden Systemen am vorliegenden Beispiel festgestellt werden. Während bei symbolbasierten Architekturen immer eine Teilung von Types und Tokens vorgenommen wird, existieren in verteilten Systemen nur gleichartige Tokens (vgl. Dyer 1990:33f.). Für die Wissensverarbeitung impliziert dies, daß alle Daten auf gleichartigen Elementen basieren und durch gleiche Grundmechanismen verarbeitet werden, was eine Interaktion dieser Repräsentationen ermöglicht. Symbolische Modelle aber unterscheiden zwischen verschiedenen Datenstrukturen und Verarbeitungsmechanismen, wobei Wissen als indizierte Relation zwischen Symbolen anzusehen ist.

Ein entscheidenes und bereits mehrfach angesprochenes Kriterium für den Unterschied zwischen der Verarbeitung in Von-Neumann-Computern und biologischen neuronalen Systemen sind die unterschiedlichen Mechanismen der Verarbeitung. Von-Neumann-Architekturen arbeiten sequentiell, indem sie dem Prozessor Daten aus dem Speicher zuführen und sie nach der Bearbeitung wieder zurückschreiben. Während auf elektrochemischer Grundlage operierende Zellen für die Reaktion auf einen Stimulus ca. 2 msek. benötigen, ist die Schaltgeschwindigkeit elektronischer Bauteile in Computern fast $10^6$ mal höher (vgl. Cottrell/Small 1984:93). Trotz dieser fast unglaublichen Diskrepanz zwischen der Geschwindigkeit einer Basisoperation in Von-Neumann-Computern und biologischen Systemen ist das Gehirn hinsichtlich bestimmter Aufgaben um ein Vielfaches leistungsfähiger als jeder Computer. Der Grund hierfür liegt in der konsequent auf parallele Verarbeitung ausgerichteten Architektur des menschlichen Gehirns (vgl. Anderson/Hinton 1981), dessen Grundstruktur und Arbeitsweise Gegenstand des nächsten Kapitels ist. Durch den Mechanismus der parallelen Ausbreitung von Aktivierungsimpulsen und der lateralen Hemmung können Muster nicht nur unabhängig voneinander berechnet werden, sondern auch ineinander übergreifen. Parallelverarbeitung in neuronalen Systemen entspricht dabei nicht der Philosophie gängiger Parallelrechner, da in diesen lediglich sequentielle Prozesse zwecks Erhöhung der Rechengeschwindigkeit auf verschiedene Prozessoren verteilt werden[47]. Vielmehr besteht der Verarbeitungsprozeß selbst in dem Prinzip der parallelen Aktivierung und Hemmung.

Faßt man die bisher angesprochenen Kriterien und deren Bewertung hinsichtlich der unterschiedlichen Systemarchitekturen zusammen, so ergibt sich das in Tabelle 3.3 dargestellte Bild[48]. In diesem Vergleich zeigt sich, daß es grundlegende Unterschiede in der Strategie der Informationsverarbeitung zwischen Computer und Gehirn gibt. Für eine Beschreibung, Erklärung und Modellierung der Fähigkeit zur Verarbeitung natürlicher Sprache gilt es daher, die besonderen prozessualen Eigenschaften biologischer Systeme zu berücksichtigen und gegebenenfalls mit den Vorteilen symbolischer Repräsentationen, die für den Menschen mnemotechnisch leichter zu handhaben sind, zu verknüpfen. Der hier angesprochene Vorteil symbolbasierter Systeme betrifft die menschliche Gewohnheit, mit symbolischen Einheiten (wie Wörtern usw.) zu operieren und komplexe Zusammenhänge sowie Abläufe unter einzelnen kompakten Symbolen zu kategorisieren. Dies ist ein wichtiges Merkmal für die Fähigkeit des Men-

---

[47] Zu parallelen Rechnerarchitekturen vgl. Moldovan 1993, Hwang/Briggs 1984 und Waltz 1988.

[48] Vgl. hierzu auch die Ausführungen von Crick 1979, Cottrell 1989:5, Dyer 1990:34 und Werntges/Eckmiller 1988:72.

| | Computer | Gehirn |
|---|---|---|
| Schaltgeschwindigkeit | schnell | langsam |
| Verarbeitungsstrategie | sequentiell | parallel |
| Präzison | hoch | gering |
| Fehlertoleranz | nein | ja |
| Wissensrepräsentation | symbolisch | subsymbolisch/verteilt |
| Integration verschiedener Wissensquellen | gering | sehr gut |
| Selbstorganisation | wenig | sehr gut |
| Speicherraum | sehr groß | wenig |
| Zugriff auf Speicher | lokal | global |
| Assoziationsfähigkeit | nein | ja |
| Rekursive Verarbeitung | ja | nein |
| Variablenbindung | ja | nein |
| Verarbeitung formaler Sprachen | sehr gut | schlecht |
| Verarbeitung natürlicher Sprachen | schlecht | sehr gut |

Abb. 3.3: Eigenschaften von Computer und Gehirn.

schen, über externe Repräsentationen sprachlich mit seiner Umwelt interagieren zu können[49]. Selbst das formale System wissenschaftlicher Beschreibungen ist ohne symbolische Repräsentationen nicht denkbar. Es stellt sich in diesem Zusammenhang die Frage, ob ein Modell neuronaler Informationsverarbeitung diese Vorteile nutzen kann. Da künstliche neuronale Netze ihre Ergebnisse als eine Menge unterschiedlicher Aktivierungszustände repräsentieren, ist es für den menschlichen Nutzer solcher Systeme überaus schwierig, wenn nicht in vielen Fällen sogar unmöglich, mit dieser Vielzahl an Zuständen umzugehen, die in künstlichen neuronalen Netzen durch numerische Werte ausgedrückt werden. Die Komplexität dieser Repräsentation erreicht in ihrem Umfang zwar nicht annähernd die biologischer Systeme, doch sind diese subsymbolischen Repräsentationen ebenso komplex und undurchsichtig, wie die Aktivierungsmuster des Gehirns. Man wäre gezwungen, mit Symbolen auf interne Zustände zu referieren. Selbst wenn es gelingen würde, ein künstliches sprachverarbeitendes System auf Grundlage subsymbolischer Repräsentationen zu konstruieren, würde für eine Theorie über Sprache die gleiche Situation eintreten, wie sie z.Z. gegenüber dem einzig existierenden sprachverarbeitenden System, dem menschlichen Gehirn, besteht.

## 3.2  Das biologische Vorbild

Kein anderes Organ des menschlichen Körpers besitzt eine annähernd so hohe Komplexität wie das Gehirn. Zu Recht kann es als Schaltzentrale des Organismus angesehen werden. Das Gehirn ist Sitz der menschlichen Fähigkeit zu denken, zu fühlen,

---

[49] Zu einer Diskussion des Symbolbegriffs vgl. auch Dorffner 1991:192ff.

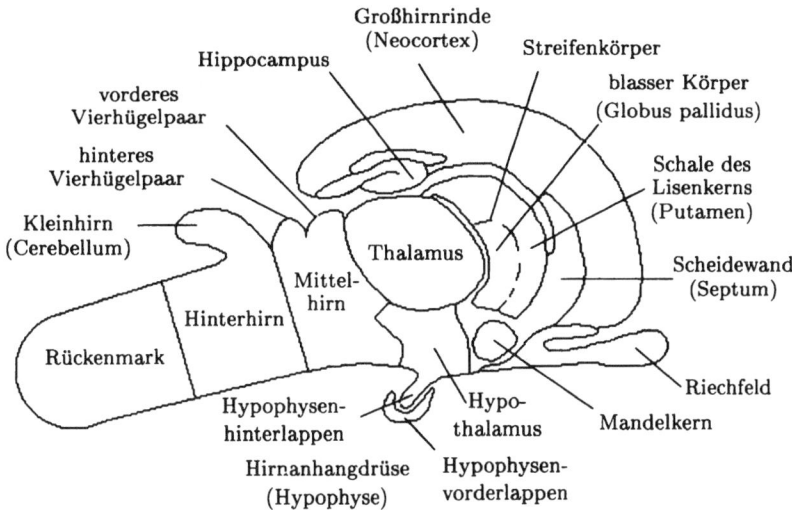

vorderes Vierhügelpaar
Hippocampus
Großhirnrinde (Neocortex)
Streifenkörper
blasser Körper (Globus pallidus)
hinteres Vierhügelpaar
Kleinhirn (Cerebellum)
Schale des Lisenkerns (Putamen)
Thalamus
Mittel-hirn
Scheidewand (Septum)
Hinterhirn
Rückenmark
Hypophysen-hinterlappen
Hypo-thalamus
Mandelkern
Riechfeld
Hirnanhangdrüse (Hypophyse)
Hypophysen-vorderlappen

Abb. 3.4: Zentralnervensystem nach Nauta/Feirtag (1979:74)

zu lernen, sich zu erinnern und Wünsche zu formen und dient außerdem der Steuerung der Motorik und der Verarbeitung sensorischer Daten wie Gerüche, visueller und auditiver Eindrücke sowie taktiler Informationen. Außerdem ist es für die typisch menschliche Eigenschaft, natürliche Sprache hervorbringen und verstehen zu können, verantwortlich.

Auf den ersten Blick scheint die Struktur des menschlichen Gehirns verworren und viel zu komplex, um Aussagen über die Grundmechanismen der Informationsverarbeitung machen zu können. Bei genauerer Betrachtung offenbart sich jedoch eine Anatomie, die klar die unterschiedlich strukturierten Bereiche erkennen läßt (vgl. Abbildung 3.4). Das Rückenmark, Hinterhirn und Mittelhirn sind in erster Linie für die Übermittlung von sensorischen Informationen zu verschiedenen Stellen im Gehirn und zur Übertragung von Impulsen an die dort vorhandenen motorischen Nervenzellen von höher gelegenen Arealen zuständig[50]. Manche Nervenzellen erstrecken sich über mehrere Areale, wie z.B. der Tractus corticospinalis, der vom motorischen Rindenfeld der Großhirnrinde bis ins Rückenmark verläuft (vgl. Nauta/Feirtag 1979:76f.). Der Thalamus stellt eine wichtige Übertragungstelle zwischen den von Sinnesorganen einlaufenden Nervenfasern und höheren Bereichen des Gehirns dar. Er nimmt eine Selektion derjenigen Reize und Informationen vor, die der Verarbeitung auf der Großhirnrinde zugeführt werden. Eine Ausnahme bilden lediglich die sensorischen Zellen der Nasenschleimhaut, deren Nervenstränge nicht über den Thalamus führen.

In der Großhirnrinde beginnende absteigende Nervenfasern laufen meist über die

---

[50] Eine hervorragende Darstellung der Anatomie und Arbeitsweise des Gehirns findet sich in der Novemberausgabe 1979 der Zeitschrift Spektrum der Wissenschaft, aus der einige der hier zitierten Beiträge entnommen wurden.

Schale des Linsenkerns. Im darunter gelegenen blassen Körper lassen sich wesentlich weniger Nervenzellen als in der Schale des Linsenkerns finden, so daß dieses Areal hauptsächlich als ein Fokus für die in der Großhirnrinde beginnenden Nervenfasern angesehen wird. Ein weiteres wichtiges Areal ist der Hypothalamus, der die Aktivität des autonomen Nervensystems dahingehend beeinflußt, daß sich das gesamte System in einem stabilen Zustand hält. Dazu zählen u.a. die Steuerung der Organfunktionen und die Regelung des Kreislaufsystems. Somit übt der Hypothalamus eine Kontrolle z.B. über den Herzschlag, den Blutdruck und die Atemfrequenz aus. Der Hippocampus und der Mandelkern, die beiden Hauptkomponenten des limbischen Systems, üben ihrerseits Einfluß auf die Verarbeitung im Hypothalamus aus. Emotionale Stimmungen, welche vom limbischen System ausgehen, sind somit in der Lage, den Zustand der Gewebeflüssigkeiten und der Organfunktionen zu bestimmen. Der Hippocampus wird ebenso wie der Mandelkern von Signalen aus Gebieten der Großhirnrinde beeinflußt, jedoch mit dem Unterschied, daß die im Mandelkern einlaufenden Nervenbahnen aus solchen Gebieten der Großhirnrinde stammen, die keine direkte Verbindung zu den primären sensorischen Rindenfeldern haben. Informationen aus dem Riechfeld, dem Sitz des Geruchsinns, laufen ebenfalls direkt im Mandelkern zusammen. Gegenüber dem überaus komplexen Prozeß der visuellen Mustererkennung, bei dem es neben der Lage der zu erkennenden Elemente noch zu Verrechnungen der Informationen hinsichtlich der Farbe, Lichtintensität, und Entfernung des Gegenstandes kommt, findet eine direkte Übertragung von Signalen des Riechfeldes auf das limbische System statt. Evolutionsgeschichtlich wird der Mensch daher stärker vom Geruchsinn als von visuellen Eindrücken determiniert.

Die Großhirnrinde (Neocortex) läßt sich in zwei durch ein Bündel von Nervenfasern (Corpus callosum) verbundene Hälften (Hemisphären) einteilen und weist zahlreiche Windungen (Gyri) und Furchen (Sulci) auf, die aus einer 1.5 bis 5 mm dünnen Zellschicht bestehen, welche aufgefaltet eine Fläche von über 1000 cm$^2$ bedecken würde (vgl. Crick/Asanuma 1986:341f.). Die Faltung gestattet es, eine große Fläche mit Nervenzellen im Schädel unterzubringen. In der Zellschicht der Großhirnrinde lassen sich außerdem 6 verschiedene Schichten mit unterschiedlich dichten Gruppierungen von Nervenzellen beobachten. Insgesamt kann von einer Packungsdichte von ca. 80 000 Nervenzellen je mm$^2$ ausgegangen werden (vgl. Crick/Asanuma 1986:344.). Bezüglich der Funktionalität ist die Großhirnrinde für die kognitiven Fähigkeiten verantwortlich und somit zweifelsohne das bestimmende Areal des menschlichen Gehirns. Hubel/Wiesel (1979:107) bemerken in diesem Zusammenhang:

> Eine Maus ohne Großhirnrinde wirkt – oberflächlich betrachtet – einigermaßen normal. Ein Mensch ohne Großhirnrinde wäre wie dürres Laub: ohne Sprach-, Seh- und Wahrnehmungsvermögen.

Solche Funktionen sind den beiden Hälften der Großhirnrinde in jeweils unterschiedlicher Weise zugeordnet. In der rechten Hälfte liegen hauptsächlich die Fähigkeiten zum Ausdruck emotionaler Zustände und zur Erkennung komplexer Muster. Auch die musikalischen Veranlagungen werden in dieser Hirnhälfte lokalisiert (vgl. Geschwind 1979:127). Die linke Hemisphäre, die als die dominantere der beiden Hirnhälften bezeichnet wird, ist nach allgemeiner Auffassung Sitz der menschlichen Sprachfähigkeit.

Neben diesen funktionellen Asymmetrien, die bestimmte Funktionen nur einer Hemisphäre zuordnen, läßt sich ebenfalls eine Symmetrie bezüglich der Verantwortung
der jeweiligen Hirnhälften für die gegenüberliegenden Körperhälften feststellen. Die
rechten Hälften des Gesichtsfelds beider Augen werden über den Sehnerv mit der
in der linken Hemisphäre gelegenen Sehrinde, die jeweiligen Entsprechungen auf der
Netzhaut der linken Hälften mit der rechten Hemisphäre verbunden. Diese Symmetrie ist nicht immer vollständig, wie am Beispiel des Hörzentrums zu sehen ist: von
jedem Innenohr führen Verbindungen zum Hörzentrum der jeweils gegenüberliegenden Hemisphäre. Es existieren aber auch Verbindungen zum Hörzentrum der eigenen
Seite.

Das Sprachzentrum in der linken Hemisphäre der Großhirnrinde besteht aus mehreren funktional und räumlich voneinander getrennten Arealen, die in Abbildung 3.5
zu sehen sind[51]. Bereits um 1861 gelang dem Arzt P. Broca die Entdeckung, daß

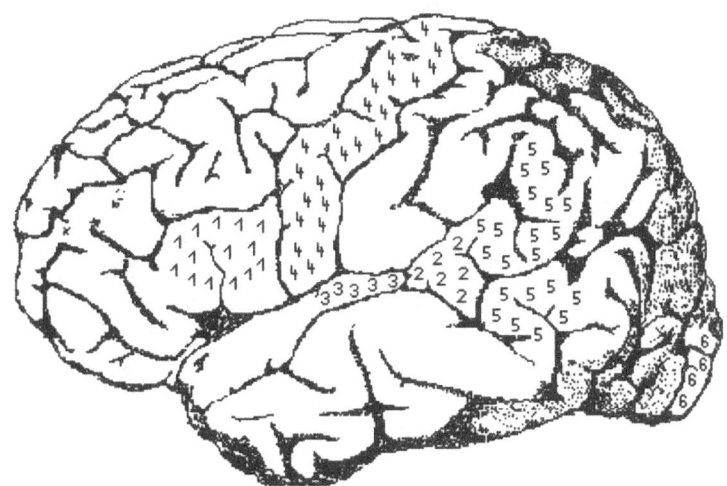

1 → motorisches Sprachzentrum (Brocasches Areal)
2 → sensorisches Sprachzentrum (Wernickesches Areal)
3 → primäres Hörzentrum
4 → motorisches Rindenfeld
5 → Lesezentrum (Gyrus angularis)
6 → primäres Sehfeld

Abb. 3.5: Sprachzentren im Gehirn

nach der Läsion bestimmter Hirnregionen infolge der Unterversorgung mit Sauer-
stoff durch einen Schlaganfall, eine Verletzung oder einen Tumor Sprachstörungen

---

[51] Frei nach Geschwind 1979:130ff. Eine Einführung zum Thema Sprache und Gehirn findet sich
bei Ender 1994.

(sogenannte Aphasien) auftreten[52]. Bei einer Schädigung des motorischen Sprachzentrums lassen sich im allgemeinen Artikulationsstörungen wie langsames Sprechen, lücken- und fehlerhafte Syntax sowie Verständnisprobleme beobachten, wenn die Bedeutung einer Äußerung nicht vom lexikalischen Material, sondern von der syntaktischen Konstruktion abhängig ist. Zudem lassen sich auch Probleme bei schriftlicher Fixierung oder zeichensprachlicher Formulierung feststellen (vgl. Levine/Sweet 1982). Geschwind (1979:129) zeigt am Beispiel eines Patienten, der nach seinem Termin beim Zahnarzt befragt wurde, den typischen Fall einer Broca–Aphasie:

> (3–1)  Ja ... Montag ... Vati und Peter ... Mittwoch 9 Uhr ... 10 Uhr ...
> Doktor ... und ... Zähne

Ein weiteres für die Sprachverarbeitung relevantes Areal ist das sensorische Sprachzentrum, das nach C. Wernicke benannt wurde, der 1874 bei einer Schädigung der betreffenden Hirnregion eine Aphasie beobachten konnte, die sich durch den Ausfall der Fähigkeit zur korrekten Bezeichnung und Wortauswahl äußert. Die Syntax ist in diesem Fall ebensowenig betroffen, wie z.B. die Flexion der gewählten Wörter, wie das folgende Beispiel zeigt (vgl. Geschwind 1979:130):

> (3–2)  Mutter ist hier weg und arbeitet ihre Arbeit, damit es ihr besser
> geht, aber wenn sie schaut, blicken die zwei Jungen in die andere
> Richtung. Sie arbeitet zu einer anderen Zeit.

In diesem Beispiel beschreibt ein Wernicke–Aphasiker ein Bild, bei dem zwei Jungen einer Frau Plätzchen stehlen. Obwohl die Kette formal korrekt gebildet wurde, wird in ihr kaum noch relevanter Inhalt mitgeteilt. Neben der hier genannten Broca- und Wernicke–Aphasie existieren noch andere Sprachstörungen, wie z.B. die amnestische Aphasie, die sich in Wortfindungsstörungen ausdrückt, oder die globale Aphasie, welche in einer gestörten Sprachrezeption und Sprachproduktion besteht (vgl. Schwarz 1992:72f). Als Dyslexie wird eine Lesestörung infolge von Hirnläsionen bezeichnet[53].

Das motorische und das sensorische Sprachzentrum sind über Nervenstränge miteinander verbunden. Für die Produktion von Sprache wird allgemein angenommen, daß die Struktur einer Äußerung im sensorischen Sprachzentrum entsteht und durch die Verbindungen zwischen beiden Arealen an das motorische Sprachzentrum weitergegeben wird, um dann über das motorische Rindenfeld, welches die Gesichtsmuskeln und Artikulationsorgane steuert, in eine sprachliche Äußerung überführt zu werden. Für die Rezeption von Sprache existieren zwei Wege. Bei einer auditiven Wahrnehmung erfolgt eine Aktivierung des primären Hörzentrums. Der Reiz muß für das Verstehen der sprachlichen Information jedoch auch das sensorische Sprachzentrum durchlaufen. Für die Wahrnehmung von Sprache in visueller Form ist zunächst das primäre Sehzentrum verantwortlich, das die vorverarbeiteten Daten an das Lesezentrum (Gyrus angularis) weitergibt. Die letzte Station zur Interpretation ist dann wieder das sensorische Sprachzentrum (vgl. Geschwind 1979:130ff.).

---

[52] Zur Geschichte der Aphasieforschung vgl. Eling 1994. Einen Überblick hinsichtlich einzelner Aphasieformen mit Bezug auf die kognitive Wissenschaft bietet Kelter 1990.

[53] Zu Dyslexien vgl. auch Coltheart 1980. Zur Simulation von Dyslexien in künstlichen neuronalen Netzen sei auf Plaut/Shallice 1991 verwiesen.

Die in der GB-Theorie geäußerte Autonomie-These, die die syntaktische Kompetenz als ein autonomes Modul innerhalb des Systems der menschlichen Kognition ansieht, ist eng mit der Theorie der Lokalisation und Zuordnung der Fähigkeit zur Sprachverarbeitung zu den genannten Bereichen der linken Hemisphäre verbunden. Da eine Läsion des motorischen Sprachzentrums zu einem Ausfall der Fähigkeit zur Verarbeitung syntaktischer Daten führt, semantische Informationen aber weiterhin verarbeitet werden können, scheint durch die beobachtbaren Aphasien die Annahme einer räumlich-funktionalen Autonomie der Syntax scheinbar gerechtfertigt[54]. In der neueren neurologischen Forschung wird eine enge Lokalisierung der Spachfunktionen im Gehirn zunehmend kritischer beurteilt. Schon Geschwind (1979:139), der die These der strengen räumlichen Lokalisierung vertritt, bemerkt einschränkend:

> Obwohl die sprachlichen Funktionen auf verschiedene Gebiete der Großhirnrinde verteilt sind, sollte man diese Zuordnung nicht überbewerten. Nicht immer führt eine Schädigung des Hirngewebes in einem dieser Gebiete zu einer bleibenden Sprachstörung, und häufig beobachtet man eine deutliche Besserung anfänglicher Schwierigkeiten.

Poeck (1995) argumentiert, daß aphasische Syndrome die Gefäßversorgung der Sprachareale widerspiegeln, nicht aber die strukturelle und topographische Organisation von Sprache. Da sich mit bildgebenden Verfahren selbst einfache Zuordnungen zwischen der Läsion eines Areals und auftretenden Sprachstörungen nicht belegen lassen, folgert Poeck (1995:94):

> Damit verloren auch Fragen wie danach, wo das mentale Lexikon lokalisiert sei oder in welcher Hirnregion wohl syntaktische Konstruktionen organisiert würden, ihren Sinn. Selbst wenn das Auflösungsvermögen der bildgebenden Verfahren besser wäre, stünden solchen Fragen die neuen Konzepte der zerebralen Repräsentation von somatischen und kognitiven Funktionen entgegen: Es kann nämlich sein, daß lediglich ein Hirnareal in seiner Funktion gestört ist, das für die Funktion eines anderen – oder, moderner gedacht, verschiedener, weit verteilter, an dieser Funktion beteiligter Hirnregionen – erforderlich ist.

Eine solche Funktion könnte in der Aktivierung anderer Bereiche des Gehirns bestehen, aber auch in der Hemmung, d.h. der Unterdrückung – ähnlich einer Filterung von Aktivierungen in anderen Regionen, was dem Prinzip neuronaler Informationsverarbeitung durch Aktivierungsausbreitung und lateraler Hemmung entsprechen würde. In seinen Untersuchungen stellt Poeck (1995) zudem fest, daß einige Regionen der rechten Hemisphäre, die dem Brocaschen Areal symmetrisch gegenüberliegen, bei Sprachverarbeitungsprozessen ebenfalls Aktivität zeigen. Zusammenfassend bemerkt er (S. 98):

> Insgesamt sprechen die bisher vorliegenden Befunde für eine Netzwerk-Organisation des Gehirns mit je nach Aufgabe wechselnder, dynamischer Verschaltung – und gegen die Annahme eng lokalisierter Zentren mit kleinen Speichereinheiten. Vermutlich sind im Gehirn nicht Eigenschaften abgespeichert, sondern Prozesse repräsentiert. (...) Die Funktionsweise des Gehirns gleicht eben nicht der eines herkömmlichen Computers, der Merkmale lokal speichert und einen Input durch Vergleich von Merkmalen identifiziert.

---

[54] Zur weiteren Begründung sei auf Fanselow/Felix 1987a, Kap. 2 und 5.6 verwiesen.

Für die Autonomie–These würden diese Erkenntnisse zumindest eine Abkehr von der Vorstellung der räumlichen Autonomie eines Syntax–Moduls bedeuten. Hinsichtlich der funktionalen Autonomie wurde von Kritikern häufig der Einwand geäußert, daß Sprachverarbeitungsprozesse von einer Vielzahl unterschiedlicher interagierender Kenntnissysteme determiniert werden (vgl. Waltz/Pollack 1985 und Marslen-Wilson/Tyler 1987). Danach greifen morphologische, syntaktische und semantische Prozesse sowie visuelle Informationen und Weltwissen bei der Sprachverarbeitung ineinander. Reduziert man Sprache auf inhaltslose (bzw. semantische abweichende) und nur aus syntaktischen Informationen bestehende Sätze, wie es Chomsky (1957:15) mit

(3-3)    Colorless green ideas sleep furiously

vorführt, so scheint allein syntaktisches Wissen ausreichend, um die Grammatikalität dieser Kette beurteilen zu können. Da jedoch erst aus der Morphologie und der Semantik einzelner Elemente der Kette auf die jeweiligen syntaktischen Kategorien geschlossen werden kann (wobei die Bedeutung für die Extraktion weiterer Informationen aus der Eingabekette belanglos ist), reichen allein syntaktische Kenntnisse für ein Grammatikalitätsurteil nicht aus, sofern der kategoriale Status der Wörter über die Codierung mittels einfacher Wortlisten hinausgeht.

Die Frage, ob tatsächlich eine Autonomie der Syntax existiert, kann eindeutig mit ja beantwortet werden, solange die Arbeitsweise der Turingmaschine gemeint ist. Bei ihr – und auch den inkludierten Grammatiken der Chomsky-Hierarchie – handelt es sich um einen symbolmanipulierenden Formalismus, der rein formal–syntaktisch arbeitet. Eine Übertragung auf die Prinzipien und neuronalen Grundlagen der menschlichen Sprachfähigkeit muß daher kritisch betrachtet werden und kann nur im Zusammenhang mit der historischen Entwicklung der generativen Grammatik gesehen werden.

## 3.3   Die Prinzipien neuronaler Informationsverarbeitung

Bestimmend für den prozessualen Grundcharakter neuronaler Informationsverarbeitung ist der Aufbau und die Arbeitsweise der zu Netzwerken verknüpften Nervenzellen. Das menschliche Gehirn verfügt über annähernd $10^{11}$ Nervenzellen, die auch als Neuronen bezeichnet werden. Jedes dieser Neuronen ist mit 1 000 bis 100 000 anderen Neuronen verknüpft (vgl. Rumelhart/McClelland 1986:131)[55]. In Abbildung 3.6 ist ein solches Geflecht aus Nervenzellen zu sehen (nach Crick/Asanuma 1986:359). Die etwas dunkleren Verdickungen, die in der Abbildung zu erkennen sind, stellen die Zellkörper der jeweiligen Nervenzellen dar. Im vorliegenden Fall handelt es sich um pyramidal geformte Zellen, die für den cerebralen Cortex typisch sind[56].

Eine Nervenzelle besteht oberflächlich betrachtet aus einem Zellkörper, der u.a. auch den Zellkern enthält, einer Anzahl von Dendriten, über die die Zelle von an-

---

[55] Alkon (1989:66) spricht sogar von bis zu 200 000 Konnektionen einer einzelnen Zelle.

[56] Daneben existieren noch andere Typen von Nervenzellen. Einen Überblick bieten Crick/Asanuma (1986:358ff.) und Braitenberg/Schüz 1989.

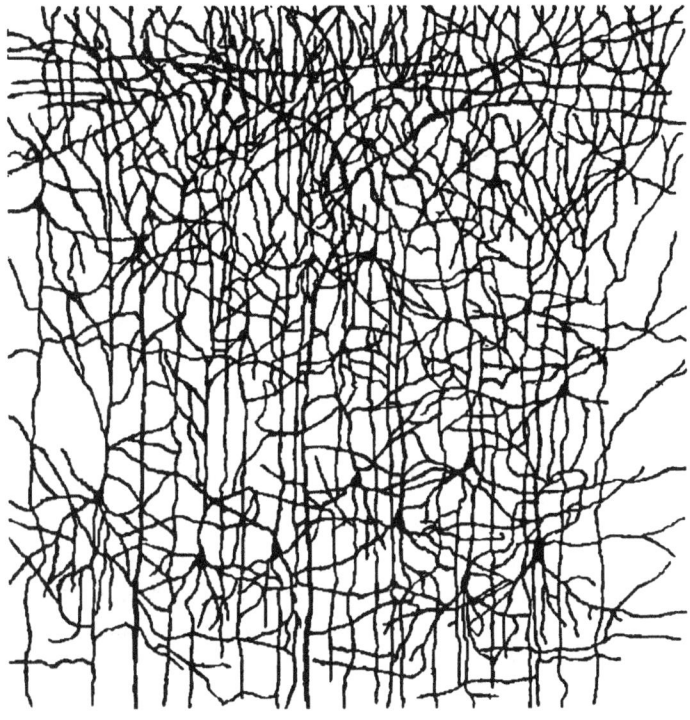

Abb. 3.6: Ein neuronaler Zellverband

deren vorgeschalteten Zellen Aktionsimpulse empfängt und einem Axon, einer sich verzweigenden und mit einer Myelinhülle umschlossenen Fortsetzung der Zelle, deren einzelne Äste in synaptische Endknoten münden (vgl. Abbildung 3.7). Über dieses Axon leitet die Zelle Impulse an nachgeschaltete Zellen weiter. Den synaptischen Endknoten kommt im Prozeß neuronaler Aktivität eine besondere Rolle zu, da durch sie eine Verbindung der Nervenzelle zu anderen Zellen des neuronalen Netzes hergestellt wird.

Das Grundprinzip neuronaler Signalverarbeitung und -weitergabe, d.h. der Prozeß der Aktivierung von Nervenzellen basiert auf elektrochemischen Veränderungen im Inneren der Zelle. Im Ruhezustand ist in der die Zellen umgebenden Flüssigkeit gegenüber dem Zellinneren die zehnfache Konzentration an Natrium–Ionen zu finden. Bezüglich der Kalium–Ionen ist das Verhältnis umgekehrt. Im Inneren der Zelle beträgt die Kalium–Konzentration das vierzigfache der Konzentration außerhalb der Zelle (vgl. Stevens 1979). Der Grund hierfür liegt in der leichten Durchlässigkeit der Zellmembran. Um das Konzentrationsgefälle zu erhalten, werden ständig Natrium–Ionen nach außen, Kalium–Ionen hingegen nach innen gepumpt. Jede Zelle besitzt auf ihrer Membran ca. 1 Million solcher „Natrium–Pumpen". Infolge der Durchlässigkeit der Zellmembran verlassen viele Kalium–Ionen die Zellen, wobei das negativ geladene Anion des Kaliums die Zellmembran nicht durchdringen kann. Hierdurch entsteht ein

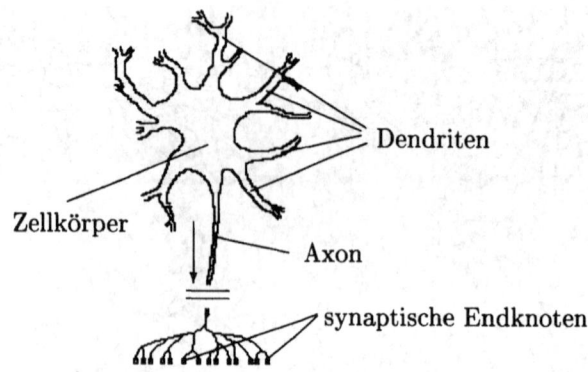

Abb. 3.7: Aufbau einer Nervenzelle

Überschuß an negativer Ladung im Inneren der Zelle, während außerhalb ein Überschuß an positiver Ladung herrscht. Somit entsteht an der Membran ein elektrisches Feld, welches den weiteren Ausstrom von Kalium–Ionen verhindert. Im Ruhezustand beträgt das Membranpotential etwa 70 mV⁻, d.h. Millivolt negative Ladung (vgl. Stevens 1979:49f.).

Wird das Ruhepotential zunehmend positiver und übersteigt schließlich einen bestimmten Schwellwert, dann öffnen sich auf der Zellmembran Natrium–Kanäle, so daß Natrium in die Zelle einströmen kann. Eine tausendstel Sekunde später werden Kalium–Kanäle geöffnet, wodurch auf der Innenseite der Membran kurzzeitig eine positive Spannung und auf der Außenseite eine negative entsteht. Dieser Aktionsimpuls von etwa 30 bis 40 mV positiver Ladung setzt sich entlang der Zellmembran des Axons fort. Bei fortdauernder Reizung der Zelle wird eine Folge solcher Aktionsimpulse freigesetzt. Da das Aktionspotential der Impulse relativ konstant ist, bringt die Zelle durch Frequenzmodulation die Stärke ihrer Aktivierung zum Ausdruck.

Wodurch wird nun eine Änderung der Ladung im Ruhepotential der Nervenzelle erreicht, bzw. was bewirkt der entlang des Axons laufende Aktionsimpuls bei nachgeschalteten Zellen und wie kann dieser übertragen werden? An dieser Stelle kommen die bereits erwähnten Synapsen ins Spiel. Ihre Aufgabe besteht in der Gewichtung (d.h. in der Interpretation) des Aktionsimpulses und in der Ausschüttung von Botenstoffen, den sogenannten Neurotransmittern. Abbildung 3.8 (nach Gottlieb 1988:62) zeigt den typischen Aufbau einer Synapse, die sich an der Membran der nachgeschalteten Zelle befindet. Bei den synaptischen Vesikeln handelt es sich um Bläschen, in deren Inneren sich Neurotransmitter–Moleküle befinden[57]. Trifft über das Axon ein Aktionsimpuls in der Synapse ein, so verschmelzen die synaptischen Vesikel mit der Zellmembran der Synapse. Zwischen der präsynaptischen Membran der Synapse und

---

[57] Typische Neurotransmitter sind z.B. Serotonin, Noadrenalin oder die Gamma–aminobuttersäure (GABA). Vgl. hierzu auch Iversen (1979).

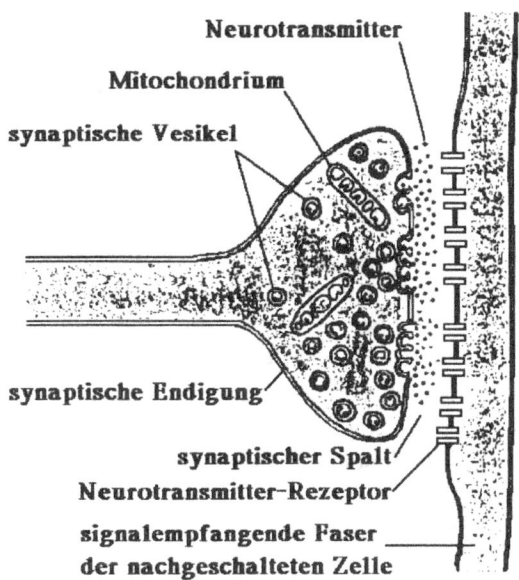

Abb. 3.8: Aufbau einer Synapse

der postsynaptischen Membran der nachgeschalteten Zelle befindet sich eine schmale, mit Flüssigkeit gefüllte Spalte, die als „synaptischer Spalt" bezeichnet wird. Bei der Verschmelzung mit der präsynaptischen Membran öffnen sich die synaptischen Vesikel und schütten die Neurotransmitter in diesen Zwischenraum aus. Dieser Prozeß wird auch als Exozytose bezeichnet[58]. Auf der postsynaptischen Membran, d.h. auf der der nachgeschalteten Zelle, befinden sich Rezeptorproteine, die auf die jeweiligen Neuro-transmitter zugeschnitten sind. Verbinden sich Neurotransmitter und Rezeptor, so bewirkt dies eine Veränderung der Rezeptorproteine, mit der Folge, daß Ionenkanäle auf der postsynaptischen Membran geöffnet werden. Je nach Art der Synapse können durch diese Ionenkanäle positiv oder negativ geladene Ionen in die Zelle eindringen und dort das Ladungsniveau verändern. Während das Eindringen positiv geladener Natrium–Ionen eine Aktivierung der Zelle bewirkt, führt das Einfließen von Kalium–Ionen zu einer – in bezug auf das bestehende elektrische Feld der Zelle – negativeren Ladung. Der Aktionsimpuls einer Zelle kann also auf die nachgeschalteten Nervenzel-len einen aktivierenden oder hemmenden Einfluß ausüben. Ob es sich um eine solche hemmende oder aktivierende Verbindung handelt, wird im wesentlichen von der Art der Neurotransmitter und den mit ihnen korrespondierenden Rezeptorproteinen der postsynaptischen Membran bestimmt.

Wie bereits angesprochen wurde, drückt die Nervenzelle die Stärke ihrer Aktivie-rung durch Frequenzmodulation des Aktionsimpulses aus. Da das Membranpotential bei einem Aktionsimpuls immer ca. 70 mV$^+$ beträgt und hinsichtlich der Ladung

---

[58] Zu den genauen biochemischen Prozessen vgl. Stevens 1979:53.

für alle synaptischen Endknoten gleich ist, existiert ein weiterer Mechanismus, der es gestattet, für jede einzelne Synapse individuell verschiedene Gewichtungen des Aktionsimpulses vorzunehmen. Diese Gewichtung ist abhängig von der Anzahl der synaptischen Vesikel und der Art der in ihnen gebundenen Neurotransmitter–Moleküle. Ebenso entscheidend ist die Menge und der jeweilige Typ der Rezeptorproteine auf der postsynaptischen Membran. Sind z.B. kaum Neurotransmitter in der Synapse vorhanden und gibt es wenige auf sie abgestimmte Rezeptorproteine, so werden auch nur einige Ionen–Kanäle geöffnet. Folglich können auch nur wenige Ionen einfließen, um das Ladungsniveau der Zelle zu verändern. Bei einer großen Anzahl von Neurotransmittern und Rezeptorproteinen werden entsprechend viele Ionen–Kanäle (falls vorhanden) geöffnet, wodurch sich das Ladungsniveau aufgrund der großen Anzahl einströmender Natrium- oder Kalium–Ionen schneller und massiver verändert und eine Hemmung oder Aktivierung bewirkt wird. Ein einlaufender Aktionsimpuls von 70 mV$^+$ verursacht somit kein An– oder Abschwellen des Ladungsniveaus der nachgeschalteten Zelle um diesen Wert. Eine Veränderung ist immer abhängig von der synaptischen Verbindung zwischen den jeweiligen Nervenzellen. Damit kann zu Recht behauptet werden, daß das Wissen des neuronalen Netzes u.a. durch die synaptischen Verbindungen bestimmt wird.

Es stellt sich allerdings die Frage, durch welche Mechanismen und Prozesse die unterschiedlichen Gewichtungen von Aktionsimpulsen in den Synapsen zustande kommen, d.h., wie kann ein neuronales Netzwerk Wissen erwerben? An der Grundorganisation des menschlichen Gehirns ändert sich, von der Möglichkeit abgesehen, daß gewisse strukturelle und funktionelle Details noch eine Zeit formbar bleiben, nach der Geburt nicht mehr viel. Zwar zeigen einige Zellen eine gewisse Zeit noch Wachstum und einzelne Nervenfasern verwachsen miteinander, doch können keine neuen Nervenzellen hergestellt werden. Aoki/Siekevitz (1989:84) illustrieren dies wie folgt:

> Das sich entwickelnde Gehirn ist einem am Reißbrett geplanten Landstraßennetz vergleichbar, das erst durch praktische Erfahrung bedarfsgerecht ausgestattet wird: Kaum befahrene Straßen werden aufgelassen, belebte verbreitert und – wo nötig – neue angebunden.

Durch eine solche vorverschaltete Netzwerktopologie verfügt das menschliche Gehirn über die Grundvoraussetzungen, bestimmte Operationen überhaupt durchführen zu können. Eine Abstimmung auf das jeweilige Datenmaterial, d.h. ein auf Interaktion mit der Umwelt ausgerichtetes Wissen, wird erst durch eine massive Veränderung der Synapsen erreicht. Hiermit korrespondiert das verstärkte Auftreten verschiedener Neurotransmitter und Proteine während der sogenannten kritischen Phasen, in denen bestimmte Bereiche des Gehirns für spezifischen Input sensibel sind. Im fortgeschrittenen Alter sind solche Prozesse jedoch nicht mehr möglich. Stattdessen finden Veränderungen in der Abstimmung zwischen den Synapsen und der postsynaptischen Membran der nachgeschalteten Zelle statt. Im allgemeinen kann davon ausgegangen werden, daß durch das Öffnen der Ionen–Kanäle auf der postsynaptischen Membran während der Signalübertragung durch einströmende Ionen verschiedene Enzyme aktiviert werden, die in der Lage sind, die Membranproteine dahingehend zu verändern, daß die Synapse effektiver arbeitet (vgl. Kalil 1990). Je öfter eine Signalübertragung in der betreffenden Synapse stattfindet, desto besser funktioniert sie.

Diese Erkenntnis korrespondiert im wesentlichen mit dem Modell des assoziativen Lernens, das erstmals von Hebb (1949) formuliert wurde. Dieses als *Hebbsche Lernregel* bekannte Prinzip geht von der folgenden Annahme aus: Sind zwei Nervenzellen zur gleichen Zeit aktiv und existiert zwischen beiden eine Verbindung, so erhöht sich deren Stärke. Auf diese Weise können gleichzeitig auftretende Reizungen von direkt verknüpften Zellen miteinander assoziiert werden[59].

Zusammenfassend kann festgehalten werden, daß neuronale Netzwerke – neben konkreten Zuständen, in denen Zellen aktiv oder inaktiv sind – Wissen auf unterschiedliche Art und Weise repräsentieren können. Wesentlich ist zunächst die vorgegebene Netzwerktopologie, d.h. die vorhandenen Verbindungen der Zellen untereinander. Daneben spielt der Typ der synaptischen Verbindungen eine wichtige Rolle. Exzitatorische Konnektionen bewirken eine Aktivierung der nachgeschalteten Zelle, inhibitorische eine Hemmung. Die Reizung durch eine einzelne vorgeschaltete Zelle reicht allerdings meist nicht aus, um das Ladungsniveau der Nervenzelle über den jeweiligen Schwellwert hinaus anzuheben. Es ist in aller Regel die Summe der aktiven vorgeschalteten Zellen, die eine Aktivierung bewirken. Unter bestimmten Umständen ist es aber möglich, daß einzelne stark inhibitorisch wirkende Verbindungen die Zelle trotz massiver Aktivierung durch andere inaktiv halten. Die synaptische Gewichtung einlaufender Reize ist somit ebenfalls von großer Bedeutung, da es durch sie möglich wird, diese Reize zu interpretieren und bei häufiger Aktivierung die Gewichtung zu erhöhen, bzw. die Verbindung verkümmern zu lassen, wenn sie nicht durch Reize angesprochen wird. Daneben ist für die Wissensrepräsentation noch die Frequenz zu nennen, mit der Aktionsimpulse bei aktiver („feuernder") Zelle entlang des Axons geleitet werden. Es zeigt sich, daß das Prinzip neuronaler Informationsverarbeitung auf wenige einfache Prinzipien[60] zurückzuführen ist, welche in ihrem Zusammenspiel aber eine Effizienz zeigen, die den Verarbeitungsmechanismen der Von-Neumann-Architekturen in vielen Bereichen überlegen ist.

---

[59] Alkon (1989) plädiert abweichend von Hebb dafür, daß eine lokale Interaktion zwischen benachbarten Synapsen (auf der postsynaptischen Membran) ebenfalls zu einer Veränderung der synaptischen Gewichtungen beider führen kann.

[60] Als „einfach" werden hier natürlich nur die Grundprinzipien neuronaler Informationsverarbeitung bezeichnet. Prozesse wie das Binden von Neurotransmittern oder der Aufbau von Rezeptorproteinen sind selbstverständlich hoch komplexe Vorgänge, wie sie in allen biologischen Regelsystemen zu finden sind.

# 4 Der Konnektionismus

## 4.1 Begrifflichkeit

Bevor wir uns der Funktionsweise künstlicher neuronaler Netzwerke zuwenden, scheint eine Klärung hinsichtlich der verwendeten Begriffe notwendig zu sein. Im Gegensatz zu den im letzten Kapitel vorgestellten *biologischen neuronalen Netzwerken*, die Verbände interagierender und miteinander verknüpfter Nervenzellen darstellen, sind *künstliche neuronale Netzwerke* als Abstraktionen der Grundprinzipen von Informationsverarbeitungsprozessen biologischer Netze aufzufassen. Der Terminus „Abstraktion" soll hierbei ausdrücken, daß zwischen künstlichen und biologischen Netzen kein 1:1–Abbildungsverhältnis besteht. Im allgemeinen ist es nicht intendiert – von einzelnen Versuchen, elektro–physiologische Eigenschaften biologischer neuronaler Netze zu simulieren, abgesehen – alle Einzelheiten eines biologischen Netzes nachzubilden. Wesentlich sind nur die Grundeigenschaften dieser Systeme:

- eine große Anzahl einfacher uniformer Verarbeitungseinheiten,

- die parallele Arbeitsweise,

- die Weitergabe von Aktionsimpulsen an nachgeschaltete Elemente,

- die Gewichtung einlaufender Impulse,

- die Verwendung aktivierender oder hemmender Verbindungen und

- eine verteilte (und ggf. subsymbolische) Repräsentation[61].

Der Terminus „Abstraktion" drückt weiter aus, daß eine Beschreibung der Verarbeitungsprozesse auf einer abstrakten und idealisierten Ebene stattfindet. Damit sind mathematische Modelle, deren Implementation auf Computern unter Zuhilfenahme von Programmiersprachen, oder Realisierungen auf der Hardware–Ebene gemeint. Hinsichtlich einer Hardwareimplementation sollen hier 3 Klassen von Rechnern unterschieden werden, die alle von der klassischen Von-Neumann-Architektur abweichen: 1.) eine direkte Nachbildung der oben angeführten Kriterien auf der Hardware–Ebene, wobei ein Verarbeitungselement durch einen (einfachen) Prozessor repräsentiert wird, 2.) Systeme, die zur Simulation künstlicher neuronaler Netze über eine bestimmte optimierte Hardware verfügen und 3.) Parallelrechner mit einer größeren Anzahl von Prozessoren. Während Rechner, die unter 1. fallen, heute noch nicht im gewünschten Maße realisiert sind, existiert eine Reihe auf die Simulation neuronaler Netze speziali-

---

[61] Biologische neuronale Netze arbeiten immer verteilt und subsymbolisch. In künstlichen neuronalen Netzen kann Wissen über Einheiten mit lokalen Repräsentationen verteilt sein.

sierter Computer[62], die der Beschreibung in 2. entsprechen. Unter 3. fallen alle Systeme, deren Verarbeitungsstrategie nicht von einem einzigen Hauptprozessor bestimmt wird, wie z.B. die Connection Machine von Hillis (1986), die zwar zur Simulation künstlicher neuronaler Netze eingesetzt werden kann, aber zumeist nur herkömmliche sequentiell aufgebaute Problembeschreibungen zwecks Steigerung der Rechenleistung „parallelisiert". Objekt–orientierte Systeme und Programmiersprachen fallen aus diesem Schema heraus, da, wie schon erwähnt, Objekte spezialisierte komplexe Aufgaben übernehmen und keine einfachen uniformen Verarbeitungselemente darstellen (vgl. Kemke 1988:3).

Alle Systeme, die sich hinsichtlich ihrer Verarbeitungsphilosophie auf die oben genannten Grundeigenschaften beziehen, können als künstliche neuronale Netzwerke bezeichnet werden. Gelegentlich stehen für die jeweiligen Modelle bestimmte Eigenschaften im Vordergrund des Interesses. Rumelhart/McClelland (1986) verwenden für ihre Modelle den Terminus *Parallel Distributed processing* (= PDP), um auf die Aspekte der parallelen Verarbeitung und der verteilten Repräsentation von Wissen aufmerksam zu machen. Smolensky (1988) benutzt u.a. den Begriff *Subsymbolic Processing*, der sich auf die Verarbeitung von Repräsentationen in einem subsymbolischen Paradigma bezieht[63]. Hinsichtlich der Einordnung seines Modells bemerkt Smolensky (1988:3):

> To be sure, the level of analysis adopted by PTC[64] is lower than that of the traditional, symbolic paradigm; but, at least for the present, the level of PTC is more explicitly related to the level of the symbolic paradigm than it is to the neural level. For this reason I will call the paradigm for cognitive modeling proposed by PTC the *subsymbolic paradigm*.

Es deutet sich an, daß es bezüglich der Abstraktionsgrade und der Auflösung subsymbolischer Repräsentationen Unterschiede gibt. Der Einsatz künstlicher neuronaler Netze im Bereich der Mustererkennung, der Robotik oder der Steuerung von Regelsystemen verlangt zumeist eine vollständig subsymbolische Repräsentation, bei der einzelnen Elementen keine bedeutungtragende Funktion mehr zukommt und selbst komplexe Muster durch den menschlichen Benutzer nicht mehr benannt werden können. Andere Systeme hingegen verwenden lokale symbolische Repräsentationen, die ggf. durch eine Unterteilung und Abstufung in „Untersymbole" bestimmt werden, so daß hier ebenfalls noch von einer – wenn auch eingeschränkten – verteilten subsymbolischen Repräsentation und Verarbeitung gesprochen werden kann. Hierzu zählen in er-

---

[62] Z.B. der „Neurocomputer" SYNAPSE (vgl. Ramacher 1992), Add–On–Boards wie ANNA (vgl. Säckinger et al. 1992), die meist als Zusatzkarten in konventionellen Rechnern eingesetzt werden oder spezielle Chips, welche auf Zusatzkarten oder in Parallelrechnern eingesetzt werden. Zumeist basieren diese Systeme auf gebräuchlichen VSLI-Bausteinen (= Very Large Scale Intergration), ASIC–Chips (= Application Specific Intergrated Circuits) oder digitalen Signalprozessoren (= DSP), wie im Falle des ANNA–Boards. Zu einer kurzen Übersicht vgl. auch Rückert 1994.

[63] Dyer (1990:33) verwendet in diesem Zusammenhang sogar den Begriff *Subsymbolic Processing Hypothesis* (= SSPH), um damit eine bewußte Abgrenzung zur *Physical Symbol System Hypothesis* nach Newell/Simon (1976) auszudrücken.

[64] PTC bezieht sich auf Smolenskys Ansatz, den er in seinem Artikel mit dem Titel *On the Proper Treatment of Connectionism* (= PTC) vorstellt.

ster Linie Modelle zur Sprachverarbeitung, wie z.B. das von Waltz/Pollack (1985)[65], Cottrell (1989), McClelland/Kawamoto (1986) oder McClelland/ St.John/Taraban (1989). Gemeinsam ist allen Ansätzen jedoch das Prinzip der parallelen Ausbreitung von Aktivierungsimpulsen und der lateralen Hemmung einzelner Elemente. Die gesamte Verarbeitung basiert somit nicht auf symbolmanipulierenden Operationen, sondern auf numerischen, worin die besondere Charkteristik künstlicher neuronaler Netzwerke liegt. Auch Feldman/Ballard (1982:208), die den Begriff *Connectionism* prägten, sehen hierin die Grundeigenschaften der Informationsverarbeitung in künstlichen neuronalen Netzen:

> The fundamental premise of connectionism is that individual neurons *do not transmit large amounts of symbolic information.* Instead they compute by being *appropriately* connected to large numbers of similar units. This is in sharp contrast to the conventional computer model of intelligence prevalent in computer science and cognitive psychology.

Während man von künstlichen neuronalen Netzen – der älteren von beiden Bezeichnungen – meist im Zusammenhang mit den generellen Eigenschaften dieser Systeme spricht, wird mit *Konnektionismus* häufig der Einsatz künstlicher neuronaler Netze zur Simulation und Modellierung kognitiver Prozesse bezeichnet (vgl. Kemke 1994:3). Da es weitgehend unklar ist, welche operationalen Verfahren und Gegenstandsbereiche unter die Definition „kognitive Prozesse" fallen[66], scheint eine derartige Einteilung ihre Rechtfertigung nur durch eine grundlagen- und eine anwenderorientierte Sichtweise zu erfahren. Da sich in der Literatur eine solche Abgrenzung nicht durchgängig feststellen läßt, soll der Begriff *Konnektionismus* in einem allgemeineren Sinne definiert werden:

> Konnektionismus ist die Modellierung und Simulation von Informationsverarbeitungsprozessen auf der Grundlage künstlicher neuronaler Netzwerke.

Da künstliche neuronale Netze immer informationsverarbeitende Systeme sind, gleichgültig ob einfache Berechnungen, wie z.B. in einem X–OR Netzwerk, erfolgen oder komplexe Problemlösungen durchgeführt werden, fallen die Bezeichnungen *künstliche neuronale Netzwerke* und *konnektionistische Netzwerke* zusammen. *Parallele verteilte Verarbeitung* und *subsymbolische Verarbeitung* beziehen sich ebenfalls auf konnektionistische Netze, stellen aber einzelne Aspekte dieser Modelle in den Vordergrund. Gleiches gilt für den von Anderson/Rosenfeld (1988) verwendete Terminus *Neurocomputing.*

---

[65] Waltz/Pollack (1985) verwenden den Begriff *microfeatures*, um auf eine verteilte Repräsentation aufmerksam zu machen.

[66] Sprachverarbeitung läßt sich mit Sicherheit als kognitiver Prozeß bezeichnen, doch stellt sich die Frage, durch welche Prinzipien und Informationsverarbeitungsprozesse die Fähigkeit zur Sprachverarbeitung determiniert wird. Sind grundlegende Eigenschaften dieser Fähigkeit, wie z.B. die Mustererkennung, die Speicherung von Wissen oder die Lernfähigkeit, ebenfalls als „kognitive Prozesse" anzusehen?

## 4.2 Frühe Ansätze

Über John von Neumann, den Entwickler der Grundlagen sequentieller symbolverarbeitender Computer, wird gelegentlich berichtet, seine ursprüngliche Konzeption hinsichtlich der Architektur von Rechenanlagen sei von der Vorstellung ausgegangen, mit einfachen analog arbeitenden und miteinander vernetzten Verarbeitungseinheiten eine informationsverarbeitende Maschine entwerfen zu können (vgl. Caudill/Butler 1990:10 und Anderson/Hinton 1981:13). Da die technischen Möglichkeiten seiner Zeit begrenzt waren, mit dem ENIAC–Rechner von Presper Eckert und John Mauchly die erste sequentielle Architektur aber bereits vorhanden war, nahm von Neumann Verbesserungen am Konzept des ENIAC–Rechners vor, die direkt zu EDVAC, dem ersten digitalen Computer führten.

Tatsächlich gehen erste Ansätze künstlicher neuronaler Netzwerke auf die Arbeiten von McCulloch/Pitts (1943) zurück. Ihr Entwurf einfacher vernetzter Verarbeitungseinheiten erinnert heute mehr an Logik–Gatter im Schaltungsschema von Prozessoren als an neuronale Netzwerke. Minsky (1967:32) bemerkt:

> It should be understood clearly that neither McCulloch, Pitts, nor the present writer considers these devices and machines to serve as accurate physiological models of nerve cells and tissues. They were not designed with that purpose in mind. They are designed for the representation and analysis of the logic of situations that arise in any discrete process, be it in brain, computer, or anywhere else.

Doch mit den „neuronalen Netzen" von McCulloch/Pitts (1943) war der Grundstein für eine Beschäftigung mit parallel arbeitenden und auf den Prinzipien der gegenseitigen Aktivierung und Hemmung basierenden einfachen Verarbeitungseinheiten gelegt.

Den nächsten wichtigen Abschnitt in der Geschichte der Entwicklung zu den heutigen künstlichen neuronalen Netzen markieren das Perzeptron–Modell von Rosenblatt (1959 und 1962) und ADALINE, ein adaptives lineares Neuronenmodell von Widrow/Hoff (1960), das in der Lage war, einfache Muster zu klassifizieren. Zudem entwickelten Widrow/Hoff (1960) eine erweiterte Hebbsche Lernregel, die sogenannte *delta rule*, die aus der Differenz von gewünschter und tatsächlicher Aktivierung eines Musters einen Fehlerkoeffizienten errechnen und die Gewichtungen zwischen den Elementen des Netzwerkes entsprechend angleichen konnte. Bei dem Perzeptron handelt es sich um ein Netzwerkmodell, das aus einer Eingabematrix (Retina), einer Menge von Prädikaten – worunter binäre Schwellwertelemente mit festen Verbindungen zu Elementen der Eingabematrix zu verstehen sind – und aus mehreren Ausgabeeinheiten besteht, die über modifizierbare Verbindungen zu den Prädikaten verfügen (vgl. Rumelhart/McClelland 1986:111). Da die Prädikate als Funktionen der Eingabeschicht aufzufassen sind, besitzt das Perzeptron–Modell nur eine Eingabe– und Ausgabeschicht. Oft wird auch die Bezeichnung *einstufiges Perzeptron* gewählt, um auszudrücken, daß dieses Modell nur über eine Schicht mit modifizierbaren Verbindungen verfügt. Als Lernregel zur Bestimmung der Verbindungsstärken kommt die Delta-Regel zum Einsatz. Dabei drückt das Perzeptron–Konvergenz–Theorem aus, daß jedes von einem Perzeptron–Modell lernbare Muster durch die Delta-Regel gelernt wird (vgl. Kemke 1988:19). Allerdings existieren auch Muster, die von einem Perzeptron nicht gelernt werden können. Dazu gehören alle nicht linear separierbaren Muster wie z.B. die Berechnung einer exklusiven Disjunktion (X–OR). Diese Kritik geht auf die Untersuchung der mathematischen Eigenschaften des Perzeptron–Modells durch Minsky/Papert (1969) zurück. Infolge dieser Aussage, durch die schlüssig nachgewiesen wurde, daß ein Perzeptron nur eingeschränkte Klassifikationsaufgaben wahrnehmen kann, ließ das Interesse an künstlichen neuronalen Netzwerken schlagartig nach. Die meisten Wissenschaftler sahen keinen Sinn mehr darin, sich mit einem derart eingeschränkten Ansatz weiter zu beschäftigen. Minsky räumte später über die Kritik von 1969 ein: „I now believe the book was overkill...“ (vgl. Rumelhart/Zipser 1986:159).

In den folgenden Jahren beschränkte sich die Auseinandersetzung mit künstlichen neuronalen Netzen auf ein Minimum, da in dieser Zeit die sequentielle und symbolorientierte Informationsverarbeitung auf Von-Neumann-Architekturen die Forschung bestimmte. Dennoch wurden Ansätze entwickelt, die auf dem Prinzip der parallelen verteilten Verarbeitung basierten[67]. Zumeist fand diese Entwicklung auf dem Gebiet der Psychologie statt, wo künstliche neuronale Netze als Modelle der assoziativen Speicherung und Datenverarbeitung des menschlichen Gehirns eingesetzt wurden. In erster Linie sind in diesem Zusammenhang die Arbeiten von Anderson (1972, 1977), Grossberg (1976, 1978), Kohonen (1977), Marr/Poggio (1976) und Willshaw (1971) zu nennen. Anfang der achtziger Jahre, der Zeit der Entwicklung der Personal Computer und des EDV–Booms, entstand ein regeres Interesse an künstlichen neuronalen Netzen, was durch die Arbeiten von Anderson/Hinton (1981), Feldman/Ballard (1982), Kohonen/Oja/Lehtiö (1981), und McClelland/ Rumelhart (1981, 1982) eingeleitet wurde. Mit dem Erscheinen der beiden von Dyer (1991:383) erwähnten PDP–Sammelbände im Jahre 1986[68] aber setzte ein derartiger Aufschwung in der Forschung ein, daß die Bezeichnung *neuerer Konnektionismus* heute mehr als gerechtfertigt erscheint.

## 4.3   Arbeitsweise künstlicher neuronaler Netze

Ein wesentlicher Faktor für das Wiederaufleben des Interesses an künstlichen neuronalen Netzen ist mit Sicherheit in der Relativierung der von Minsky/Papert (1969) zu Recht gemachten Einschränkungen hinsichtlich der Klassifizierungsfähigkeit des Perzeptrons zu sehen. Die Kritik von Minsky/ Papert (1969) bezüglich des nur aus Ein- und Ausgabeschicht bestehenden Perzeptron–Modells von Rosenblatt (1959) ist angebracht und völlig korrekt. Entscheidend ist aber, daß diese Kritik tatsächlich nur für das einfache Modell mit einer modifizierbaren Schicht gilt. Nimmt man eine weitere,

---

[67] Eine kurze Übersicht hierzu bieten Anderson/Hinton 1981:15ff. und McClelland/ Rumelhart/Hinton 1986:41ff.

[68] Rumelhart/McClelland/The PDP Research Group 1986.

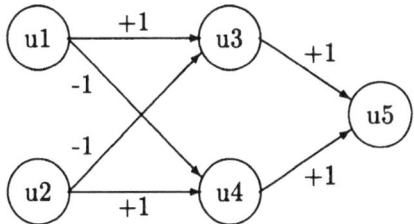

Abb. 4.1: Ein XOR–Netzwerk

zwischen Ein- und Ausgabeschicht gelegene Zwischenschicht[69] an, dann ist das Netzwerk in der Lage, auch linear nicht separierbare Muster zu erkennen. Ein Beispiel hierfür ist das von Rumelhart/Hinton/McClelland (1986) angeführte X–OR Netzwerk, das aus einer Eingabeschicht, einer Zwischenschicht und einer Ausgabeschicht besteht. Abbildung 4.1 zeigt ein solches X–OR Netzwerk, mit dem eine exklusive Disjunktion berechnet werden kann. Die Verarbeitungselemente $u1$ und $u2$ bilden die Eingabeschicht des Netzwerkes, die externen Input erhält. Als externer Input wird in diesem Zusammenhang eine Aktivierung der Elemente von außerhalb des Netzes durch den Anwender oder durch ein eingelesenes Muster bezeichnet. Die Elemente $u3$ und $u4$ bilden die Zwischenschicht, während $u5$ die Ausgabeschicht des Netzes darstellt. Positiv gewichtete Verbindungen, d.h. solche, über die ein nachgeschaltetes Element aktiviert werden kann, bestehen zwischen $u1$ und $u3$, $u2$ und $u4$ sowie zwischen den Elementen der Zwischenschicht und $u5$. Negative Verbindungen, die eine Aktivierung unterdrücken können, existieren zwischen $u1$ und $u4$ sowie zwischen $u2$ und $u3$. Die jeweilige Art und Stärke der Verbindung wird durch eine Indizierung mit einem positiven oder negativen numerischen Wert ausgedrückt. Positive Indizierungen bezeichnen aktivierende (auch: exzitatorische) Verbindungen, negative hingegen drücken hemmende (auch: inhibitorische) Konnektionen zwischen Verarbeitungselementen aus. Wird nun $u1$ aktiviert und bleibt $u2$ inaktiv, so kann durch die positive Verbindung von $u1$ nach $u3$ das Element $u3$ aktiviert werden. Aufgrund der negativen Verbindung von $u1$ nach $u4$ bleibt $u4$ inaktiv, bzw. nimmt bei einem initialen Aktivierungszustand von 0 einen negativen Wert ein. Da $u3$ nun aktiv ist, kann dieses Element seinerseits das Element $u5$ in der Ausgabeschicht aktivieren. Im umgekehrten Fall, wenn $u2$ aktiviert wird und $u1$ inaktiv bleibt, kann durch die positiv gewichtete Verbindung von $u2$ nach $u4$ dieses Element aktiv werden. $u3$ hingegen wird nicht aktiviert, sondern erreicht einen negativen Zustand. Das Element $u5$ kann dann durch $u4$ eine Aktivierung erfahren. Werden aber $u1$ und $u2$ gleichzeitig aktiviert, so bleiben $u3$ und $u4$ inaktiv, da sich die jeweils positiven und negativen Verbindungen von $u1$ und $u2$ gegenseitig aufheben. Folglich kann auch $u5$ weder von $u3$ noch von $u4$ eine Aktivierung erfahren und bleibt inaktiv. Wie die beiden Tafeln in Abbildung 4.2 zei-

---

[69] Zwischenschichten werden auch als *hidden layer* (vgl. Dorffner 1991:16) oder als Schicht mit *internal units* (vgl. Rumelhart/Hinton/McClelland 1986:64) bezeichnet.

| u1 | u2 | u5 | | p | q | | p $\dot\vee$ q |
|----|----|----|---|---|---|---|------|
| 0 | 0 | 0 | | f | f | | f |
| 1 | 0 | 1 | | w | f | | w |
| 0 | 1 | 1 | | f | w | | w |
| 1 | 1 | 0 | | w | w | | f |

Abb. 4.2: Aktivierungen und korrespondierende Wahrheitstafel

gen, ist das Netzwerk in der Lage, Entweder–Oder–Entscheidungen zu treffen. Eine Aktivierung des Elementes $u5$ in der Ausgabeschicht findet nur statt, wenn entweder $u1$ oder $u2$ aktiviert wird.

Intern werden solche Netzwerke in einer Konnektionsmatrix gespeichert. Jede Zeile dieser Matrix wird dabei durch einen Vektor repräsentiert, in dem die Verbindungsstärken zu anderen Elementen des Netzwerkes abgelegt werden. Die Konnektionsmatrix in Abbildung 4.3 ist äquivalent zu der Darstellung als Netzwerk in Abbildung 4.1. Daran, daß die untere Dreiecksmatrix leer ist (d.h. nur mit 0 besetzt), läßt

| $i \backslash^j$ | u1 | u2 | u3 | u4 | u5 |
|------------------|----|----|----|----|----|
| u1 | 0 | 0 | 1 | -1 | 0 |
| u2 | 0 | 0 | -1 | 1 | 0 |
| u3 | 0 | 0 | 0 | 0 | 1 |
| u4 | 0 | 0 | 0 | 0 | 1 |
| u5 | 0 | 0 | 0 | 0 | 0 |

Abb. 4.3: Eine X–OR Konnektionsmatrix

sich feststellen, daß es sich bei diesem Netz um ein sogenanntes *Feedforward-Netzwerk* handelt, welches keine rekurrenten Verbindungen aufweist.

Führt man sich noch einmal den schematischen Aufbau einer Nervenzelle vor Augen, die aus einem Zellkörper, einem Axon, über das Aktionsimpulse an nachgeschaltete Zellen weitergeleitet werden, und aus einer Anzahl von Dendriten besteht, an denen die synaptischen Endknoten vorgeschalteter Zellen angeheftet sind, so läßt sich der Aufbau und die Funktionsweise einer solchen einfachen Nervenzelle durch ein abstraktes Verarbeitungselement darstellen (vgl. Abbildung 4.4). Dieses erhält von den ihm vorgeschalteten Elementen über die Verbindungen $x_1$ bis $x_n$ Input. Jede einzelne einlaufende Verbindung wird durch die Faktoren in $w_1$ bis $w_n$ gewichtet, d.h. der tatsächliche Output des jeweils vorgeschalteten Elements wird von dem Verarbeitungselement interpretiert. Übersteigt nun die Summe der gewichteten Eingaben für dieses Element einen bestimmten Schwellwert, so wird das Verarbeitungselement selbst aktiv. In diesem Fall kann über die untere verzweigende Verbindung, die als Abstraktion eines Axons aufzufassen ist, ein Impuls an nachgeschaltete Elemente wei-

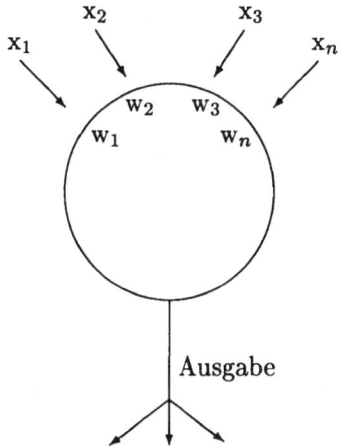

Abb. 4.4: Ein abstraktes Verarbeitungselement

tergegeben werden. Der Ausgabewert ist zumeist 0 oder 1, d.h. ein Element „feuert"
(1) oder es bleibt inaktiv (0). Der interne Aktivierungszustand eines Verarbeitungs-
elementes nimmt häufig einen Wert aus dem Intervall zwischen -1 und 1 an. Die
Gewichtungen $w_1$ bis $w_n$, die als Abstraktion synaptischer Verbindungen anzusehen
sind, liegen ebenfalls in diesem Intervall.

Im allgemeinen setzt sich ein künstliches neuronales Netzwerk aus den folgenden
Bestandteilen zusammen (vgl. Rumelhart/Hinton/McClelland 1986:45ff.):

- Eine Menge $U$, die aus einfachen uniformen Verarbeitungselementen besteht.

- Eine bestimmte Netzwerktopologie, d.h. eine Netzwerkstruktur, die zumeist
  durch eine Konnektionsmatrix $W$ ausgedrückt wird, die sich aus exzitatorischen
  und inhibitorischen Verbindungen $w_{ij}$ zusammensetzt.

- Eine Menge von Aktivierungszuständen $a_i$, wobei es für jedes Verarbeitungselement zu einem bestimmten Zeitpunkt einen Aktivierungszustand $a_i(t)$ gibt,
  der häufig durch eine reelle Zahl im Intervall $[-1, 1]$ ausgedrückt wird. Manche
  Systeme verwenden jedoch nur binäre Zustände (0 oder 1) um auszudrücken,
  daß ein Element aktiv oder inaktiv ist. Andere wiederum gebrauchen eine feste
  Menge an Werten (z.B. {-1,0,1} oder {1,2,3,...,10}), bzw. verwenden Intervalle
  von positiven ganzen Zahlen von 0 bis 100 oder höher.

- Eine Menge von Ein– und Ausgabewerten, die entweder über die Identitätsfunktion $f(x) = x$, welche den tatsächlichen Aktivierungsgrad des betreffenden
  Elements ausdrückt, oder durch eine Schwellwertfunktion $f_i(a_i(t)) = o_i(t)$ über
  den Aktivierungszustand des jeweiligen Verarbeitungselements ermittelt werden.

- Eine Propagierungsfunktion $net_i$, die die aktuelle Eingabe für jedes Element beschreibt, wobei die netzinterne und die externe Eingabe unterschieden werden: $net_i = \sum_{j=1}^{n} w_{ij} o_j + ext_i$, wobei $ext_i$ die externe Eingabe für das Netzwerk bezeichnet.

- Eine Aktivierungsfunktion, die den aktuellen Aktivierungszustand aus der Eingabe für das betreffende Element und dem bereits vorhandenen Aktivierungswert errechnet: $a_i(t) = F_i(a_i(t-1), net_i)$
  Bei den Aktivierungsfunktionen kommen entweder logistische Funktionen oder lineare zum Einsatz (vgl. Abbildung 4.5).

- Oft wird auch eine Umgebungsfunktion in künstlichen neuronalen Netzen verwendet, die mögliche Eingaben für das Netzwerk beschreibt, d.h. die Umgebung, in der das Netz angesiedelt ist. Insbesondere bei thermodynamischen und probabilistischen Modellen (vgl. Ackley/Hinton/ Sejnowski 1985 und Smolensky/Riley 1984) werden Umgebungsfunktionen benötigt.

- Sieht man von der Möglichkeit ab, ein Netzwerk mit festen vorgegebenen Verbindungen und Gewichten auszustatten, so müssen außerdem noch Lernfunktionen vorhanden sein, um die Gewichte im Netzwerk zu bestimmen. Auf die unterschiedlichen Typen von Lernfunktionen soll jedoch später eingegangen werden.

linear: $a_i = m \cdot net_i + n$     logistisch: $a_i = \frac{1}{1+e^{-net_i}}$

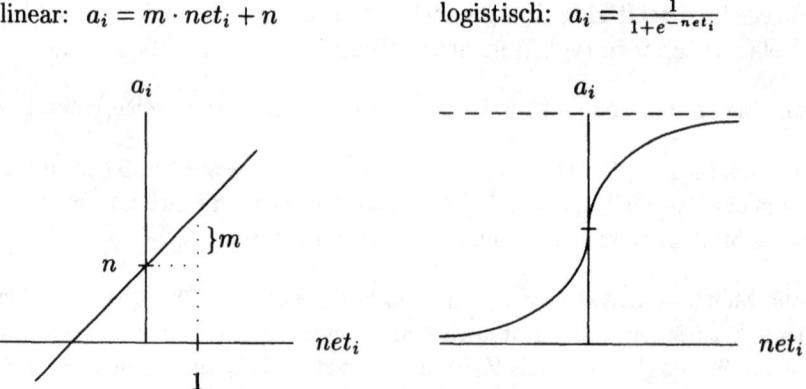

Abb. 4.5: Unterschiedliche Aktivierungsfunktionen

Um das Verfahren der Aktivierung eines Elements zu erläutern, soll das in Abbildung 4.4 zu sehende Verarbeitungselement angenommen werden, das einen initialen Aktivierungszustand von 0.1 aufweist. Insgesamt sollen für die Aktivierungswerte alle reellen Zahlen im Intervall $[-1, 1]$ zugelassen werden. Die Gewichtung für die Verbindung von Element $x_1$ soll 0.2 betragen, für $x_2$ 0.4, für $x_3$ -0.3 und die Verbindung von $x_4$ soll mit 0.2 gewichtet werden. Die Propagierungsfunktion, die die aktuelle Eingabe

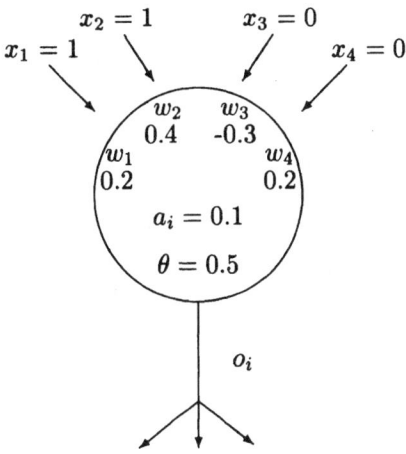

Abb. 4.6: Verarbeitungselement mit Werten belegt

für das Element bestimmt, gewichtet alle Eingaben und bildet die Summe hieraus. Dazu ist

$$net_i = \sum_{j=1}^{n} w_{ij} o_j$$

vorgesehen. Als Ausgabefunktion sei eine Schwellwertfunktion

$$f_i(a_i(t)) = o_i(t)$$

über den aktuellen Aktivierungszustand vorausgesetzt, wobei ein Schwellwert $\theta$ der Größe 0.5 angenommen wird. Die Aktivierungsfunktion

$$a_i(t) = F_i(a_i(t-1), net_i)$$

setzt die Eingabe für dieses Element mit dem bereits vorhandenen Aktivierungszustand in Beziehung. Sind nun die vorgeschalteten Verarbeitungselemente $x_1$ und $x_2$ aktiv, $x_3$ und $x_4$ hingegen inaktiv, so kann dies für die aktiven Elemente durch den Ausgabewert 1 ausgedrückt werden, bzw. durch den Wert 0 für inaktive Elemente. Zunächst wird die Gesamteingabe für dieses Element bestimmt. Entsprechend der Propagierungsfunktion $net_i$ ergibt die Rechnung

$$1 * 0.2 + 1 * 0.4 + 0 * -0.3 + 0 * 0.2$$

den Wert 0.6. Die Aktivierungsfunktion addiert die initiale Aktivierung von 0.1 zu diesem Wert hinzu. Der resultierende Wert ist dann 0.7 und somit größer, als der Schwellwert $\theta$ mit 0.5. Folglich wird das Element aktiv und gibt mit $o_i(t)$ den Wert 1 aus.

Der umgekehrte Fall tritt allerdings ein, wenn das vorgeschaltete Element $x_3$ aktiv ist (d.h. der Wert von $x_3$ ist 1). Dann wird die Ausgabe von $x_3$ mit dem Wert von

$w_3$ gewichtet. Durch den negativen Wert -0.3 beträgt die gesamte Netzeingabe nur 0.3. Addiert man hierzu die Grundaktivierung von 0.1, so ist die Gesamtaktivierung mit 0.4 kleiner als der Schwellwert von 0.5, wodurch $o_i(t)$ 0 ergibt. Das Verarbeitungselement bleibt also inaktiv und hat somit keinen Einfluß auf nachgeschaltete Elemente.

Dies illustriert, daß durch den Aktivierungszustand vorgeschalteter Elemente und die Gewichtung einlaufender Verbindungen ein Verarbeitungselement in Abhängigkeit von seinem eigenen Aktivierungszustand und einem bestimmten Schwellwert selbst aktiv werden und andere nachgeschaltete Elemente aktivieren oder hemmen kann.

Wie lassen sich in Netzwerken, die aus einfachen miteinander verknüpften Verarbeitungselementen bestehen, komplexe Muster berechnet? McClelland/Rumelhart (1981:380) illustrieren dies am folgenden Beispiel, das einen Ausschnitt aus einem größeren Netzwerk zeigt (vgl. Abbildung 4.7). Danach soll das Netzwerk anhand der

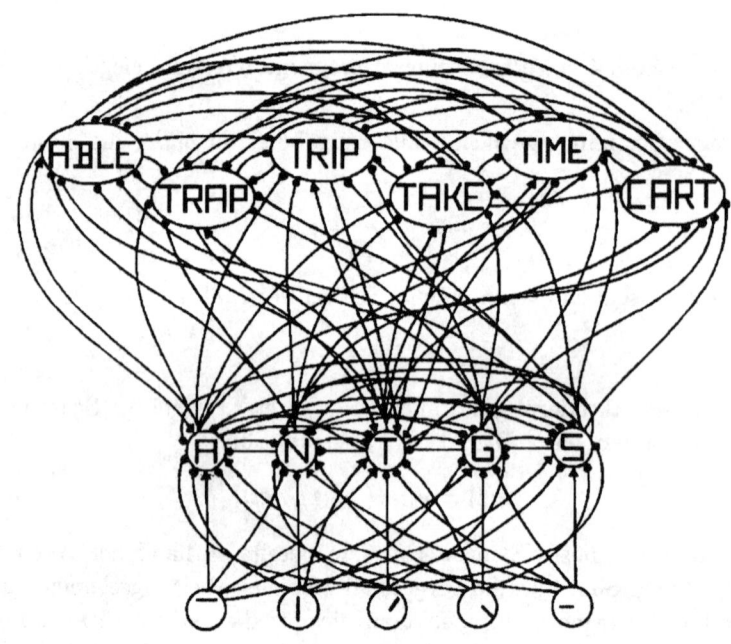

Abb. 4.7: Ein Netzwerk zur Mustererkennung

Aktivierungen in der Eingabeschicht einen Buchstaben in der zweiten Schicht aktivieren. Mittels dieses erkannten Buchstabens werden dann solche Elemente aktiviert, die Wörter repräsentieren, welche mit dem identifizierten Buchstaben beginnen. Positive Verbindungen sind durch spitze Enden, negative durch runde Endungen der Pfeile dargestellt. Werden nun in der Eingabeschicht (unten!) das erste und zweite Element von links aktiviert, so kann durch die positiven Verbindungen das Element mit dem Buchstaben T aktiviert werden, der sich aus diesen beiden Elementen zusammensetzt. Die Verarbeitungselemente mit den Buchstaben A, G und S erfahren jedoch nur von dem ersten Element eine Erhöhung ihrer Aktivität, die durch die negativen hemmenden Verbindungen von dem aktiven zweiten Element sofort wieder neutralisiert wird. Da lediglich T aktiv wird, kann dieses Element seine Nachbarn über die gegenseitigen hemmenden Verbindungen noch wirksamer unterdrücken. Entsprechend werden dann nur diejenigen Elemente der dritten Schicht aktiviert, welche eine positive Verbindung von Element T aufweisen. Im konkreten Fall sind dies die Verarbeitungselemente mit dem Buchstaben T in initialer Position.

Es besteht aber auch die Möglichkeit, sequentielle Charakterisierungen von Daten, wie sie beispielsweise in konventionellen Datenbanken oder in gelisteten Aufzählungen repräsentiert werden, auf ein künstliches neuronales Netzwerk zu übertragen. Abbildung 4.8 zeigt einen Auschnitt aus einer Liste, in der verschiedene Personen hinsichtlich ihrer Zugehörigkeit zu einer „Gang", ihres Alters, der besuchten Schule, ihres Familienstandes und bezüglich des von ihnen ausgeübten „Berufs" beschrieben werden (nach McClelland/Rumelhart 1988:39 und 41 für Abb. 4.9). Setzt man diese

| Name | Gang | Alter | Schule | Familienstand | Tätigkeit |
|------|------|-------|--------|---------------|-----------|
| Art | Jets | 40's | J.H. | single | Pusher |
| Sam | Jets | 20's | COL. | single | Bookie |
| Lance | Jets | 20's | J.H. | married | Burglar |
| Ralph | Jets | 30's | J.H. | single | Pusher |
| Rick | Sharks | 30's | H.S. | divorced | Burglar |
| : | : | : | : | : | : |

Abb. 4.8: Sequentielle Charakterisierung

sequentielle Charakterisierung in eine Netzwerkrepräsentation um, so ergibt sich eine Struktur wie Abbildung 4.9. Gleiche Eigenschaften wie z.B. der Name, das Alter oder der Familienstand werden zu einem *Pool* zusammengefaßt, zwischen dessen Elementen lediglich hemmende Verbindungen bestehen. Hierdurch soll ausgedrückt werden, daß sich Knoten wie z.B. *single, married* und *divorced* gegenseitig ausschließen. In der Abbildung werden solche Gruppen durch Umrandungen markiert, so daß die einzelnen hemmenden Verbindungen der Elemente untereinander nicht eingezeichnet werden brauchen. Bei den Knoten des in der Mitte zu sehenden Pools handelt es sich um sogenannte *Instanzen.* Hiermit sind die Individuen gemeint, denen Eigenschaften und Kennzeichen wie Name, Alter usw. zukommen. Erhält nun das Element mit der Bezeichnung Ralph, das für den Namen eines Individuums steht, eine Aktivierung durch externen Input, so wird dieser Knoten aktiv und unterdrückt alle anderen Knoten seines Pools. Über die Aktivierung der dem Element Ralph zugeordneten Instanz können durch die positiven Verbindungen zu den Elementen in den einzelnen Pools die Eigenschaften aktiviert werden, die zu dieser Instanz gehören. Im konkreten Fall handelt es sich um J.H. (= Junior High School), 30's, Pusher, Single und Jet.

Bei der Simulation durch das IAC–Modell (= *Interactive Activation and Competition*) von McClelland/Rumelhart (1988) werden nach Aktivierung des Knotens Ralph

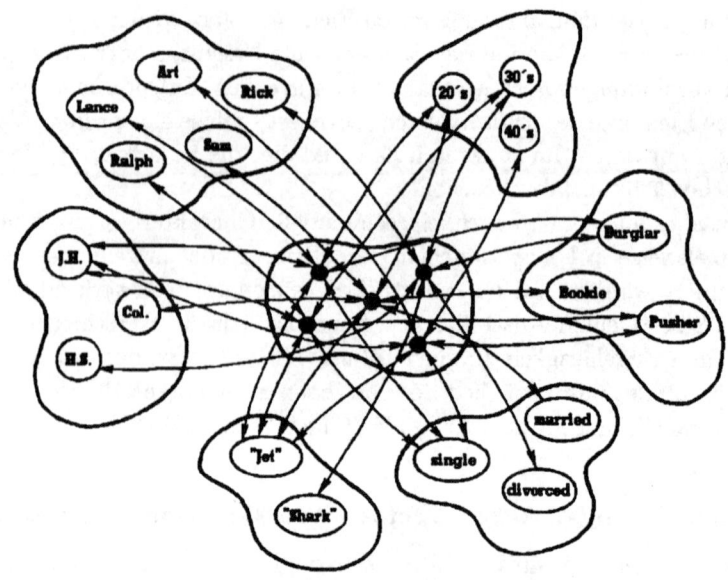

Abb. 4.9: Verteilte Charakterisierung

die in 4.10 dargestellten Werte ausgegeben. Wie bereits erwähnt, handelt es sich bei den in den Abbildungen 4.8 und 4.9 gezeigten Knoten nur um einen Ausschnitt. In 4.10 ist dagegen das gesamte Netzwerk abgebildet, wodurch auch Seiteneffekte sichtbar werden. Jeder Eintrag besteht hier aus 3 Teilen. Die erste Spalte gibt an, ob das betreffende Element eine externe Eingabe erhält. Im vorliegenden Fall wird dies durch die Markierung ** vor dem Knoten Ralph angezeigt, im Gegensatz zu der Auszeichnung mit 0 für diejenigen Elemente, die keinen externen Input erhalten. Die zweite Spalte enthält die Bezeichnung des betreffenden Verarbeitungselements. Bei den mit Unterstrich versehenen Elementen (z.B. _Art oder _Ralph) handelt es sich um die jeweiligen Instanzen. In der dritten Spalte sind die Aktivierungswerte zu sehen. Da die Aktivierung einen Wert im Intervall $[-1, 1]$ einnehmen kann, gilt für alle dargestellten Zahlen ein Faktor von 0.01. Erwartungsgemäß erhält der Knoten Ralph mit 0.8 die höchste Aktivierung von allen Elementen. Die Instanz _Ralph ist mit 0.69 ebenfalls deutlich zu erkennen. Die Eigenschaften von _Ralph zeichnen sich durch ihre Aktivierungswerte gut ab. So sind die Knoten Jets, JH und Single gegenüber den anderen Elementen ihres Pools mit einem hohen positiven Wert (0.58) versehen. Die Eigenschaften in20s und Pusher weisen eine etwas niedrigere Aktivierung auf. Dies ist damit zu erklären, daß diese Eigenschaften für die Instanz _Ralph weniger „typisch" sind. Es ist interessant, daß die Instanzen _Art und _Mike ebenfalls hohe Werte zeigen. Der Grund hierfür ist darin zu suchen, daß diese Instanzen mit _Ralph viele Eigenschaften teilen. Es zeigt sich also, daß ein solches Netzwerk assoziative Fähigkeiten besitzt, wodurch es möglich ist, umfangreicheres und feiner abgestuftes

```
0 Jets    58   0 Art    -12   0 Phil   -14   0 _Art    46   0 _Phil  -14
0 Sharks -13   0 Al     -14   0 Ike    -14   0 _Al     -8   0 _Ike    -8
               0 Sam    -14   0 Nick   -14   0 _Sam    -13  0 _Nick  -10
0 in20s  -13   0 Clyde  -14   0 Don    -14   0 _Clyde   2   0 _Don   -15
0 in30s   49   0 Mike   -12   0 Ned    -14   0 _Mike    46  0 _Ned   -15
0 in40s   -9   0 Jim    -14   0 Karl   -14   0 _Jim    -13  0 _Karl  -16
               0 Greg   -14   0 Ken    -14   0 _Greg   -13  0 _Ken   -15
0 JH      58   0 John   -14   0 Earl   -14   0 _John   -13  0 _Earl  -16
0 HS     -13   0 Doug   -14   0 Rick   -14   0 _Doug    -8  0 _Rick  -15
0 College-13   0 Lance  -14   0 Ol     -14   0 _Lance  -13  0 _Ol    -14
               0 George -14   0 Neal   -14   0 _George -13  0 _Neal  -13
0 Single  58   0 Pete   -14   0 Dave   -14   0 _Pete   -13  0 _Dave  -14
0 Married-13   0 Fred   -14                  0 _Fred    -8
0 Divorce-13   0 Gene   -14                  0 _Gene    -8
              ** Ralph   80                  0 _Ralph   69
0 Pusher  49
0 Burglar-13
0 Bookie  -9
```

Abb. 4.10: Aktivierung des Knotens „Ralph"

Wissen repräsentieren zu können, als dies in traditionellen Datenbankmodellen der Fall ist.

Ein solches künstliches neuronales Netzwerk ist zudem in der Lage, über Assoziationen Generalisierungen vornehmen zu können. In Beispiel 4.11 wurde lediglich die Eigenschaft JH mit externem Input versehen. Die Werte zeigen, daß mit der Eigenschaft JH „typischerweise" Jets, in20s und Burglar assoziiert werden. Den Familienstand betreffend ist Married typischer als Divorced. Single hingegen wird aufgrund seines negativen Aktivierungszustands (-0.14) nicht mit JH in Verbindung gebracht. Die mit den typischen Eigenschaften assoziierten Instanzen sind _Al, _Jim, _John, _Lance und _George. Wird eine Beziehung zum Namen der betreffenden Instanzen hergestellt, so zeichnen sich lediglich John und Lance durch positive Werte aus, da sie Übereinstimmung in den für JH typischen Eigenschaften aufweisen.

ssoziations- und Generalisierungsfähigkeit sind Eigenschaften, die ein solches Netzwerk auch für den Einsatz in der Computerlinguistik prädestinieren, sei es als eigenständiges Programm zur Analyse oder Generierung natürlicher Sprache oder als ergänzende Datenbasis zu sequentiellen und regelbasierten Algorithmen in hybriden Systemen. Die Codierung von semantischen Netzen in Form künstlicher neuronaler Netzwerke stellt eine mögliche Anwendung dar. Da die Relationen zwischen einzelnen Knoten jedoch nicht indiziert werden können, ist es ggf. erforderlich, Knoten zwischenzuschalten, die Auskunft über die jeweilige Art der Verbindung geben. Ein weiteres Einsatzgebiet ist die Codierung von *feature structures*, wie sie in Attribut–Term–Formalismen (vgl. Haenelt 1995:97) verwendet werden. Hierzu gehören z.B. Unifikationsgrammatiken, die Lexikalisch–Funktionale Grammatik oder das Context

```
 0 Jets    68    0 Art    -12    0 Phil  -12    0 _Art    -14    0 _Phil  -16
 0 Sharks -14    0 Al     -11    0 Ike   -12    0 _Al      29    0 _Ike   -16
                 0 Sam    -12    0 Nick  -12    0 _Sam    -15    0 _Nick  -17
 0 in20s   65    0 Clyde  -12    0 Don   -12    0 _Clyde  -14    0 _Don   -15
 0 in30s  -12    0 Mike   -12    0 Ned   -12    0 _Mike   -14    0 _Ned   -16
 0 in40s  -13    0 Jim     -3    0 Karl  -12    0 _Jim     48    0 _Karl  -16
                 0 Greg   -12    0 Ken   -12    0 _Greg   -13    0 _Ken   -15
** JH      85    0 John  · 20    0 Earl  -12    0 _John    59    0 _Earl  -15
 0 HS     -14    0 Doug   -12    0 Rick  -12    0 _Doug   -16    0 _Rick  -16
 0 College-14    0 Lance   20    0 Ol    -12    0 _Lance   59    0 _Ol    -16
                 0 George  -3    0 Neal  -12    0 _George  48    0 _Neal  -17
 0 Single -14    0 Pete   -12    0 Dave  -12    0 _Pete   -15    0 _Dave  -16
 0 Married 51    0 Fred   -12                   0 _Fred   -15
 0 Divorce 24    0 Gene   -12                   0 _Gene   -15
                 0 Ralph  -12                   0 _Ralph  -14
 0 Pusher -14
 0 Burglar 68
 0 Bookie -14
```

Abb. 4.11: Aktivierung des Knotens „JH"

Feature Structure System (vgl. Kay 1985, Kaplan/Bresnan 1982 und Böttcher 1993.). Die folgende feature structure läßt sich ohne Probleme in die in Abbildung 4.12 dargestellte Netzwerkrepräsentation überführen.

```
Buch:= graph: Buch
        categ:[ class: N
                casus: Nom
                  num: Sing
                 pers: 3.P
                  gen: neut ]
```

Kategoriale Merkmale wie Kasus, Numerus usw. deuten an, daß die zugehörigen Werte eigene Pools bilden[70]. Da Buch sowohl Nominativ als auch Akkusativ oder Dativ sein kann, müssen Konnektionen zu allen drei Eigenschaften vorhanden sein. Zwischen den Elementen des Pools bestehen (wie auch in den vorhergehenden Modellen) inhibitorische Verbindungen. Zunächst würden die Kasus–Knoten eine leichte Aktivierung durch die Instanz _Buch erhalten, aufgrund der gegenseitigen Hemmung aber keine hohen Werte einnehmen können. Eine Auswahl, d.h. Aktivierung des betreffenden Kasus–Knotens, kann dann durch eine Aktivierung aus dem Kontext erfolgen. Da ein solcher Knoten in diesem Fall von mehreren Seiten eine Aktivierung erhält, können konkurrierende Mitspieler aus dem Pool unterdrückt werden. Es ist aber auch möglich, ein Netzwerk zu konstruieren, in dem sich unterschiedliche Instanzen auf die gleiche Oberflächenform beziehen. Abbildung 4.13 zeigt ein Netzwerk

---

[70] Ein Pool ist in Abb. 4.12 als umgebendes Rechteck dargestellt.

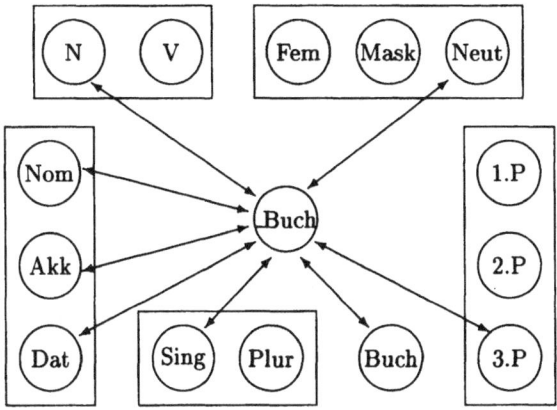

Abb. 4.12: Netzwerkrepräsentation einer f–structure

mit dem definiten Artikel **das**, der einen Nominativ oder einen Akkusativ einleiten kann. Wird ein Lexikon aus einer großen Menge solcher Beschreibungen aufgebaut, ist es möglich, über die Oberflächenform oder Merkmale assoziativ auf Daten zurückgreifen zu können. Umgekehrt ist es auch denkbar, nach der Aktivierung einer Instanz und

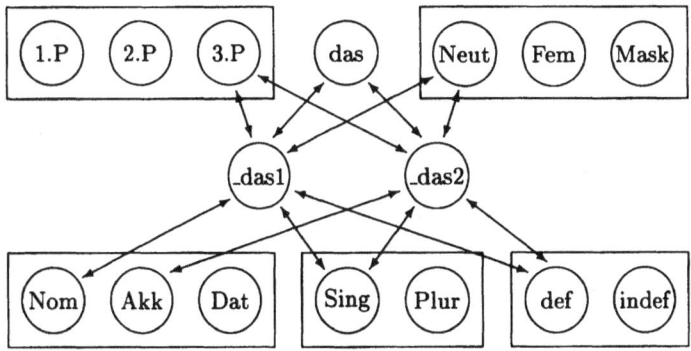

Abb. 4.13: Netzwerkrepräsentation von „das"

eines Merkmals die zugehörige Oberfläche anzuzeigen. Insgesamt scheint ein künstliches neuronales Netzwerk den klassischen Ansätzen überlegen zu sein. Zumindest als zugrundeliegende Datenbasis für regelgesteuerte Prozesse zur Sprachverarbeitung wäre der Einsatz künstlicher neuronaler Netze mehr als angebracht.

## 4.4 Lernen

Lernen in künstlichen neuronalen Netzwerken besteht in den meisten Fällen in der Adaption von Gewichtungen für einzelne Verbindungen. Da während des Lernens keine neuen Verarbeitungselemente generiert und dem Netz hinzugefügt werden können, ist es notwendig, entweder eine bestimmte Netzwerktopologie vorzugeben oder eine Vollverknüpfung durchzuführen, in der alle Elemente des Netzes miteinander verbunden sind. Häufig werden Vollverknüpfungen auch zwischen verschiedenen Schichten durchgeführt. In diesem Fall ist jedes Element einer Schicht mit jedem Element der Nachfolgeschicht verbunden. In diesem Zusammenhang wird auch von n-m-n–Encodern gesprochen (vgl. Fahlman 1988:3). Bei vollverknüpften Netzen schält sich während der Adaption meistens eine Netzwerktopologie heraus, da manche Verbindungen den Wert 0 einnehmen und dann für das Netz irrelevant (bzw. nicht vorhanden) sind.

Normalerweise werden festverknüpfte Netzwerke mit unveränderlichen Gewichtungen innerhalb der Konnektionen von solchen unterschieden, deren Gewichtungen in einer auf das spätere Datenmaterial abgestimmten Trainingsphase adaptiert werden. Nach Ablauf der Trainingsphase findet keine Modifizierung der Gewichtungen mehr statt. Ergänzend hierzu soll noch der Begriff *permanent adaptierende Netzwerke* eingeführt werden. Darunter sind solche Netze zu verstehen, die ihre Gewichtungen ständig verändern. Ausgehend von einem vorverknüpften Zustand, in dem initiale Gewichtungen grob eingestellt sind oder von einer durch Zufallsfunktionen generierten Netzwerktopologie und Menge von Gewichtungen, lernt das Netzwerk permanent neue Muster, indem es bestehende Konnektionen in Abhängigkeit vom jeweiligen Datenmaterial modifiziert. In Anlehnung an das Hebbsche Lernprinzip verstärken sich oft dargebotene oder abgefragte Muster[71]. Da sich ein solches künstliches neuronales Netzwerk nie in einem stabilen Zustand befindet, können unter Umständen auch Muster „vergessen" werden, indem nicht gebrauchte Konnektionen mit der Zeit abgebaut oder von stärkeren Mustern überlagert werden. Ist das Netzwerk für die erwarteten Aufgaben groß genug, so vergrößert sich das „Wissen" des Systems mit jeder neuen Eingabe. Dadurch, daß neues Wissen immer mit bereits bestehenden in Bezug gesetzt wird, verfeinert sich die Struktur des Netzes ständig.

Generell kann bei den verwendeten Lernstrategien zwischen *entdeckenden* und *assoziativen Lernen* unterschieden werden (vgl. Kemke 1988:15f.). Assoziatives Lernen besteht meist in der Vervollständigung eingegebener Muster. Dazu werden dem Netz zunächst wiederholt Muster dargeboten, die das System intern zu repräsentieren lernt. Wird dem Netz ein neues Muster präsentiert, dann besteht die Aufgabe des Systems darin, dieses in Abhängigkeit der bereits gelernten zu vervollständigen. Konkret bedeutet dies, daß das Netzwerk einen gegebenen Input zunächst mit einem an der Ausgabeschicht angelegten Trainingsmuster in Beziehung setzen soll.

---

[71] Gewöhnlich findet in auf eine bestimmte Aufgabenstellung hin trainierten Netzen bei Anfragen, d.h. dem späteren praktischen Einsatz, keine Adaption mehr statt. Ein permanent adaptierendes Netz kann jedoch auch auf häufig gestellte Anfragen eindeutiger reagieren, da sich diese Muster verstärken. Hierin ist außerdem eine Analogie zu biologischen Netzen zu sehen, in denen sich wiederkehrende Muster stärker ausprägen.

Abweichungen in der internen Repräsentation oder in der tatsächlich berechneten Aktivierung der Ausgabeschicht werden im allgemeinen durch Fehlerpropagierungs-verfahren ausgeglichen. Hierbei wird die Differenz der erwarteten Aktivierung von der tatsächlichen durch einen Fehlergradienten ausgedrückt. Dieser Gradient wird z.B. im Backpropagation–Verfahren rückwärts durch das Netzwerk propagiert, um die Konnektionen in Abhängigkeit dieses Fehlers korrigieren zu können.

Bei einem *Auto Associator* wird dem Netzwerk ein Muster wiederholt eingegeben, welches das Netz intern repräsentieren muß. Auf neuen Input soll das System dann mit dem hierzu ähnlichsten Muster reagieren. Beim sogenannten *Pattern Associator* werden, wie auch beim Auto Associator, Muster öfter dargeboten, die in Abweichung zu diesem Ansatz aber aus Paaren bestehen, die sich aus einem Schlüssel und damit assoziierten Muster zusammensetzen. Wird anschließend ein vollständiger oder defekter Schlüssel eingegeben, soll das Netzwerk dasjenige Muster ausgeben, welches die meisten Übereinstimmungen mit dem gelernten aufweist (vgl. Camargo 1990:5). Eine weitere Möglichkeit des assoziativen überwachten Lernens, bei dem Muster immer anhand vorgegebener Beispiele gelernt werden, bieten *Pattern Classifier*. Bei solchen Modellen werden zunächst Muster dargeboten, die das Netzwerk bezüglich einer vordefinierten Menge von Klassen einordnen soll. Dieser Vorgang wird von einem „Lehrer" überwacht, der jeweils verschiedene Muster mit den zugehörigen korrekten Klassifizierungen dem Netz präsentiert. Über die Assoziation mit gelernten Mustern soll das System nach der Trainingsphase neue Muster richtig klassifizieren können, was eine Ähnlichkeit der Muster voraussetzt. Modelle des assoziativen Lernens sind in erster Linie lineare Assoziatoren[72] (vgl. Anderson 1986 oder Duda/Hart 1973), das Hopfield–Modell (vgl. Hopfield 1982 und Hopfield/Tank 1985), welches auf vollver-knüpften Netzwerken operiert, Boltzmann–Maschinen, wie sie bei Hinton/Sejnowski (1986) beschrieben werden, bzw. die meisten Feedforward–Netzwerke, die Fehlerpro-pagierungsverfahren einsetzen[73] (vgl. Rumelhart/Hinton/Williams 1986).

Im Gegensatz zum assoziativen Lernen erfolgt das *entdeckende Lernen* meist unbe-aufsichtigt, kann aber in Einzelfällen durch die Vorgabe von Trainingsmustern forciert werden. Diese Art des Lernens besteht im wesentlichen aus dem Entdecken von Regelmäßigkeiten in den dargebotenen Eingabemustern. Ein wichtiger Bestandteil des entdeckenden Lernens ist häufig das *Wettbewerbslernen* (= competitive learning), was auch als WTA–Modell (= winner take all) bezeichnet wird (vgl. Rumelhart/Zipser 1986 und Grossberg 1976). Ein solches Wettbewerbslernen ist dadurch charakterisiert, daß aktivierte Elemente einer Schicht miteinander in Konkurrenz treten. Mit Ausnah-me der Eingabeschicht werden die Elemente zu sogenannten *Clustern* zusammenge-faßt, die im wesentlichen mit den schon angesprochenen Pools des IAC-Modells über-einstimmen. Zwischen allen Elementen eines solchen Clusters bestehen inhibitorische Verbindungen. Durch die Aktivierung aus vorgeschalteten Schichten und die Hem-mung der Verarbeitungseinheiten untereinander treten in den verschiedenen Clustern einzelne Elemente hervor (vgl. Abb. 4.14; nach Rumelhart/Zipser 1986). Dasjenige

---

[72] Hierunter fällt u.a. auch das *Brain State in a Box* Modell (BSB) nach Anderson 1977.

[73] Auch in einigen rekurrenten Netzen, wie z.B. in denen von Williams/Zipser (1988) oder Elman 1990, werden Mechanismen der Fehlerpropagierung eingesetzt.

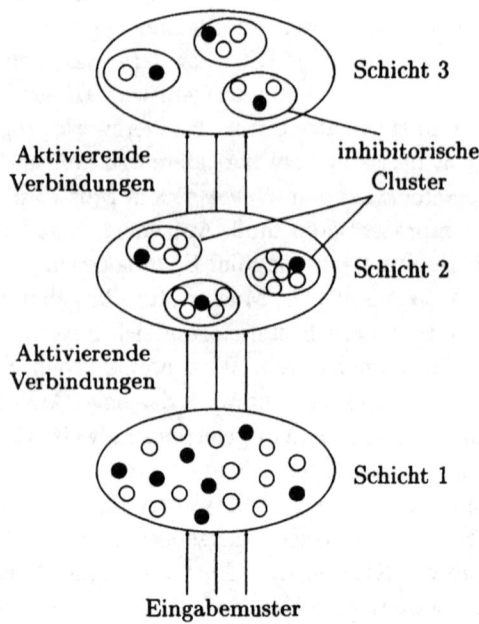

Schicht 3

Aktivierende
Verbindungen

inhibitorische
Cluster

Schicht 2

Aktivierende
Verbindungen

Schicht 1

Eingabemuster

Abb. 4.14: Wettbewerbslernen

Element, welches einen Aktivierungsgrad größer 0 aufweist[74], ist der „Gewinner" innerhalb seines Clusters und darf die Gewichtung zu den vorgeschalteten Elementen,
von denen es eine positive Aktivierung erhalten hat, erhöhen. Da die Summe aller positiven Konnektionen zu der jeweils vorgeschalteten Schicht immer 1 beträgt, muß für
eine Erhöhung der Gewichtung anteilmäßig ein bestimmter Wert von den Verbindungen der übrigen, am Aktivierungsprozeß unbeteiligten Elemente, abgezogen werden.
Dieser auch „rich get richer" genannte Effekt bewirkt, daß einzelne Verbindungen in
ihrer Stärke zunehmen, alle anderen sich hingegen abschwächen.

Modelle des Wettbewerbslernens werden häufig als *regularity detector* bezeichnet,
bei denen jedes dargebotene Muster hinsichtlich der Wahrscheinlichkeit, mit der es in
der Menge der Eingabemuster auftritt, ausgezeichnet wird. Das System soll dann her-
ausragende Merkmale in der Menge der Eingabemuster erkennen und jedes Muster
entsprechend klassifizieren (vgl. Camargo 1990:6). Neben dem Modell von Rumel-
hart/Zipser (1986) zählen hierzu die Adaptive Resonanz Theorie (= ART) nach Car-
penter/Grossberg (1987a und 1987b) und die selbstorganisierenden Karten („feature
maps") nach Kohonen (1984). Daneben sind die Modelle des *reinforcement learning*
zu nennen, die z.B. im „Pole Balancing" System von Barton/Sutton/Anderson (1983)
zum Einsatz kommen. In diesen Modellen werden Eingabesignale, die das Netzwerk
akzeptiert, in Ausgabesignale überführt. Die Richtigkeit der Transformation drückt

---

[74] Die Aktivierungsmuster in diesem Modell sind binär (d.h. 0 oder 1).

ein zusätzliches Signal aus, welches entweder positiv oder negativ ist. Negative Signale sind als „Strafe" für falsches Verhalten zu interpretieren, positive hingegen als „Belohnung". Das Lernen in einem solchen System besteht nun darin, negative Signale zu vermeiden, positive hingegen zu maximieren (vgl. Camaro 1990:39ff.).

Es stellt sich nun die Frage, wie die konkreten Mechanismen zur Modifizierung bestehender Gewichtungen aufgebaut sind. Die schon angesprochene Hebbsche Lernregel (Hebb 1949) besagt, daß wenn zwei Zellen zur gleichen Zeit aktiv sind und zwischen ihnen eine Verbindung besteht, sich die Stärke dieser Verbindung erhöht. Bezogen auf künstliche neuronale Netzwerke wird die Gewichtung zwischen zwei Verarbeitungselementen verstärkt, falls beide zur gleichen Zeit eine Aktivierung aufweisen, d.h., es ändert sich die Gewichtung $w_{ij}$ proportional zum Produkt der Aktivierung beider Elemente. Konkret wird dies durch

$$\Delta w_{ij} = \eta \cdot a_i(t) \cdot o_j(t)$$

ausgedrückt (vgl. Rumelhart/Hinton/McClelland 1986:53), oder durch

$$\Delta w_{ij} = \eta \cdot a_i(t) \cdot a_j(t)$$

falls die Identitätsfunktion zur Ausgabe verwendet wird. Die Konstante $\eta$ drückt hierbei den *Lernfaktor* aus, über den die Schrittweite der Veränderung bestimmt werden kann. Berücksichtigt man ein Lernmuster $l_i$, so erhält man die Lernfunktion in ihrer ursprünglichen Form[75]:

$$\Delta w_{ij} = g(a_i(t), l_i(t)) \cdot h(o_j(t), w_{ij})$$

$g$ ist hier eine Funktion über den Aktivierungszustand und die Lerneingabe für Element $i$. $h$ hingegen ist eine Funktion über die Ausgabe des vorgeschalteten Elements und der Gewichtung dieser Ausgabe.

Eine Variation dieser Hebbschen Lernregel ist die sogenannte *Widrow–Hoff*- oder *Delta–Regel* (vgl. Widrow/Hoff 1960). Da die Hebbsche Lernregel nur eine Verstärkung von Verbindungen gestattet, wäre es wünschenswert, auch negative Gewichtsveränderungen vornehmen zu können. In der Deltaregel

$$\Delta w_{ij} = \eta \cdot (l_i(t) - a_i(t)) \cdot o_j(t)$$

ändert sich die Gewichtung $w_{ij}$ proportional zum Produkt aus der Ausgabe des vorgeschalteten Elements $o_j(t)$ und der Differenz zwischen tatsächlich erzielter Aktivierung $a_i(t)$ und erwünschter $l_i(t)$. Somit ist es auch möglich, negative Gewichtsveränderungen durchführen zu können.

Da nur für die Eingabe– und Ausgabeschicht bekannt ist, welche konkreten Muster anliegen oder ausgegeben werden sollen, kann eine Abweichung vom gewünschten Muster der Ausgabeschicht nur durch eine Modifikation der Gewichte korrigiert werden, die zwischen der Ausgabeschicht und der ihr vorgeschalteten Schicht liegen, da für eventuell vorhandene Zwischenschichten keine Soll–Werte bekannt sind.

---

[75] Rumelhart/Hinton/McClelland (1986:53) verwenden $t_i$ anstatt $l_i$. Um Konflikte mit $(t)$ (was für einen bestimmten Zeitpunkt steht) zu vermeiden, wurde hier die letztere Bezeichnung gewählt.

74

Aus diesem Grund ist der Einsatz der Delta–Regel auf Netzwerke mit lediglich zwei Schichten beschränkt. Eine Lösung für dieses Dilemma bietet die *verallgemeinerte Delta-Regel* nach Rumelhart/Hinton/ Williams (1986), die hinsichtlich ihrer Strategie der Fehlerpropagierung auch als *Backpropagation* (Rückwärtspropagierung) bekannt ist[76]. Durch ein solches Backpropagation–Verfahren besteht nun die Möglichkeit, auch solche Netze zu trainieren, die über eine beliebige Anzahl von Zwischenschichten verfügen. Abbildung 4.15 zeigt ein Netzwerk, welches aus einer Eingabe-, einer Ausgabe- und einer Zwischenschicht besteht. Jedes Verarbeitungselement der

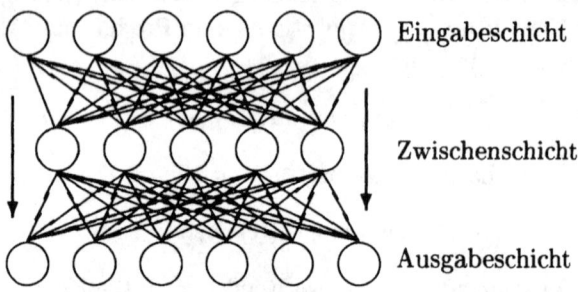

Abb. 4.15: Ein geschichtetes Netzwerk

Eingabeschicht ist mit jedem Element in der Zwischenschicht verbunden und jedes Element dieser Schicht mit jedem in der Ausgabeschicht. Zunächst wird nun ein Eingabemuster vorwärts durch das Netz propagiert und der Ausgabewert für jede Verarbeitungseinheit berechnet. Stimmt anschließend das Muster in der Ausgabeschicht nicht mit dem erwarteten Wert überein, so findet eine Modifikation der Gewichtungen im Netzwerk statt. Die Änderungen der Gewichte des Netzwerkes werden nach der Funktion

$$\Delta_p w_{ij} = \eta \cdot \delta_{pi} \cdot o_{pj}$$

errechnet. Durch den Fehlergradienten $\delta$ wird hierbei die Abweichung vom erwarteten Wert ausgedrückt. Für die Ausgabeschicht wird dabei die Abweichung durch die folgende Funktion bestimmt:

$$\delta_{pi} = (l_{pi} - o_{pi}) f_i'(net_{pi})$$

$l_p i$ stellt hier wieder die gewünschte Ausgabe im Bezug auf das Muster $p$ dar. Die Ableitung über die Gesamteingabe, die das Element $i$ (in der Ausgabeschicht) hinsichtlich des Musters $p$ erhält, wird durch

$$net_{pi} = \sum_j w_{ij} \cdot o_{pj} + \theta_i$$

---

[76] Für einen mathematischen Abriß dieses Verfahrens vgl. auch Pao 1989, Camargo 1990 und Hinton 1989.

ermittelt. $\theta_i$ bezeichnet gewöhnlich den Schwellwert für ein Verarbeitungselement. Dieser Schwellwert kann auch – wie im vorliegenden Fall – durch ein sogenanntes *bias-Element* repräsentiert werden. Dabei handelt es sich um ein vorgeschaltetes Element, was immer aktiv ist und über den Aktivierungswert 1 verfügt. Wird die Ausgabe dieses Elements gewichtet, so kann der Schwellwert durch Backpropagation gelernt werden. Bei einer angenommenen logistischen Aktivierungsfunktion

$$o_{pi} = \frac{1}{1 + e^{-(\sum_j w_{ij} \cdot o_{pj} + \theta_i)}}$$

ergibt sich für die Ausgabeschicht das Fehlersignal $\delta_{pi}$ durch die Funktion

$$\delta_{pi} = (l_{pi} - o_{pi}) \cdot o_{pi} \cdot (1 - o_{pi})$$

Dieser Fehler wird nun rekursiv rückwärts durch das Netzwerk propagiert, wobei für jedes Element ein $\delta$–Term ermittelt wird, da kein „erwartetes" Muster für Zwischenschichten existiert.

Die Berechnung der Abweichungen für alle der Ausgabeschicht vorgelagerten Schichten erfolgt durch

$$\delta_{pi} = \left( \sum_k \delta_{pk} \cdot w_{ki} \right) \cdot f_i'(net_{pi})$$

Wie zu sehen ist, existiert hier kein erwarteter Aktivierungszustand $l_{pi}$. Stattdessen fließt die Abweichung aus der vorherigen Schicht in diese Funktion ein. Bei der schon angesprochenen logistischen Aktivierungsfunktion kann nun die konkrete Abweichung ebenfalls ohne Zuhilfenahme von $l_{pi}$ mittels

$$\delta_{pi} = o_{pi} \cdot (1 - o_{pi}) \cdot \sum_k \delta_{pk} \cdot w_{ik}$$

bestimmt werden. Dieser Vorgang setzt sich rekursiv bis zur Eingabeschicht fort. Anschließend wird das ursprüngliche Eingabemuster dem Netzwerk wieder dargeboten und das Ergebnis in der Ausgabeschicht mit dem erwarteten Aktivierungsmuster verglichen. Ist wiederum eine Abweichung zu beobachten, so findet eine erneute Fehlerpropagierung mit dem errechneten Fehler statt. Dieser Vorgang wird solange wiederholt, bis das Muster in der Ausgabeschicht mit dem gewünschten übereinstimmt, d.h. wenn das Delta 0 ist.

Prinzipiell ist die Rückwärtspropagierung ein häufig eingesetztes Verfahren, das immer zu einer Strukturierung des Netzwerkes durch Veränderung der Gewichtungen führt. Allen (1987) bewertet verschiedene Ansätze, die das Backpropagation-Verfahren zur Sprachverarbeitung einsetzen (z.B. McClelland/Kawamoto 1986 oder Hanson/Kegl 1987), doch fällt seine Einschätzung für die 1987 vorhandenen Modelle „gemischt" aus. Zwar schätzt Allen (1987) das neue konnektionistische Paradigma durchweg positiv ein, doch bemängelt er die Eingeschränktheit vieler Modelle, die sich in einer Überladung von Netzwerken, dem Fehlen der Repräsentation von Zwischenergebnissen und der Unangemessenheit einfacher zeitabhängiger Netzwerkmodelle[77] ausdrückt.

---

[77] Vgl. Jordan 1986.

Insgesamt muß für die Strategie der Adaption durch Rückwärtspropagierung eingeräumt werden, daß sie einige Nachteile aufweist. Zunächst kann festgehalten werden, daß es – im Gegensatz zur Hebbschen Lernregel – zu diesem Verfahren keine Entsprechung mit den Mechanismen biologischer neuronaler Netzwerke gibt. Die Verbindungen in biologischen Netzen sind immer unidirektional, wohingegen Fehlersignale in Backpropagation–Netzen über Verbindungen rückwärts durch das Netz geleitet werden, über die auch eine Ausbreitung der Aktivierungsimpulse erfolgt. In Verbänden von Nervenzellen lassen sich zwar auch Schleifen und rekurrente Verbindungen beobachten, doch existieren diese immer zusätzlich zu den vorwärts gerichteten Verbindungen und sind ebenfalls unidirektional angelegt. Stork (1989) zeigt zwar auf, daß sich das Grundprinzip der Fehlerpropagierung durch die Annahme zusätzlicher rückwärtig orientierter Verbindungen und spezialisierter Verarbeitungselemente biologisch motivieren läßt, doch hat dies keinen Einfluß auf die technische Realisierung von Backpropagation–Algorithmen.

Ein weiteres Problem besteht darin, daß die Reduzierung eines Fehlergradienten in einem sogenannten *lokalen Minimum* enden kann, welches nicht dem gesuchten Ergebnis entspricht. Fehlerfreiheit, bzw. eine größtmögliche Reduzierung der Abweichung zwischen erwarteter und tatsächlicher Ausgabe, wird durch ein *globales Minimum* ausgedrückt (vgl. Abbildung 4.16). Da die Veränderung der Gewichtung mit sich reduzierender Abweichung immer kleiner wird, bestimmt zumeist ein Faktor die Schrittweite der Veränderungen, die beim nächsten Durchgang berücksichtigt wird (vgl. Dorffner 1991:124). Wird dieser Faktor zu klein gewählt, erhöht sich die Gefahr, daß sich der Fehler der scheinbar richtigen Lösung annähert und in ein lokales Minimum gerät. Die Suche nach einem Ergebnis wird daraufhin abgebrochen, da das System Fehler machen müßte, um aus dem lokalen Minimum herauszugelangen. Die Lösung der gestellten Aufgabe entspricht somit nicht der optimal möglichen. Ist die Schrittgröße allerdings groß genug, um über das lokale Minimum hinwegzugehen, kann ggf. das globale Minimum gefunden werden. Bei zu großer Schrittweite besteht jedoch die Möglichkeit, daß entweder überhaupt kein Minimum gefunden wird oder sich keine eindeutigen Muster im Netzwerk ausprägen. Entsprechend besteht eine wesentliche Aufgabe bei der Konstruktion solcher Netzwerke in der Suche nach den optimalen Parametern.

Neben der fehlenden neurobiologischen Plausibilität und den Problemen im Zusammenhang mit lokalen Minima weist das Backpropagation–Verfahren noch eine weitere unangenehme Eigenschaft auf. Die Adaption von Gewichtungen durch dieses Verfahren ist äußerst rechenintensiv. Kirchner (1990) gibt z.B. an, daß ein dreischichtiges neuronales Netz mit fünf Elementen in der Eingabeschicht, fünf in der Zwischenschicht und einem Ausgabeelement für die Adaption von 5–Bit Binärzahlen (dezimal 0 bis 31) nach 60 000 Durchläufen nur 24 von 32 Zahlen erkennen konnte. Dieses Ergebnis deckt sich mit den hohen Trainingszyklen anderer Modelle. McClelland/St.John/Taraban (1989) berichten hinsichtlich ihres *Sentence Comprehension Modells*, daß die Trainingsphase mit 58 Wörtern und 45 konzeptuellen Einheiten 630 000 Durchläufe erforderlich machte. Eine umfassende computationelle Optimierung des Backpropagation–Verfahrens[78] wurde durch Fahlman (1988) vorgenommen

---

[78] Zur Optimierung von Backpropagation–Verfahren sei auch auf Pfister/Rojas 1993 verwiesen.

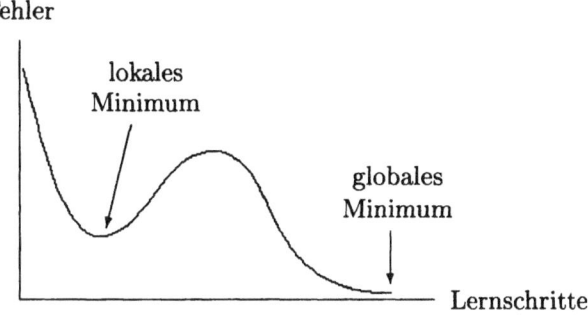

Abb. 4.16: Lokales und globales Minimum

und ist unter dem Namen *Quickprop-Algorithmus* bekannt. Diesem ist es zu verdanken, daß auf schnellen Von-Neumann-Architekturen der Einsatz der hier beschriebenen Adaption durch Fehlerpropagierung bei der Simulation künstlicher neuronaler Netzwerke überhaupt gerechtfertigt erscheint. Trotz allem bleibt die Situation hinsichtlich von Adaptionsstrategien zur Zeit unbefriedigend. Alternative Lernverfahren, wie z.B. das Cascade-Correlation Modell (vgl. Fahlman/ Lebiere 1990) bei dem zur Laufzeit neue Verarbeitungselemente dem Netz hinzugefügt werden, scheinen keinen entscheidenen Erfolg zu garantieren, da hier eine verbesserte Lernrate und Generalisierungsfähigkeit zu Lasten des späteren Abrufs von Daten geht. So kann denn auch der Versuch, mit genetischen Algorithmen die optimalen Parameter für künstliche neuronale Netzwerke bestimmen zu wollen[79], als ein Ausdruck der Unzufriedenheit mit bestehenden Adaptionsverfahren angesehen werden.

## 4.5 Klassen künstlicher neuronaler Netze

Künstliche neuronale Netzwerke lassen sich hinsichlich ihrer Topologie in verschiedene Klassen einteilen, von denen einige bereits im Zusammenhang mit dem Backpropagation-Verfahren angesprochen wurden. Generell kann zwischen *Feedforward-* und *Feedback-Netzen* unterschieden werden. Feedforward-Netze sind dadurch gekennzeichnet, daß sich eine Ausbreitung der Aktivierung über das Netzwerk nur in eine Richtung fortsetzt, es sich also ausschließlich um unidirektionale Verbindungen handelt. Charakteristisch hierfür sind solche Netze, die sich aus verschiedenen vollvernetzten Schichten zusammensetzen, bei denen jedes Element einer Schicht mit jedem Element der Folgeschicht verbunden ist. Bei teilvernetzten Schichten wird diese Bedingung nicht erfüllt. Abbildung 4.17 zeigt u.a. Feedforward-Netze, die jeweils eine voll- und

---

[79] Vgl. hierzu den Sammelband von Albrecht et al. 1993, bzw. die Arbeiten von Game/James 1993 und Nagao/Agui/Nagahashi 1993.

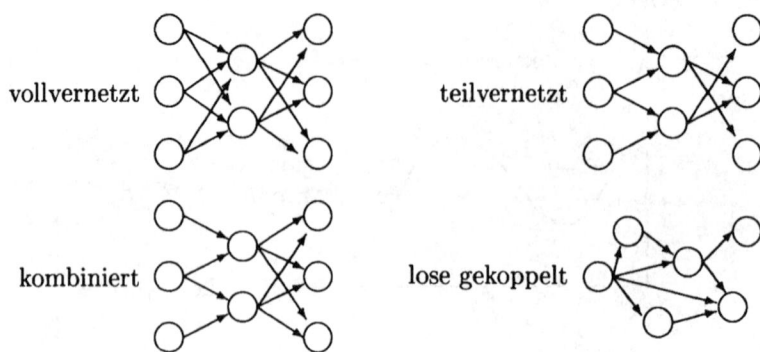

Abb. 4.17: Verschiedene Feedforward–Topologien

teilvernetzte Struktur besitzen. Wie aus der Abbildung zu entnehmen ist, sind jedoch auch Netzwerktopologien möglich, die eine Kombination aus Teil- und Vollvernetzung zulassen, bzw. lediglich eine lose Kopplung aufweisen. Backpropagation–Netzwerke werden auch zu den Feedforward–Netzen gezählt, obwohl ein Fehler entlang der Verbindungen rückwärts durch das Netz propagiert wird. Das entscheidende Kriterium ist hier der Abruf von Daten bei einem fertig trainierten Netz, bei dem Eingabemuster die Aktivierungen vorwärts durch das Netz propagieren.

Feedback–Netzwerke zeichnen sich durch rekurrente Verbindungen aus. Abbildung 4.18 zeigt ein solches lose gekoppeltes Feedback–Netz. Vielfach werden rekurrente Ver-

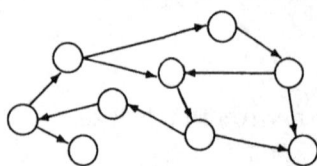

Abb. 4.18: Ein lose gekoppeltes Feedback–Netzwerk

bindungen auch in Schichten–Netzwerken verwendet. Ein bekanntes Beispiel hierfür sind die sogenannten *Jordan–Netze* (vgl. Jordan 1986), in denen eine Rückkopplung von Aktivierungsmustern einer Schicht auf eine vorhergehende Schicht stattfindet (vgl. Abbildung 4.19). Der Vorteil solcher rückgekoppelten Netze besteht in deren Fähigkeit, bereits berechnete Muster der Ausgabeschicht als „Kontext" zusammen mit einer neuen Eingabe in das Netzwerk einspeisen zu können, wodurch dieses Modell über ein begrenztes „Gedächtnis" bezüglich eingegebener Sequenzen verfügt[80]. Dabei werden Elemente der Ausgabeschicht mit 1:1-Verbindungen, die meist eine feste Gewichtung aufweisen und nicht trainierbar sind, auf eine Kontextschicht abgebildet. In Kontext-

---

[80] Aus diesem Grund werden sie auch als „sequentielle Netze" bezeichnet.

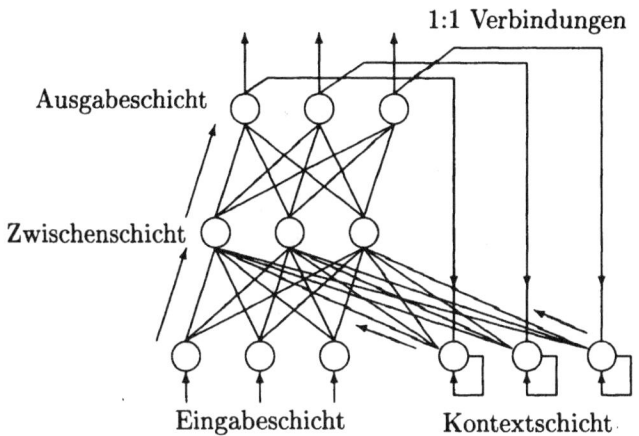

Abb. 4.19: Ein Jordan–Netzwerk

und Ausgabenschicht muß daher die gleiche Anzahl an Verarbeitungselementen vorhanden sein. *Elman–Netze* (vgl. Elman 1990) arbeiten nach einem ähnlichen Verfahren. Zur Vermeidung von Rückkopplungseffekten ist hier die Zwischen- statt der Ausgabeschicht mit der Kontextschicht verbunden. Außerdem existieren keine rückgekoppelten Verbindungen in der Kontextschicht. Somit bildet nicht das Ausgabemuster den Kontext, sondern netzinterne Muster der Zwischenschicht.

Bei den bidirektionalen Verbindungen, die im „Jets-und-Sharks" Modell von McClelland/Rumelhart (1988:39ff.) zu sehen sind (vgl. auch Abb. 4.9), handelt es sich nicht um einzelne, sondern um zwei unterschiedliche Verbindungen, die jeweils eigene Einträge in der Konnektionsmatrix vorweisen[81]. Folglich können solche „bidirektionalen" Verbindungen unterschiedliche Gewichtungen für ein- und auslaufende Konnektionen besitzen. Die rekurrenten Verbindungen sind dabei an dem Eintrag in der unteren Dreiecksmatrix zu erkennen.

Wie bereits schon mehrfach angesprochen wurde, existieren für künstliche neuronale Netzwerke neben unterschiedlichen Topologien und Lernstrategien zum Teil stark voneinander abweichende Modelle mit eigenen Aktivierungs- und Propagierungsfunktionen. *Einfache lineare Modelle* sind dadurch charakterisiert, daß es sich bei ihnen um einstufige Netze handelt, die nur aus Ein- und Ausgabeschicht bestehen und hinsichtlich des Wertebereiches der Aktivierung keinerlei Beschränkungen unterworfen sind. Die Aktivierungsfunktion berücksichtigt alle gewichteten Eingaben des jeweils betreffenden Elements.

$$a_i(t+1) = \sum_j w_{ij} \cdot a_j(t)$$

Wie aus dieser Rechenvorschrift zu entnehmen ist, wird die Ausgabe eines Elements durch die Identitätsfunktion bestimmt. Der Ausgabewert ist somit identisch mit dem

---

[81] Gleiches gilt auch für die Konnektionen im Modell von Waltz/Pollack 1985.

Aktivierungszustand und wird nicht über eine Schwellwertfunktion ermittelt. Wie Rumelhart/Hinton/McClelland (1986:62) nachweisen, kann alles, was von dem einfachen linearen Modell in mehreren Schritten berechnet wurde, auch in einem Schritt berechnet werden. Kommt die Hebbsche Lernregel in einem solchen linearen Modell zum Einsatz, so handelt es sich um einen *linearen Assoziierer*. Lernen erfolgt somit mittels Muster–Assoziation (vgl. Anderson 1970 und Kohonen 1977).

Im Unterschied zu dem einfachen linearen Modell sind *lineare Schwellwert–Elemente* durch die Verwendung einer Schwellwertfunktion für den neuen Aktivierungszustand gekennzeichnet. Übersteigt die Aktivierung in einem Element einen Schwellwert $\theta$, dann ist der neue Aktivierungszustand dieses Elements 1, in allen anderen Fällen hingegen 0. Da auch hier zur Ausgabe die Identitätsfunktion zum Einsatz kommt, beträgt der Ausgabewert 0 oder 1. Das bereits in Abbildung 4.1 (vgl. S.59) dargestellte X–OR Netzwerk besteht – wie auch das schon eingangs diskutierte Perzeptron–Modell nach Rosenblatt (1962) – ebenfalls aus linearen Schwellwert–Elementen und kann mit der Delta–Regel trainiert werden. Folglich findet hier das Perzeptron–Konvergenz–Theorem seine Anwendung, welches besagt, daß wenn eine Menge von Mustern durch das Perzeptron gelernt werden kann, die Gewichte für alle Eingabemuster im System auch durch die Delta–Regel ermittelt werden können. Erweitert man Netzwerke mit linearen Schwellwertelementen um Zwischenschichten, dann kann das System, entsprechende Gewichtungen vorausgesetzt, auch nicht–linear separierbare Muster verarbeiten. Allerdings ist es dem Netzwerk nicht möglich, solche Muster mittels der Deltaregel zu adaptieren, weil bei dieser Regel keine Lerneingabe für die Zwischenschicht existiert[82]. Auch der Einsatz des Backpropagation–Verfahrens ist nicht möglich. Der Grund hierfür liegt in der linearen Aktivierungsfunktion, über die keine Ableitung im Sinne des Backpropagation–Algorithmus gebildet werden kann, da die Aktivierungsfunktion für die Fehlerpropagierung logistisch sein muß.

Ein weiterer interessanter Ansatz ist das *Brain State in A Box* Modell (= BSB) nach Anderson (1977), Anderson et al. (1977) und Anderson/Mozer (1981). Für dieses Netzwerkmodell wird ein $n$–dimensionaler Würfel angenommen, bei dem jedes Verarbeitungselement durch eine Dimension repräsentiert wird. Abb. 4.20 zeigt einen 3–dimensionalen Würfel (frei nach Rumelhart/Hinton/McClelland 1986:67) mit 3 Verarbeitungseinheiten. Die erste Dimension (auf der $x$–Achse) beschreibt den Aktivierungszustand des ersten Elements, die zweite Dimension ($y$–Achse) den des zweiten und die dritte Dimension ($z$–Achse) den Aktivierungszustand des dritten Verarbeitungselements. Jedes Element in diesem Netzwerk ist mit jedem anderen verbunden, d.h., daß es sich um ein vollverknüpftes Netz handelt. Hinsichtlich der Aktivierung können alle Elemente einen Wert innerhalb des Intervalls von $[-1, 1]$ einnehmen. Konkret bedeutet dies, daß die Aktivierung des gesamten Netzes sich immer im Zustandsraum des $n$–dimensionalen Würfels befindet. Als Aktivierungsfunktion wird gewöhnlich

$$a_i(t+1) = a_i(t) + \sum_j w_{ij} \cdot a_j(t)$$

---

[82] Vgl. hierzu auch Dorffner 1991:96ff.

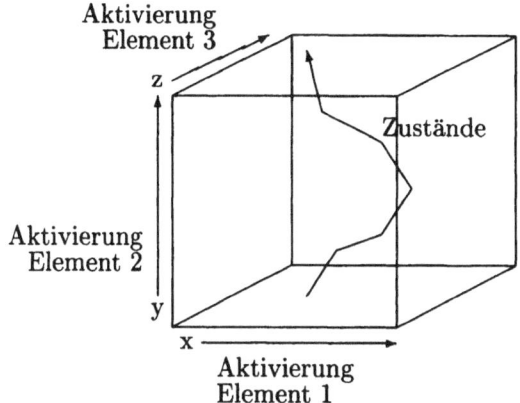

Abb. 4.20: Brain State in a Box

eingesetzt[83]. Die gewichtete Gesamteingabe für jedes Element addiert sich zu dem bereits vorhandenen Aktivierungszustand und resultiert in dem neuen Aktivierungswert. Die Ausgabefunktion ist auch hier wieder die Identitätsfunktion. Aktivierungszustände, die aus dem zugelassenen Intervall herausfallen, werden auf das jeweilige Maximum oder Minimum zurückgesetzt. Als Lernverfahren kommt in diesem Modell die Hebbsche Lernregel bzw. die Delta–Regel zum Einsatz (vgl. auch Rumelhart/Hinton/McClelland 1986:68).

*Thermodynamische Modelle*, wie die *Boltzmann–Maschine* (vgl. Ackley/Hinton/ Sejnowksi 1985 und Hinton/Sejnowski 1986) oder die sogenannte *Harmony–Theorie* (vgl. Smolensky 1986) verwenden stochastische sigmoide Aktivierungsfunktionen, die über einen Parameter $T$ (für: Temperatur) verfügen, welcher das Ansteigen der Aktivierung in dem betreffenden Verarbeitungselement regelt. Je weiter $T$ gegen 0 strebt, desto steiler steigt der Aktivierungsgrad an. Aus diesem Grund werden Aktivierungsfunktionen wie

$$p(a_i(t) = 1) = \frac{1}{1 + e^{-(\sum_j wij \cdot a_j(t) + ext_i - \theta_i)/T}}$$

als probabilistische Funktionen bezeichnet (vgl. auch Rumelhart/Hinton/McClelland 1986:68). Der konkrete Aktivierungszustand eines Elements wird hierbei auch über die externe Eingabe $ext_i$ und den Schwellwert $\theta_i$ bestimmt. Thermodynamische Modelle arbeiten mit binären Verarbeitungselementen, die entweder 0 oder 1 als Aktivierungswert einnehmen. Das Netzwerk ist vollverknüpft und weist *visible units* auf, die mit den Elementen der Ein- und Ausgabeschicht aus bereits vorgestellten Modellen korrespondieren. Die sogenannten *hidden units* entsprechen den Elementen in den Zwischenschichten. Die Verbindungen aller Elemente untereinander sind in thermodynamischen Modellen allerdings symmetrisch. Der Gesamtzustand des Systems, die

---

[83] Hinsichtlich einer modifizierten Version, der *Generalized Brain State in a Box* vgl. Golden 1994.

sogenannte *Energie*, wird durch durch die Funktion

$$E = - \sum_j w_{ij} \cdot a_j(t) \cdot a_i(t) + \sum_i \theta_i \cdot a_i(t)$$

ermittelt (vgl. auch Kemke 1988:22)[84]. Erhält das Netzwerk nun externen Input, so erhöht sich dessen Gesamtenergie. Da das System bestrebt ist, hinsichtlich der Energie einen harmonischen Zustand einzunehmen, d.h. ein Gleichgewicht im Netz zu erlangen, wird die Gesamtenergie solange minimiert, bis ein Zustand gefunden ist, der sich mit der neuen Eingabe vereinbaren läßt.

Das sogenannte *Grossberg–Modell* (vgl. Grossberg 1980 und Rumelhart/Hinton/McClelland 1986:70) zeichnet sich durch die Verwendung eines Abschwellfaktors $d$ in der Aktivierungsfunktion aus. Wie der Funktion

$$a_i(t+1) = a_i(t) \cdot (1-d) + (max - a_i(t)) \cdot net_i^+(t) - (a_i(t) + min) \cdot net_i^-(t)$$

zu entnehmen ist, finden ebenso Grenzwerte für einen maximalen und minimalen Aktivierungszustand (*min* und *max*) ihre Verwendung. Die mit $net^+$ und $net^-$ bezeichneten Funktionen drücken jeweils die gesamten positiven oder negativen Eingaben für das betreffende Element aus. Findet nun die Aktivierung einer Einheit statt, so nähert sich der Wert der Obergrenze *max*, bzw. im Falle einer negativen Eingabe der Untergrenze *min*. Erhält das Verarbeitungselement nun keinen Input mehr, bewirkt der Abschwellfaktor $d$ ein langsames Absinken oder, bei negativem Zustand, ein Ansteigen der Aktivierung des Elements zu einem Ruhezustand hin, der den Wert 0 hat. Eine solches Abschwellverhalten ist primär biologisch motiviert, da die Aktivierung von Nervenzellen in biologischen neuronalen Netzen immer einen Ruhezustand anstrebt, der sich durch ein schwach negativ geladenes Feld im Inneren der Zelle ausdrückt. In künstlichen neuronalen Netzen besitzt das Verfahren der schrittweisen Reduzierung von Aktivierungszuständen den Vorteil, daß ein Verarbeitungselement nach seiner Aktivierung wieder einen Ruhezustand einnimmt und somit für neue Eingaben frei ist.

McClelland/Rumelhart (1981 und Rume./McCl. 1982) entwickelten das *Interactive Activation Modell* (= IAC) im Zusammenhang mit einem Programm zur Erkennung von Buchstaben[85]. Wie schon im Grossberg–Modell, sind auch hier positive und negative Grenzwerte für die Aktivierung vorgesehen. Die Aktivierungsfunktion

$$a_i(t+1) = a_i(t) \cdot (1-d) + \left\{ \begin{array}{l} net_i(t) \cdot (max_i - a_i(t)) : \text{ falls } net_i(t) > 0 \\ net_i(t) \cdot (a_i(t) - min_i) : \text{ falls } net_i(t) \leq 0 \end{array} \right\}$$

ist zweistufig aufgebaut, da zwischen positiver und negativer Gesamteingabe unterschieden wird. Die Ausgabe erfolgt über eine Schwellwertfunktion. Der Ausgabewert ist dabei 0, wenn die Differenz aus Schwellwert und Aktivierungszustand $\leq 0$ ist, in allen anderen Fällen ist die Differenz selbst der Ausgabewert. Durch den Einsatz einer

---

[84] Die Indizierungen wurden hier verändert, um eine Übereinstimmung mit den bereits vorgestellten Funktionen zu gewährleisten.

[85] Vgl. auch Seite 64 dieser Arbeit.

Abschwellrate $d$ strebt auch der Aktivierungswert in diesem Ansatz gegen 0, falls keine Eingabe mehr erfolgt. Hinsichtlich der Netzwerktopologie bestehen im IAC-Modell negative Verbindungen zwischen allen Elementen eines Clusters (bzw. Pools) und ggf. zwischen Elementen benachbarter Schichten. Positive Konnektionen können jedoch nur zwischen den Elementen unterschiedlicher Schichten bestehen.

Während in den bisher vorgestellten Propagierungsfunktionen stets eine additive Verknüpfung der Eingabesignale für ein Verarbeitungselement vorgenommen wurde, sind die sogenannten *Sigma–Pi–Einheiten* (vgl. Rumelhart/Hinton/McClelland 1986:73) durch eine zusätzliche multiplikative Verknüpfung der Eingabesignale charakterisiert. Die Netzeingabe $net_i$ für ein Element bestimmt sich durch die Funktion[86]

$$net_i(t) = \sum_{j=1}^{p} w_{ij} \prod_{q=1}^{p_j} a_{j,q}(t)$$

$p$ bezeichnet hier die Anzahl der multiplikativ miteinander verbundenen Eingaben für das Element $i$, wohingegen $q_j$ diese einzelnen multiplikativen Verbindungen näher spezifiziert. Abbildung 4.21 zeigt zwei Gruppen von jeweils zwei multiplikativ verknüpften Elementen. Die gemeinsame Ausgabe beider Gruppen wird additiv als Eingabe für das

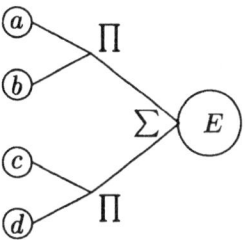

Abb. 4.21: Sigma–Pi–Einheiten

betreffende Verarbeitungselement verwendet. Der Vorteil solcher Sigma–Pi–Einheiten liegt in der Fähigkeit einzelner Elemente, bei einer Multiplikation mit 0 die Ausgabe der mit ihnen verknüpften Einheiten unterbinden zu können. Falls z.B. das Element $a$ aus Abbildung 4.21 eine Gewichtung von 0 vorweist, so kann durch die Multiplikation der Ausgabe von $b$ mit 0 das Verarbeitungselement $E$ über diesen „Ast" keine Eingabe erhalten. Ist der Wert von $a$ jedoch 1, dann bleibt die Ausgabe von $b$ unbeeinflußt. Durch eine Abstufung in der Gewichtung von $a$ kann eine beliebige Modulation der Ausgabe multiplikativ verknüpfter Elemente erfolgen.

Neben den hier beschriebenen Modellen existieren noch eine Vielzahl weiterer Ansätze, die sich der hier beschriebenen Adaptionsverfahren, Netzwerktopologien oder Aktivierungsstrategien bedienen. Einige Modelle, wie die *Adaptive Resonanz Theorie* (ART) (vgl. Carpenter/Grossberg 1987a und 1987b) oder das *Cascade-Correlation*

---

[86] Im Gegensatz zu additiven Verknüpfung durch $\sum$ beschreibt $\prod$ eine multiplikative.

Modell (vgl. Fahlman/Lebiere 1990) stellen in erster Linie modifizierte Lernstrategien bereit, während die schon angesprochenen Jordan– und Elman–Netze Netzwerktopologien für spezialisierte Aufgabengebiete entwerfen[87]. Hierunter fallen auch die sogenannten *time–delay* neuronalen Netze (TDNN) (vgl. Waibel et al. 1989), bei denen jedem Element der Eingabeschicht eine Menge von „Verzögerungseinheiten" (delays) zugeordnet ist, die den Aktivierungszustand einer Verarbeitungseinheit zu einem bestimmten Zeitpunkt repräsentieren. Durch eine Weiterschaltung innerhalb der Verzögerungsglieder ist es möglich, mit dieser Architektur zeitliche Verläufe in künstlichen neuronalen Netzen begrenzt festhalten zu können[88].

In der Kopplung und Integration künstlicher neuronaler Netze mit symbolverarbeitenden sequentiellen Architekturen besteht eine weitere Möglichkeit der Konstruktion informationsverarbeitender Systeme. Wie schon mehrfach angesprochen, liegt eines der Probleme künstlicher neuronaler Netzwerke in der Komplexität subsymbolischer Repräsentationen und interner Zustände. Unter den Gesichtspunkten der einfachen Manipulierbarkeit und der raschen Interpretation sind symbolische Systeme aus der Sicht des Anwenders einfacher und übersichtlicher gestaltet und daher leichter zu handhaben. Da eine von computationellen Gesichtspunkten unabhängige Theoriebildung immer symbolbasiert erfolgt, lassen sich hieraus gewonnene Regelmodelle und Kategorisierungen problemloser in traditionelle Verarbeitungsmodelle überführen. Wie hier bereits mehrfach festgestellt wurde, weisen künstliche neuronale Netzwerke gegenüber symbolischen Ansätzen eine Reihe von Vorteilen auf, wie z.B. Assoziations- und Generalisierungsfähigkeit oder Fehlertoleranz. Eine Kombination bzw. Integration beider Systemarchitekturen könnte nicht nur unter computationellen Gesichtspunkten Vorteile bringen. Da künstliche neuronale Netzwerke insbesondere im Bereich der Verarbeitung natürlicher Sprachen z.Z. noch Defizite zeigen, könnte eine Verbindung symbolischer und subsymbolischer Verarbeitungsstrategien in der Computerlinguistik helfen, einen Großteil der Probleme beider Systemarchitekturen zu überwinden, indem beobachtbare und in Regeln zu fassende Phänomene natürlicher Sprache in Systemen mit symbolischen und subsymbolischen Komponenten implementiert werden. Falls nach der Kombination beider Architekturen eine Integration auf globaler Ebene möglich ist, sollten sich einzelne Bereiche des Modells schrittweise parallelisieren lassen, um so von einem hybriden zu einem unifizierten Modell zu gelangen, das nur noch auf den Prinzipien der parallelen verteilten Verarbeitung basiert.

Erste Ansätze für solche hybriden Systeme finden sich beispielsweise bei Levin/Pieraccini/Bocchieri (1992), Lehnert (1990) oder Waibel et al. (1992). Wermter (1994) beschreibt einer Reihe möglicher hybrider Architekturen. Eine *lose Kopplung* ist dann gegeben, wenn separate symbolische und subsymbolische Komponenten über externe sequentielle Strukturen, wie z.B. Dateien, miteinander kommunizieren. Bei *eng*

---

[87] Gleiches gilt auch für die Klassen des reinforcement learning, wie z.B. das *Temporal Difference learning* (TD) (vgl. Sutton 1988, Dayan/Sejnowski 1992 oder Tesauro 1992).

[88] Zur Adaption von Gewichtungen in solchen time–delay Netzen vgl. auch Davenport/Day 1992. Eine Erweiterung dieser Netze (sog. Multi-State Time Delay Neural Networks) beschreiben Haffner/Waibel 1992.

*gekoppelten hybriden Systemen* erfolgt eine Kommunikation über interne Datenstrukturen. Eine *sequentielle Integration* ist dadurch gekennzeichnet, daß eine Interaktion durch einfache gleichartige Verarbeitungselemente (bzw. deren Verbindungsstrukturen) stattfindet. In diesem Fall muß die symbolnahe Komponente bereits über einfache Verarbeitungsprinzipien künstlicher neuronaler Netze verfügen, um Aktivierungen an Elemente der subsymbolischen Ebene weitergeben zu können. In einem *parallel integrierten hybriden System* gibt es nach Wermter (1994) keinen prinzipiellen Unterschied zwischen symbolischen und subsymbolischen Komponenten mehr. Die Kommunikation erfolgt in einem solchen System über eine parallele Ausbreitung von Aktionsimpulsen.

Auch wenn hybride Systeme z.Z. noch als heuristisch organisierte Architekturen bezeichnet werden müssen, bieten sie die Möglichkeit, effiziente Informationsverarbeitungssysteme zu entwerfen und dabei symbol- und regelbasierte Verarbeitungsstrategien sowie diskrete symbolische Datenstrukturen schrittweise in konnektionistische Architekturen überführen zu können. Hybride Systeme sind allerdings vielfach technisch motiviert und oft ohne psychologische Erklärungskomponente. Dennoch bieten sie dort, wo noch keine detaillierten Aussagen über subsymbolische Repräsentationen möglich sind, wichtige Zwischenformen und stellen erste Meilensteine auf dem Weg zu vollständig verteilten und parallel arbeitenden Systemenarchitekturen dar.

# 5 Konnektionistische Sprachverarbeitung

## 5.1 Grundsätzliche Überlegungen

Es stellt sich nun die entscheidende Frage, ob künstliche neuronale Netzwerke tatsächlich *die* Alternative zu symbol- und regelbasierten Verarbeitungsmodellen in der Computerlinguistik darstellen. Bezogen auf den aktuellen Forschungsstand kann diese Frage nur mit einem unmißverständlichen „Jein" beantwortet werden. Während Ansätze in der Linguistik und Computerlinguistik bereits auf eine lange Tradition zurückblicken können, ist der neuere Konnektionismus eine relativ junge Disziplin, bei der das Gebiet der Verarbeitung natürlicher Sprachen nicht unbedingt im Mittelpunkt des Interesses steht. Der neuere Konnektionismus ist ein interdisziplinäres Gebiet, das sich aus unterschiedlich orientierten Forschungsrichtungen, wie der Informatik, Physik, Mathematik, Neurobiologie, Medizin, Psychologie und auch aus Linguistik und Computerlinguistik zusammensetzt.

Die überwiegende Zahl computationell realisierter künstlicher neuronaler Netze finden ihre Anwendung im Bereich der visuellen Mustererkennung, der Robotik und in der Steuerung von Prozessen, d.h. überall dort, wo eine große Anzahl von Parametern den Zustand eines Systems determinieren und fehlertolerantes Verhalten gefordert ist. Die konkrete Ausprägung von Aktivierungsmustern und die adaptierten Gewichtungen sind in solchen Systemen von untergeordnetem Interesse, da nur das Gesamtverhalten im konkreten Einsatz zählt. Hinsichtlich einer Vielzahl von zu berücksichtigenden Parametern bieten sich künstliche neuronale Netze auch für die Verarbeitung natürlicher Sprachen an. Im Gegensatz zu Mustererkennungsverfahren bei visuellem Input oder beim Einsatz in der Robotik gestaltet sich die Verarbeitung natürlicher Sprache aufgrund der Interaktion unterschiedlicher Kenntnissysteme weitaus schwieriger, was insbesondere die Computerlinguistik vor größere Probleme stellt, da sie historisch gesehen enger mit der sequentiellen und symbolischen Datenverarbeitung in Von-Neumann-Architekturen verknüpft ist, als mit der Strategie paralleler verteilter Prozesse, wie sie in biologischen neuronalen Netzen zu beobachten ist.

Unsere Vorstellung von Sprache ist zunächst neutral hinsichtlich ihrer Prozeßarchitektur. Eine sprachliche Äußerung kann bezüglich ihrer Form strukturell repräsentiert oder mit Blick auf ihren Inhalt durch konzeptuelle Repräsentationen beschrieben werden. Eine Aufgabe der Computerlinguistik ist es somit, unter Zuhilfenahme struktureller und konzeptueller Repräsentationen die Prozesse der Sprachanalyse und -generierung zu formulieren[89]. Bezogen auf eine parallele verteilte Architektur der Informationsverarbeitung gilt es zunächst, klassische Datenstrukturen, wie Regeln und Bedingungen, im Sinne einer interaktiv–vernetzten Systemarchitektur zu

---

[89] Nach H. Schnelle anläßlich eines Vortrags „Wortvernetzung in Computer und Gehirn" im Rahmenprogramm der GLDV–Herbstschule „Corpusanalyse", Bonn, September 1995.

re-interpretieren. Konstituentenstrukturen, Wohlgeformtheitsbedingungen oder kategoriale Eigenschaften müssen sich vor dem Hintergrund konnektionistischer Verfahren
und Repräsentationen neuer Ausdrucksformen bedienen. Übersetzt in die Termino-
logie symbolbasierter Verarbeitung läßt sich z.B. die im Zusammenhang mit dem
„Jets-und-Sharks" Modell vorgestellte Unterteilung in Instanzen und zugeordneten
Merkmalen sowie die Gruppierung gleicher Eigenschaften zu Pools (bzw. Clustern)
als eine Merkmalshierarchie interpretieren. In diesem Sinne sind auch Netzwerkrepräsentationen, wie sie für den Eintrag _Buch in Abbildung 4.12 (vgl. S.69) und für
_das in Abbildung 4.13 (vgl. S.69) dargestellt wurden, als grammatisches Schema zu
re-interpretieren. Umgekehrt kann auch ein sequentielles Codierungsverfahren, wie die
auf Seite 69 zu sehende feature structure, als Selektionsschema für Eigenschaften in
künstlichen neuronalen Netzen verstanden werden. Die Formulierung einer Grammatik sollte folglich auch durch graphische Strukturen – welche mit den Prozeßstrukturen
konnektionistischer Systeme korrespondieren – anstatt in Form von Regeln möglich
sein, wobei der Berechnung eines Ergebnisses durch sequentielle Regeln eine Selektion
von Merkmalen durch die Prinzipien von Aktivierung und Hemmung entspricht. Regeln müssen dabei in Form von Regularitäten in Netzwerkmodellen ausdrückbar sein.
Im umgekehrten Fall sollten Regularitäten, die sich bei der Verarbeitung in künstlichen neuronalen Netzen zeigen, in Form fester Regeln in die linguistische Theoriebildung einfließen. Eine solche Interaktion von Grammatiktheorie und konnektionisten
Modellen könnte einerseits neue Erkenntnisse für die Linguistik hervorbringen, andererseits aber auch den empirischen Gehalt der bisherigen symbolorientierten Linguistik erhalten und in die Modelle der parallelen verteilten Informationsverarbeitung
integrieren.

In diesem Zusammenhang stellt sich bereits die Frage nach dem Zweck der Modellierung und Simulation von Sprachverarbeitungsprozessen durch künstliche neuronale
Netzwerke. In der hier beschriebenen Weise ist er einerseits in der Falsifizierung oder
Verifizierung von Grammatikmodellen, bzw. in deren Erweiterung zu sehen. Andererseits zielt er auf die Konstruktion sprachverarbeitender Systeme in der Computerlinguistik und KI ab. Eickmeyer/Schade (1994:1) gehen sogar noch einen Schritt weiter,
indem sie konnektionistische Modelle der Sprachverarbeitung unter der Zielrichtung
betrachten,

... nach der kognitive Prozesse, und als solche werden hier Sprachverarbeitungsprozesse
betrachtet, so zu modellieren sind, daß die Modelle nicht nur dem Ergebnis, sondern auch
dem Prozeßablauf nach, den modellierten kognitiven Prozeß widerspiegeln.

Der hier angesprochene „Prozeßablauf" sollte aber im Sinne einer Abstraktion der
Verarbeitungsprinzipien kognitiver Systeme verstanden werden. Jegliche Forderungen
nach einer 1:1 Entsprechung sind aufgrund der heute noch nicht vollständig geklärten
Mechanismen der Informationsverarbeitung in biologischen Systemen äußerst kritisch
zu bewerten. Eickmeyer/Schade (1994) nehmen vom linguistischen Standpunkt ausgehend eine Einteilung konnektionistischer Modelle nach den Gebieten Spracherwerb,
Sprachverstehen und Sprachproduktion vor. Unter linguistischen Gesichtspunkten erscheint eine solche Unterteilung jedoch zu eng und lediglich vom Standpunkt einer

Sprachpsychologie aus gerechtfertigt, wie Eickmeyer/Schade (1994) ihn vertreten. Eine umfassendere Betrachtungsweise sollte mehr nach den Gesichtspunkten des Gegenstandsbereiches erfolgen und in seiner Einteilung den klassischen Gebieten der Linguistik (z.B. Syntax, Semantik, Phonologie usw.) entsprechen. Da sich in jedem Falle Überschneidungen der einzelnen Teilbereiche ergeben, stellt sich die Frage, ob eine prozeßorientierte Sichtweise künstlicher neuronaler Netze im konkreten Falle nicht angebrachter wäre. Unter computationellen Gesichtspunkten kann zwischen der Adaption von Mustern und dem reaktiven Verhalten des Netzwerkes unterschieden werden. Die adaptive Phase ist durch Lernprozesse mit den hier beschriebenen Lernalgorithmen bzw. die manuelle Konstruktion solcher Netzwerke gekennzeichnet. In der reaktiven Phase findet lediglich eine Reaktion des Netzwerkes auf eingegebene Muster statt, ohne daß eine Veränderung hinsichtlich der Gewichtungen vorgenommen würde[90]. Dabei ist es gleichgültig, ob das Netzwerk mit seiner Ausgabe auf Sprache oder mit Sprache reagiert, d.h. nach der Aktivierung kategorialer Merkmale mit Oberflächenformen antwortet oder eine Aktivierung durch Oberflächenformen bestimmte Eigenschaftsmuster aufweist. Bezogen auf eine Methodologie bei der Modellierung von Sprachverarbeitungsprozessen impliziert dies, daß im Fall der Falsifizierung von Modellen künstlicher neuronaler Netze durch empirische Daten entweder eine Modifizierung der zugrundeliegenden linguistischen Theorie gefordert ist oder das Netzwerk in die adaptive Phase zurückgesetzt werden muß. Dabei kann es mitunter notwendig sein, nicht nur neue Gewichtungen zu adaptieren, sondern auch das gesamte Netzwerkmodell hinsichtlich seiner Architektur zu überarbeiten. In jedem Falle müssen sich künstliche neuronale Netze zur Sprachverarbeitung im ständigen Dialog mit der linguistischen Theorie und den zugrundeliegenden empirischen Daten befinden.

Im folgenden sollen nun einige Modelle stellvertretend für die verschiedenen Vorgehensweisen bei der Verarbeitung natürlicher Sprachen vorgestellt und auf ihre Vorzüge und Nachteile hin näher betrachtet werden, wobei die Auswahl unter den Gesichtspunkten der unterschiedlichen Netzwerkarchitekturen und Anwendungsbereiche erfolgte.

## 5.2 Das Past–Tense–Modell

Ein häufig diskutiertes Modell, welches beobachtbare empirische Fakten über das Lernen des englischen Past Tense bei Kindern in einem künstlichen neuronalen Netz nachzustellen versucht, ist das sogenannte *Past–Tense–Modell* von Rumelhart/McClelland (1986b). Ausgangspunkt dieses Modells ist die Beobachtung, daß Kinder während des Spracherwerbsprozesses im Englischen gelegentlich fehlerhafte Past-Tense-Formen wie z.B. *goed* oder *camed* produzieren, obwohl diese Muster nicht vorgegeben werden (vgl. Bowerman 1982, Bybee/Slobin 1982 und Kuczaj 1977). Solche Übergeneralisierungen zeigen sich in aller Regel nur dann, wenn Kinder bereits den Umgang mit korrekten

---

[90] Eine Ausnahme bilden nur die schon erwähnten permanent adaptierenden Netzwerke.

Formen unregelmäßiger Verben gelernt haben. Im weiteren Verlauf des Spracherwerbsprozesses wird dann der richtige Gebrauch von regelmäßigen und unregelmäßigen Verben hinsichtlich ihrer Past-Tense-Formen erworben (vgl. Plunkett/Sinha 1991). Konkret bedeutet dies, daß im linguistischen Kenntnissystem sowohl Vorschriften als auch Ausnahmen davon realisiert sein müssen. In der generativen Grammatik wird die Position vertreten, wonach in der menschlichen Kognition explizite Regeln für den Erwerb und die Verarbeitung von Sprache vorhanden sind, die auch die hier beschriebenen Phänomene abdecken. Dabei handelt es sich um das sogenannte *Language Acquisition Device* (= LAD; vgl. Pinker 1984), in dem angeborenes sprachliches Wissen in Form einer Universalgrammatik neuronal verankert sein soll.

Mit ihrem Past-Tense-Modell wenden sich Rumelhart/McClelland (1986b) gegen diesen Ansatz, weil ihrer Auffassung nach der Erwerbsmechanismus nicht explizit verankert ist, aber explizit beschrieben werden kann. Ein künstliches neuronales Netzwerk soll nun zeigen, wie ein solcher Erwerbsmechanismus ohne Rückgriff auf explizite Regeln oder diskrete Symbolstrukturen erfolgt. Zur Repräsentation von Verben und den zugehörigen Past-Tense-Formen bedienen sich Rumelhart/McClelland (1986b) sogenannter *Wickelphones*, die auf Wickelgren (1969) zurückgehen. Dabei handelt es sich um kontextsensitive phonologische Einheiten, die in Form von Triplets, bestehend aus einem Vorgängerphonem $_\#k_a$, dem eigentlichen Phonem $_ka_t$ und einem Nachfolgephonem $_at_\#$, codiert sind[91]. Jedes Element dieses Triplets enthält intern 10 Einheiten (plus ein Element für die Wortgrenze), so daß sich ein Wickelphone ingesamt aus 33 Einheiten zusammensetzt. Da für die Repräsentation eines Wickelphones hinsichtlich der Kombinatorik bei $11 \cdot 10 \cdot 11$ Einheiten[92] eine Menge von 1210 Verarbeitungseinheiten für das Netzwerk nötig wären, reduzieren Rumelhart/McClelland (1986b) ein einzelnes Wickelphone auf 16 *Wickelfeatures*, wobei sich jedes einzelne dieser Wickelfeatures aus 4 Merkmalen für das Vorgängerphonem (Interrupted, Back, Stop und Unvoiced), 4 Merkmalen für das zentrale Phonem (Vowel, Front, Low oder Long) und 4 für den nachfolgenden Kontext (Interrupted, Front, Nasal und Voiced) zusammensetzt. Durch den Ausschluß redundanter Kombinationen und die Codierung durch Wickelfeatures sind insgesamt nur noch 460 von ursprünglich 1210 Merkmalsdetektoren für die Repräsentation von Wickelphones notwendig.

Die so gewonnenen Wickelfeatures sind jedoch nur für die interne Verarbeitung im Netzwerk von Bedeutung. Das konkrete Modell besteht aus vier Schichten, wobei allerdings nur zwischen der zweiten und dritten Schicht modifizierbare Verbindungen bestehen (vgl. Abbildung 5.1[93]). Somit handelt es sich um ein einstufiges Netzwerk, was unserer Definiton eines Pattern Associators entspricht und gemäß dem Perzeptron-Konvergenz-Theorem mittels der Delta-Regel trainiert werden kann. Die Eingabe in das Netzwerk erfolgt über Wickelphones in der ersten Schicht. Über feste, nicht modifizierbare Verbindungen werden Wickelphones in Wickelfeatures codiert. Der Adaptions- und Verarbeitungsprozeß findet dann zwischen der zweiten und dritten Schicht des Netzwerks statt, die den eigentlichen Pattern Associator bilden. Hier

---

[91] Das Symbol # zeigt hierbei die Wortgrenze an.

[92] Die Codierung der Wortgrenze ist für das mittlere Phonem redundant.

[93] Nach Rumelhart/McClelland 1986b:222.

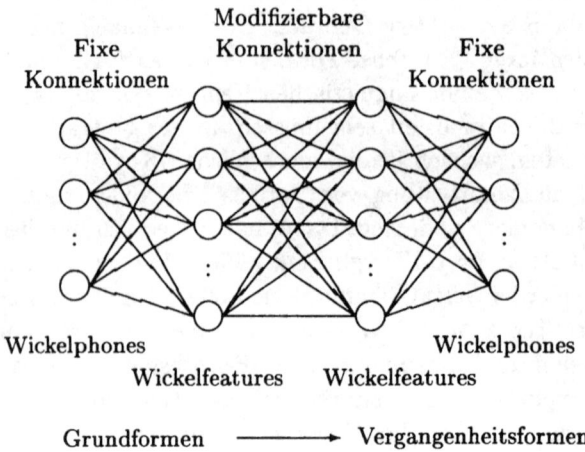

Abb. 5.1: Netzwerkarchitektur des Past–Tense–Modells

werden die Grundformen der Verben in die Past-Tense-Formen überführt. Zwischen der dritten und vierten Schicht bestehen wiederum feste Verbindungen, durch die sich die Wickelfeature–Repräsentation des Past Tense wieder zu Wickelphones decodieren lassen.

Entsprechend dem Adaptionsverfahren durch die Delta–Regel wurden dem Modell Stammformen präsentiert, bei denen ein an der Ausgabeschicht anliegendes korrektes Muster als Lerneingabe fungierte. Im Falle der Abweichung vom erwarteten Ergebnis in der Ausgabeschicht erfolgte eine Modifizierung der internen Gewichtungen des Netzes durch ein Fehlersignal. Die Adaption der korrekten Past-Tense-Formen wurde dann in drei voneinander getrennten Phasen vorgenommen. Die erste Phase bestand aus 10 Lernabschnitten, in denen Rumelhart/McClelland (1986b) das Netzwerk mit 10 hochfrequenten Verben trainierten. Diese Phase sollte mit dem Lernverhalten von Kindern korrespondieren, denen zunächst nur ein geringer Input zur Verfügung steht, der ebenfalls aus hochfrequenten und zumeist unregelmäßigen Verben besteht. Weil es sich hierbei um den Erwerb von Vollformen handelt, sind auch keine Regeln nachweisbar. In der zweiten Phase wächst der Wortschatz des Kindes sehr stark an. Da die meisten Formen hiervon regelmäßig sind, bildet sich die Tendenz zur Regularisierung aus. Dies ist damit zu erklären, daß Regelmäßigkeiten im Input erkannt werden. In dieser Phase kommt es häufig zu Übergeneralisierungen, die sich in der Bildung von Formen wie *go+ed* ausdrücken (vgl. Kuczaj 1977). In bis zu 190 Zyklen trainieren Rumelhart/McClelland (1986b) das Netzwerk mit 420 mittelfrequenten Verben[94]. Dabei begann das System auf die in Phase 1 noch richtig gebildeten regelmäßigen Verben verstärkt mit Fehlern zu reagieren. Auch hier zeigte sich eine Tendenz zur Übergeneralisierung, die jedoch mit fortschreitendem Training geringer wurde. Im Spracherwerbsprozeß von Kindern läßt sich in einer dritten Phase feststellen, daß

---

[94] Zu den verschiedenen Typen von Verben vgl. Rumelhart/McClelland 1986b:245ff.

sich die in Phase 1 erlernten Verbformen wieder eindeutig ausbilden, andererseits jedoch hatten sie das Prinzip zur Bildung neuer Formen adaptiert. Zur Simulation dieser dritten Phase wurden in mehr als 190 Zyklen dem Netzwerk 86 neue niederfrequente Verben ohne die korrekten Lerneingaben dargeboten. Hierbei konnten 92 Prozent der Wickelfeature–Repräsentationen aller regelmäßigen und 84 Prozent der Wickelfeature–Repräsentationen aller unregelmäßigen Verben korrekt gebildet werden (vgl. Rumelhart/McClelland 1986b:261).

Im groben stimmt das Past-Tense-Modell von Rumelhart/McClelland (1986b) mit beobachtbaren empirischen Phänomenen des Spracherwerbs überein. Die wesentliche Leistung des Modells besteht jedoch in dem Nachweis, daß ein solcher Erwerb ohne Zuhilfenahme expliziter Regeln durchführbar ist. Damit steht das Modell im krassen Widerspruch zu den Annahmen der klassischen symbol- und regelorientierten Sprachverarbeitungstheorien, insbesondere die der generativen Grammatik in der Tradition von Chomsky. Vor diesem Hintergrund wurde beispielsweise von Pinker/Prince (1988:79) das Fehlen expliziter Regeln beim Erwerb der Past-Tense-Formen als ein entscheidender Nachteil des konnektionistischen Modells gewertet, obwohl gerade eine auf Regularitäten basierende Verarbeitung einem Modell fester expliziter Regeln überlegen zu sein scheint und sich zudem einer Informationsverarbeitungsarchitektur bedient, wie sie in biologischen Systemen und letztlich auch im menschlichen Gehirn zu beobachten ist. Explizite Regeln sind, wie schon eingangs ausführlich diskutiert, Kennzeichen einer sequentiellen symbolischen Von-Neumann-Architektur in Computern und Automaten.

Andere Einwände gegen das Past-Tense-Modell von Rumelhart/McClelland (1986b) betreffen das Fehlen einer morphologischen Komponente oder semantischen Informationen beim Lernprozeß. Wieder andere bemängeln, daß Kinder beim Erwerb des Past Tense nicht mit einer Lerneingabe konfrontiert werden, wie sie bei der Adaption mittels der Deltaregel ihre Verwendung fand. Ein weiterer Kritikpunkt besteht darin, daß bereits die Repräsentation in Form von Wickelfeatures eine weitgehende Beeinflussung des Lernprozesses darstellt (vgl. Lachter/Bever 1988). Alle diese Einwände betreffen jedoch nur Randaspekte des Ansatzes[95]. Wie schon erwähnt besteht die grundsätzliche Leistung des Modells in dem Nachweis, daß es prinzipiell möglich ist, durch Modelle der parallelen Informationsverarbeitung mit künstlichen neuronalen Netzwerken Regularitäten aus dem Datenmaterial extrahieren zu können und somit nicht auf explizite Regeln angewiesen zu sein. Zwar lassen sich das Verhalten und die Abhängigkeiten innerhalb des Netzwerkes in Form von Regeln beschreiben, doch sind diese nicht dessen Bestandteil, sondern vielmehr ein Ausdruck der Systematik im Eingabematerial, die das Netzwerk reflektiert.

Der konnektionistische Ansatz von Rumelhart/McClelland (1986b) ist von MacWhinney/Leinbach (1991) weiterentwickelt worden. Durch den Einsatz eines mehrstufigen Netzwerkes, eines erweiterten Trainingskorpus und die Verwendung des Backpropagation–Verfahrens gelang es, eine Vielzahl der gegen das Modell vorgebrachten Kritiken zu entkräften. Für das Deutsche entwickelten Westermann (1995) und We-

---

[95] Eine Übersicht bezüglich der gegen das Modell vorgebrachten Einwände präsentieren MacWhinney/Leinbach 1991.

stermann/Goebel (1995) ein Modell zur Adaption der Partizipienbildung, welches sich an die von Pinker (1991) vorgeschlagene dualistische Theorie anlehnt, wonach das Netzwerk aus einem symbolisch–regelverarbeitenden Kurzzeitgedächtnis sowie aus einem assoziativen phonologischen Lexikon besteht. Durch eine Auflösung der Regelkomponente in „Mikro–Regeln" und eine verstärkte Integration beider Speichermodelle (vgl. Westermann 1995:70) erfolgt der Nachweis, daß auch Regelprozesse in konnektionistischen Modellen implementiert werden können. In diesem Sinne stellt dieser Ansatz eine Erweiterung des Prinzips der „soft rules" bei Rumelhart/McClelland (1986b) dar[96].

## 5.3  Sentence Processing

Ein weiterer interessanter konnektionistischer Ansatz ist das *Sentence Processing Modell* von McClelland/Kawamoto (1986). Im Mittelpunkt dieses Ansatzes steht die Zuordnung von Konstituenten eines Satzes zu thematischen Rollen. Ein solche Zuordnung unterliegt verschiedenen Kriterien bzw. Beschränkungen (constraints). Wie das Beispiel (5–1) zeigt (nach McClelland/Kawamoto 1986:273), sind strukturelle Präferenzen oft stärker ausgeprägt als semantische Constraints.

(5–1)   The pencil kicked the cow.

Native Sprecher des Englischen neigen dazu, aufgrund der Wortstellung *the pencil* als Agens zu interpretieren. In bestimmten Fällen sind es jedoch semantische Constraints, die die Zuweisung einer Rolle bestimmen, wie McClelland/Kawamoto (1986:273) es an den folgenden Beispielen demonstrieren.

(5–2)   The boy broke the window.
(5–3)   The rock broke the window.

Die Semantik von *the boy* weist der Konstituente als Rolle Agens zu, während die Bedeutung von *rock* zu einer Auszeichnung als Instrument führt. Weitere Zuweisungskriterien wie z.B. die Flexion von Satzelementen oder Kontextinformationen werden von dem Modell allerdings nicht berücksichtigt, da das Englische im Gegensatz zum Deutschen keine ausgeprägte Flexion aufweist und hinsichtlich der adverbialen oder adnominalen Lesart der Präpositionalphrase in (5–4) nur ein situativer Kontext zur Interpretation beitragen könnte, das Modell von McClelland/Kawamoto (1986) aber lediglich Einzelsätze zuläßt.

(5–4)   The boy saw the girl with the binoculars.

---

[96] Zur Diskussion der konnektionistischen Auffassung von „Regeln" sei auf Dorffner (1991:229) verwiesen, der anhand des Past–Tense–Modells und einem als „NETZSPRECH" bezeichneten Netzwerk zum Erwerb von Ausspracheregeln für das Deutsche, welches eine Erweiterung des „NETtalk" Modells von Sejnowski/Rosenberg (1986 und 1987) darstellt, die unterschiedlichen Standpunkte aufzeigt.

Ziel des „Sentence Processing Modells" ist es, die Generalisierungsfähigkeit künstlicher neuronaler Netzwerke gezielt einzusetzen, um im Falle mehrdeutiger Wörter auch kontextuelle Informationen zur Bestimmung der Rolle heranzuziehen und außerdem Verbrahmen mit semantisch spezifizierten Argumentmustern aufzufüllen. Bei unbekannten Wörtern soll die Fähigkeit des Netzwerkes zur Generalisierung eine den bisher dargebotenen Mustern entsprechende Zuordnung bewirken.

Das Modell besteht aus zwei Mengen von Verarbeitungseinheiten, von denen die eine die Oberflächenstruktur („surface-structure") des Satzes repräsentiert, die andere hingegen dessen sog. Kasusstruktur („case-structure"). In der Adaptionsphase erfolgt die Eingabe, wie schon im Past–Tense–Modell von Rumelhart/McClelland (1986b), in Form von Paaren aus Oberflächenrepräsentation und damit korrespondierender Kasusstruktur als Lerneingabe. Gültige Oberflächenformen bestehen nur aus Folgen der Form:

- Subjekt Prädikat

- Subjekt Prädikat Objekt

- Subjekt Prädikat Objekt Präpositionalphrase

Die Kasusstruktur wird über relationale *head-realation-tail* Ausdrücke eingegeben, die für den Satz

(5–5)   The boy broke the window with the hammer.

die folgende Form haben (vgl. McClelland/Kawamoto 1986:286f):

- Broke Agent Boy

- Broke Patient Window

- Broke Instrument Hammer

Jedes einzelne Wort wird hierbei durch einen binären Merkmalvektor codiert, bei dem die Einträge mit einzelnen, sogenannten „Microfeatures" korrespondieren. Für Nomen und Verben werden verschiedene „Feature Dimensions" angenommen, die z.B. für Nomen aus HUMAN, SOFTNESS, GENDER usw. bestehen, für Verben hingegen aus DOER, CAUSE oder TOUCH, wobei jede Dimension mit unterschiedlichen Werten besetzt sein kann. HUMAN z.B. kann aus den Werten human und nonhuman, GENDER aus male, female und neuter bestehen, DOER, welches Aktoren spezifiziert, hingegen aus yes und no[97]. Die in den Merkmalsvektoren codierten Microfeatures werden nicht selbständig erworben, sondern durch manuelle Verknüpfung vorgegeben. Eindeutige Zuordnungen dieser Microfeatures zu Nomen und Verben erfolgen über den Eintrag der Zahl 1 in den Merkmalsvektor, was mit einer Gewichtung von 0.85 gleichzusetzen ist, bei fehlenden Zuordnungen wird nur ein Punkt verwendet (= 0.15). Im Falle der Mehrdeutigkeit eines Ausdrucks findet eine Eintragung von „?" für alle möglichen Microfeatures statt, was systemintern als eine Gewichtung von 0.5 interpretiert

---

[97] Zu einer genauen Übersicht vgl. McClelland/Kawamoto 1986:279ff.

wird. Da z.B. unter der Oberfächenform *bat* ein Baseballschläger (`bb-bat`) oder eine Fledermaus (`fl-bat`) verstanden werden kann und `fl-bat` hinsichtlich Genus Maskulinum ist, `bb-bat` aber Neutrum, sind im Merkmalsvektor von `bat` die betreffenden Vektorelemente mit „?" versehen. Die Microfeature–Repräsentation von Verben zeigt sowohl die generische als auch kontextuell verschiedene Lesarten (z.B. mit oder ohne Instrument) der jeweiligen Verbrahmen.

Für die Trainingsphase wurde ein Korpus von Sätzen generiert und dem Modell mit der zugehörigen korrekten Rollenstruktur dargeboten. Als Lernalgorithmus kam die Deltaregel und eine probabilistische Aktivierungsfunktion, die über ein modifizierbares Bias–Element die Tendenz eines Elementes hinsichtlich der Erhöhung seines Aktivierungsgrades ausdrücken kann, zum Einsatz. Nach 50 Trainingszyklen waren 85 Verarbeitungseinheiten von erwarteten 100 aktiv. Von 2500 Elementen, die keine Aktivierung zeigen sollten, wichen nur 15 von der Vorgabe ab. Im Falle der Eingabesätze

(5–6)   The dog broke the plate.

(5–7)   The hammer broke the vase.

(5–8)   The plate broke.

reagierte das Netzwerk erwartungsgemäß, indem über semantische Constraints die korrekten Rollen zugewiesen wurden, wobei die Satzstellung keine Auswirkung auf das Ergebnis hatte. In Beispiel (5–6) wurde *dog* als Agens und *plate* als Patiens interpretiert, in (5–7) *vase* als Patiens und *hammer* als Instrument. In Beispiel (5–8) hingegen erhielt *plate* die Rolle des Patiens zugewiesen. Sind beide Argumente des Verbrahmens aber semantisch gleichwertig, wie in (5–9) und (5–10), bestimmt die Satzstellung die Zuweisung der jeweiligen Rollen und interpretiert die erste NP als Agens des Satzes.

(5–9)    The girl hit the boy.

(5–10)   The boy hit the girl.

Bei unvollständigen Eingabesätzen zeigte das Modell die Tendenz, fehlende Rollen zu ergänzen.

(5–11)   The boy broke

(5–12)   The girl ate.

(5–13)   The man moved.

Im ersten Fall (5–11) erfolgte eine Aktivierung von Microfeatures, die ein unspezifiziertes zerbrechliches Objekt beschreiben, das `nonhuman`, `neuter` und `fragile` ist. Mögliche Objekttypen gehören alle in die Gruppe *furniture* (d.h. Elemente wie *plate*, *vase* oder *window*). Für den zweiten Satz erfolgte eine unspezifizierte Aktivierung des Microfeature `foot` als Patiens, während im dritten Beispiel *man* sowohl Agens als auch Patiens ist.

Die Auflösung lexikalischer Ambiguitäten erfolgte durch den Kontext, in dem diese Elemente auftreten. In den beiden Beispielsätzen

(5–14)   The chicken ate the carrot.

(5–15)   The man ate the chicken with the fork.

hat das System keine Probleme, die beiden unterschiedlichen Lesarten von *chicken* (`living-chicken` und `cooked-chicken`) voneinander zu trennen. So wird *chicken* in Beispiel (5–14) als belebtes Agens aufgefaßt, in Beispiel (5–15) hingegen als Patiens mit der Lesart `food`. Treten jedoch zusätzlich strukturelle Mehrdeutigkeiten auf, bzw. führt ein Homonym zur verschiedenen strukturellen Interpretationsmöglichkeiten, dann zeigt das Netzwerk ungewöhnliche Reaktionen.

(5–16)   The lion ate the chicken.

(5–17)   The wolf ate the chicken.

(5–18)   The bat broke the window.

In (5–16) wird *chicken* als `living-chicken` aufgefaßt, da dieser Satz Bestandteil der Trainingskorpus war. Anders verhält es sich aber im zweiten Beispiel. Auch hier ist *chicken* Patiens, jedoch mit dem Unterschied, daß eine Aktivierung der Microfeatures die Lesart `food` (im Sinne von `cooked-chicken`) impliziert. Der Grund liegt an dem Umstand, daß im Kontext des „essen" `cooked-chicken` öfter als Patiens dargeboten wurde. Folglich wird in diesem Kontext durch das Netzwerk eine Generalisierung vorgenommen, durch die das Patiens `living-chicken` stärker zur Bedeutung von `cooked-chicken` hin verschoben wird. In Beispiel (5–18) ist *bat* (d.h. `flying-bat`) Agens und *window* Patiens. Zusätzlich findet – wie in den Beispielen mit den unvollständigen Sätzen (vgl. (5–11) bis 13) – eine zusätzliche Aktivierung von `baseball-bat` als Instrument statt, die einmal durch die Mitaktivierung von Seiten der Oberflächenform *bat* und zum anderen aufgrund der implizierten Annahme eines Instruments zustande kommt. Traten rein strukturelle Mehrdeutigkeiten wie in

(5–19)   The man hit the woman with the hammer.

auf, so konnte das Netzwerk keine eindeutige Zuordnung vornehmen. Wie schon in Beispiel (5–17) angedeutet, kann die entsprechende Aktivierung der Microfeatures eines Wortes durch den Kontext beeinflußt werden. In (5–20) wurde für *ball* u.a. das Microfeature `hard` aktiviert, obwohl die Codierung von *ball* `soft` vorsah.

(5–20)   The ball broke the vase.

Dies ist damit zu erklären, daß alle Instrumente im Kontext „brechen" das Merkmal „hard" besitzen.

Ein weiterer interessanter Fall ist die Zuweisung der Agens-Rolle an *doll* im Satz

(5–21)   The doll moved.

Obwohl die Sätze des Trainingskorpus beim Auftreten von *moved* immer ein belebtes Agens voraussetzen, unbelebten Objekten hingegen immer die Rolle Patiens zuweisen, zeigte sich bei Satz (5–21) eine Aktivierung von *doll* als Agens und Patiens. Dieses Verhalten ordnen McClelland/Kawamoto 1986:306) in die Kategorie „creative errors" ein. Der Grund für die Abweichung ist jedoch eher in der leider nicht erwähnten lexikalischen Mehrdeutigkeit von *doll* als `animate-doll` und `a/t-doll` (= toy doll) zu sehen (vgl. McClelland/Kawamoto 1986:308:Abb.15).

Insgesamt zeigt sich, daß das „Sentence Processing Modell" von McClelland/Kawamoto (1986) in der Lage ist, dem größten Teil der Konstituenten der Eingabekette die korrekten Rollen zuzuweisen. Aufgrund der systematischen Zusammenhänge zwischen der Microfeature–Codierung einzelner Elemente und kontextuellen Schattierungen, ist es dem System zudem möglich, Regularitäten im Eingabematerial zu repräsentieren. Im konkreten Fall äußert sich dieses Verhalten z.B. durch die Generalisierung in Beispiel (5–20), wo alle Instrumente, die das Zerbrechen eines Objektes hervorrufen, die Eigenschaft **hard** erhalten. Desweiteren zeigt das System, wie semantisch–lexikalisches Wissen und Kontextinformationen bei der Zuweisung von Rollen und Eigenschaften zusammenwirken. McClelland/Kawamoto (1986:310) räumen jedoch ein, daß ihr Modell unvollständig ist und einzelne Aspekte in einer eher beispielhaften Art und Weise behandelt. Daher soll das Modell als ein erster Schritt verstanden werden, der die grundsätzlichen Fähigkeiten konnektionistischer Systeme demonstriert und mögliche Richtungen aufzeigt.

Das konkrete Modell bietet eine so große Anzahl von Angriffspunkten, daß es müßig erscheint, jeden einzelnen umfassend zu diskutieren. Die Codierung durch Microfeatures erweckt den Eindruck einer willkürlichen Zusammenstellung und erinnert an Merkmalsgeflechte in traditionellen symbolorientierten Ansätzen. Darüber hinaus ist die Form der Präsentation von Eingabeketten ebenso zu bemängeln wie die gesamte Auswahl (bzw. Generierung) der Trainingsdaten. Gegenüber dem klaren Aufbau des Past–Tense–Modells von Rumelhart/McClelland (1986b) erscheint die Konzeption des Netzwerkes heuristisch und ohne eindeutiges Konzept in seiner Gesamtstruktur. Aus diesem Grund wurde von McClelland/St.John/Taraban (1989) dieser Ansatz noch einmal aufgegriffen und in einem etwas klarer strukturierten Netzwerk realisiert, das im Unterschied zu dem Ansatz von McClelland/Kawamoto (1986) aus einem mehrschichtigen sequentiellen Elman–Netzwerk besteht (vgl. S. 79 und 102) und in der Lage ist, Ketten beliebiger Länge zu verarbeiten und Kontextinformationen wieder in die Analyse einfließen zu lassen. Die Gewichte des Netzes wurden mittels Backpropagation–Verfahren trainiert. Nachteilig machte sich hierbei die computationelle Komplexität dieses Verfahrens bemerkbar, indem für ein aus 58 Wörtern und 45 konzeptuellen Einheiten bestehendes Netzwerk 630 000 Trainingszyklen notwendig waren, um ein hinreichend stabiles Antwortverhalten des Netzes zu gewährleisten. Insgesamt bestätigte das Netzwerk von McClelland/St.John/Taraban (1989) die Ergebnisse des Ursprungsmodells.

## 5.4   Paralleles Parsing

Ein Ansatz, der durch seine einfache und klare Konzeption besticht, ist das Modell des „Massively Parallel Parsing" von Waltz/Pollack (1985). Hierbei handelt es sich um ein Netzwerkmodell mit streng lokalen Repräsentationen, d.h., daß semantische Merkmale und syntaktische Kategorien von jeweils einem lokalen Verarbeitungselement repräsentiert werden. Waltz/Pollack (1985:51ff.) sehen ein Grundproblem bei der Verarbeitung natürlicher Sprachen in der Integration verschiedener Wissensquellen, da sich ein psychologisch realistisches sprachverarbeitendes System nicht durch bloße serielle oder hierarchische Zusammenstellung von Wissensmodulen konstruieren läßt.

Obwohl in traditionellen sequentiellen Ansätzen eine Auflösung von Ambiguitäten durch heuristische Verfahren (wie z.B. Backtracking) vorgenommen werden kann, ist ein gleichzeitiger Zugriff auf semantische und syntaktische Informationen bei der Verarbeitung meist nicht möglich. Bei deterministischen Parsern (vgl. Marcus 1980) erfolgt nur eine Interpretation mehrdeutiger Strukturen, obwohl eine „Umschaltung" zwischen verschiedenen Analysesträngen bei paralleler Verarbeitung leicht möglich ist. Verstehensfehler in „Garden–Path" Sätzen (vgl. Crain/Steedman 1985) werden in den traditionellen Modellen ausschließlich durch strukturelle Prinzipien erklärt, ohne semantische oder kontextuelle Informationen für die Verarbeitung heranzuziehen. Wie schon mehrfach dargestellt, sind traditionelle regelbasierte Modelle zudem nicht in der Lage, ungrammatischen Input zu verarbeiten. Waltz/Pollack (1985) sehen den Grund hierfür in der mangelnden Integration verschiedener Wissensquellen, wodurch z.B. Fehler in der syntaktischen Struktur durch semantische oder kontextuelle Informationen abgefangen werden könnten, so daß eine Interpretation der betreffenden Eingabekette dennoch möglich wäre. Eine verknüpfte und integrierte Verarbeitung wurde in den klassischen Modellen zumeist vernachlässigt, da man hier immer von der Autonomie der Syntax ausging.

Bei dem von Waltz/Pollack (1985) vorgeschlagenen Modell handelt es sich um lose gekoppelte rekurrente Netze. Inhibitorische Verbindungen bestehen zwischen Knoten, die sich gegenseitig ausschließen, wie z.B. syntaktische Kategorien (Nomen, Verb, Adjektiv usw.), unterschiedlichen Lesarten eines Wortes[98] sowie zwischen unterschiedlichen Rollen oder Kasusmarkern. Exzitatorische Verbindungen hingegen bestehen zwischen Phrasen und ihren Konstituenten, Wörten und den zugeordneten Bedeutungen sowie zwischen Rollen und damit korrespondierenden Rollenfüllern. Ebenfalls existieren positive Verbindungen zwischen korrespondierenden semantischen und syntaktischen Interpretationen einzelner Elemente. Zur Desambiguierung mehrdeutiger Elemente in der Eingabekette argumentieren Waltz/Pollack (1985) für parallele Aktivierung aller Bedeutungen und Kategorien eines Elements bei gleichzeitiger Einengung durch einen vorgegebenen Kontext.

Abbildung 5.2 zeigt ein initiales Netzwerk zur Desambiguierung des Satzes „*John shot some bucks*" (vgl. Waltz/Pollack 1985:57). Dieser Satz kann einmal im Sinne von „John erlegte einige Böcke" oder „John verpulverte einige Dollar" interpretiert werden. Verbindungen mit Pfeilenden stellen aktivierende Konnektionen dar, solche ohne Enden hingegen hemmende Konnektionen. Wie zu sehen ist, besteht das Netzwerk aus mehreren Ebenen, die alle miteinander interagieren. Auf Kontextebene findet die Vor-

---

[98] Waltz/Pollack (1985:53) nennen u.a. das Beispiel *submarine*, welches sich als „Unterseeboot" oder „Sandwich" interpretieren läßt.

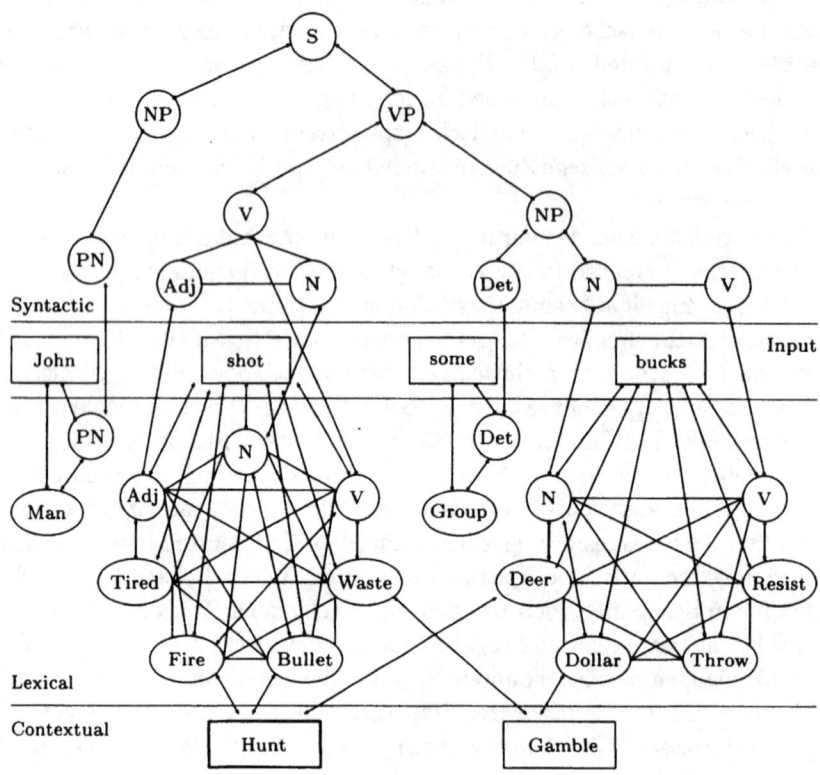

Abb. 5.2: Initiales Netzwerk

aktivierung eines Kontextknotens statt, der dann über Verbindungen auf die lexikalische Ebene eine Einengung der Möglichkeiten zur Interpretation einzelner Elemente vornimmt[99]. Auf der anderen Seite werden von der Eingabeebene aus alle möglichen Lesarten und kategorialen Bestimmungen eines Wortes aktiviert. Im konkreten Fall existieren für *shot* drei sich gegenseitig ausschließende Lesarten, die zunächst alle eine Aktivierung erfahren. Einmal kann *shot* adjektivisch im Sinne von „erschossen", „erledigt" oder „müde" aufgefaßt werden, zum anderen nominal als „Schuß" oder „Kugel". In der Lesart als Verb sind zwei Interpretationen möglich, von denen eine „schießen", die andere hingegen „vergeuden" ausdrückt. Die Aktivierung des Kontextes *Hunt* bewirkt, daß die Knoten *Fire* und *Bullet* sowohl von der kontextuellen als auch von der Eingabeebene eine Aktivierung erfahren[100]. Alle anderen Elemente werden durch den inhibitorischen Einfluß dieser sehr stark aktivierten Elemente gehemmt. Ähnlich verhält es sich mit der Interpretation von *bucks* als „Wild". Da *Deer* sowohl über die kontextuelle Aktivierung von *Hunt* als auch über die nominale Lesart von *bucks* Input

---

[99] Diese Einengung besteht in einer Aktivierung weniger Elemente, die dann die Aktivierung konkurrierender Knoten hemmen.

[100] Die Aktivierung wird in Abbildung 5.2 durch eine stärkere Umrandung ausgedrückt.

erhält, werden alle anderen Bedeutungen und syntaktischen Kategorien unterdrückt. Über die Aktivierung der entsprechenden Elemente des angedeuteten syntaktischen Strukturbaums ergibt sich letztendlich eine eindeutige Situation, in der *shot* nur als Verb, *bucks* hingegen nur als Nomen gedeutet werden darf. Bei der Aktivierung der Elemente der Eingabeebene und voraktiviertem Kontext *Hunt* zeigt sich diese eindeutige Interpretation nach 50 Zyklen.

Eine entscheidene Frage ist hierbei, wie z.B. aus einem Satz wie in (5–22) ein Kontext wie *Hunt* abgeleitet werden kann.

(5–22)   John spent his weekend in the woods.

Tatsächlich wird ein Konzept in dem Modell von Waltz/Pollack (1985) nicht durch einen einzelnen Knoten, sondern über eine Menge von Microfeatures bestimmt. Dabei handelt es sich z.B. um einzelne Schlüsselwörter, die charakteristischer Weise in einem Kontext auftreten, bzw. mit einem bestimmten Kontext assoziiert werden. Ferner sind sowohl Überlappungen der einzelnen Konzepte[101] hinsichtlich der Microfeatures möglich, als auch eine abgestufte Assoziation von Microfeatures mit den betreffenden Konzepten. Typische Microfeatures für das Konzept *Hunting* sind z.B. *Forest* oder *Outside*. Schwach damit assoziiert sind z.B. *Lake, Desert* oder *Mountain*. Während es für Microfeatures wie *City Park* oder *Inside* keine ausgezeichneten Verbindungen zum Konzept *Hunting* gibt, bestehen zu Microfeatures wie *Factory* oder *Casino* negative Verbindungen[102]. Diese Auswahl an Microfeatures ist selbstverständlich willkürlich, erhebt keinerlei Anspruch auf Vollständigkeit und kann zudem für jedes System individuell verschieden sein. Ferner besteht immer eine Abhängigkeit von den dargebotenen Konzepten und Microfeatures, d.h. von der „Erfahrung" des Netzwerkes. Waltz/Pollack (1985:68f.) betonen, daß die Microfeatures auch durch unterschiedlichen Input angesprochen werden können. Dies impliziert sowohl visuelle als auch sprachliche oder memorierte Daten, die die unterschiedlichen Microfeatures aktivieren können, welche somit einen einschränkenden Kontext durch die Voraktivierung einzelner Elemente bereitstellen, bzw. durch Überschneidung mit anderen Konzepten Klassen bilden können.

Ein weiterer interessanter Punkt betrifft die von Waltz/Pollack (1985) als „semantischer Garden Path" bezeichneten Interpretationsfehler. Als Beispiel hierfür konstruieren sie das in Abbildung 5.3 dargestellte Netzwerk (vgl. Waltz/Pollack 1985:62). Da durch *Astronomer* das Konzept *Astronomy* mitaktiviert wird, erhält *Celes-body* von dieser Seite und von dem Element *Star* in der Eingabeebene Input. Es besteht somit die Tendenz, *Star* durch den Kontext *Astronomy* als „Himmelskörper" und nicht als *Movie-star* anzusehen. Durch das Element *Married* in der Eingabekette wird allerdings auch das Konzept *Marry* aktiviert. Die Argumentstruktur von *Marry* weist

---

[101] Als Konzepte bezeichnen Waltz/Pollack (1985:67) eine Menge von aktivierten Microfeatures, für die vage Benennungen wie *Hunting, Gambling* oder *Weekend* zutreffend sind. Der Konzept-Begriff darf somit nicht mit der strengeren Auslegung in traditionellen semantischen Netzen (z.B. bei Schank 1977:116ff. oder Habel 1986:61ff.) verwechselt werden.

[102] Die Gewichtung für starke Assoziationen betragen 1.0, für schwache 0.5. Wird ein Microfeature nicht mit einem Konzept assoziiert, so ist die Gewichtung 0, bei negativer Assoziation hingegen -0.5.

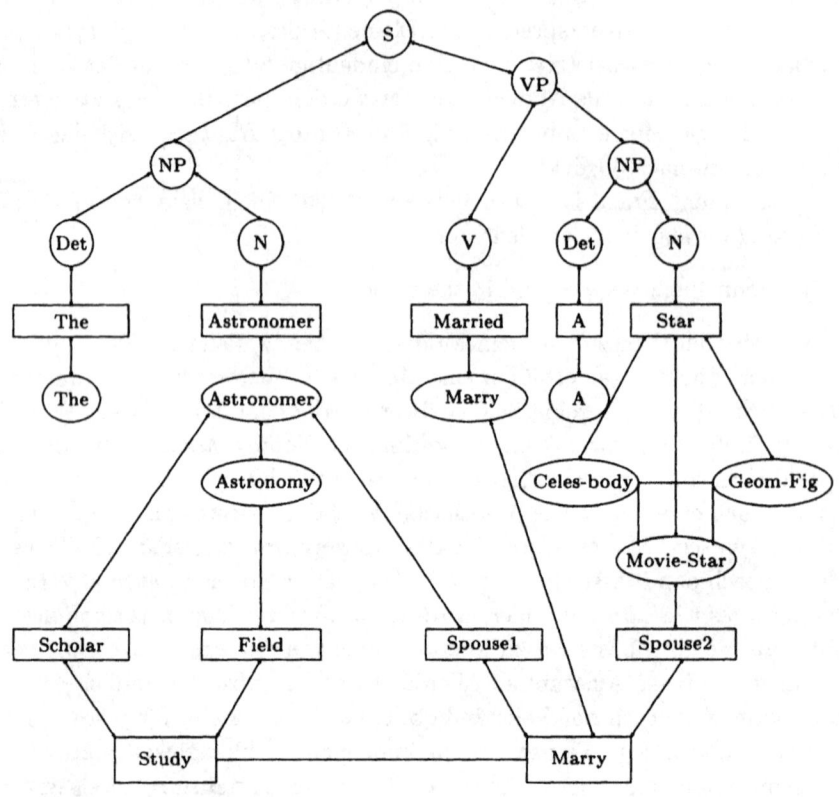

Abb. 5.3: „The astronomer married a star"

dabei Verbindungen zu den verschiedenen Rollen auf, die hinsichtlich ihrer Semantik spezifiziert sind. Da *Marry* bezüglich des Agens und Patiens (d.h. *Spouse1* und *Spouse2*) jeweils belebte Argumente fordert, erhält der Knoten *Movie-star* über das Patiens (d.h. *Spouse2*) Aktivierung. Nach etwa 27 Zyklen weist *Celes-body* einen sehr hohen Aktivierungsgrad auf, *Movie-star* hingegen einen eher niedrigen (vgl. Waltz/Pollack 1985:62f.). Nach 42 Zyklen aber zeigen sowohl *Celes-body* als auch *Movie-star* eine fast gleich hohe Aktivierung. Jedoch nach 85 Zyklen ist durch die gegenseitige Hemmung der verschiedenen Bedeutungen von *Star* die Aktivierung von *Celes-body* annähernd auf 0 zurückgefallen, während *Movie-star* die hohe Aktivierung beibehält. Das Modell zeigt somit eine Art „semantischen Garden Path", bei dem zunächst eine falsche Annahme hinsichtlich der Bedeutung von *Star* gemacht wird. Im Verlauf der weiteren Analyse findet eine Korrektur dieser falschen Interpretation aufgrund der Aktivierung der richtigen Lösung über die Argumentstruktur von *Marry* statt. Es zeigt sich also, daß durch die gleichzeitige Aktivierung aus der Eingabekette und aus der Argumentstruktur des Verbs eine Desambiguierung des Satzes vorgenommen werden kann. Das wesentliche Kriterium hierbei sind die gegenseitigen Abhängigkeiten und das Verfahren der globalen Aktivierungsausbreitung und lateralen Hemmung zwischen verschiedenen Verarbeitungselementen.

Ein ähnliches Verfahren, bei dem durch das Prinzip von Aktivierung und Hemmung einzelne Bedeutungen durch Kontexteinfluß ausgewählt werden, ist im Ansatz von Cottrell (1989) zu finden. Wie das Beispiel in Abbildung 5.4 zeigt, beeinflußt der vorgegebene Kontext die vier verschiedenen Bedeutungen von *deck* (vgl. Cottrell 1989:98). Zwischen den Elementen in den einzelnen Pools bestehen wiederum negative

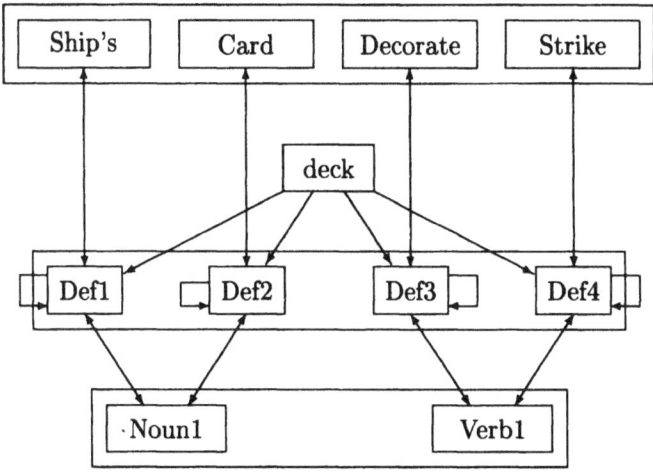

Abb. 5.4: Netzwerk für „deck"

Verbindungen. Bei einer Aktivierung des Elements *deck* bei gleichzeitiger Aktivierung des Kontextes *Ship's* nehmen zunächst alle Elemente einen etwas erhöhten Aktivierungsgrad ein, der im Verlauf der einzelnen Zyklen außer bei *deck*, *Ship's*, *Noun1* und *Def1* langsam abnimmt, so daß sich eine eindeutige Interpretation von *deck* abzeichnet (vgl. Cottrell 1989:31). Analog hierzu läßt sich ein solches Verhalten durch Regeln oder Netzwerkrepräsentationen formulieren. Die Regel

$$\left\{ (x).\text{Noun}(x) \to^\sim \text{Verb}(x), \frac{\text{rose}(x) : \text{Noun}(x)}{\text{FLOWER}(x)}, \frac{\text{rose}(x) : \text{Verb}(x)}{\text{STAND}(x)} \right\}$$

drückt aus, daß wenn ein Element (x) Nomen ist, es folglich kein Verb sein kann, wobei *rose*(x) ein Nomen mit der Bedeutung *FLOWER* oder ein Verb mit der Bedeutung *STAND* (d.h. Prät. v. „rise") ist. Die entsprechende Netzwerkrepräsentation ist in Abbildung 5.5 zu sehen (vgl. Cottrell 1989:145). Die Aktivierung des Knotens mit der Bezeichnung +N (für: Nomen) führt zu einer Aktivierung von -V (für: nicht Verb), wodurch eine Hemmung der Verbindung von *rose* zu *STAND* bewirkt wird. Im umgekehrten Fall führt die Aktivierung des Knotens +V zur Aktivierung von -N und zur Unterdrückung der Bedeutung von *rose* im Sinne von *FLOWER* durch die Hemmung der betreffenden Verbindung. Die Auswahl einer Bedeutung erfolgt hier also

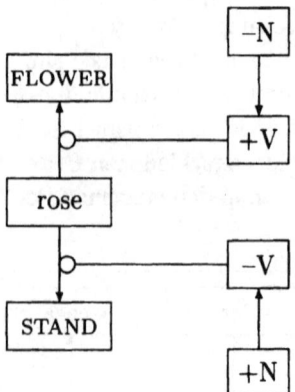

Abb. 5.5: Interpretationsmöglichkeiten von „rose"

nicht durch eine Aktivierung von mehreren Seiten, sondern die Unterdrückung einer anderen möglichen Interpretation durch die syntaktische Kategorie des betreffenden Elements.

Solche lokalen Repräsentationen bei denen ein Verarbeitungselement mit einer semantischen Beschreibung oder einer syntaktischen Kategorie ausgezeichnet ist, werden in einer Reihe von unterschiedlichen Netzwerkmodellen verwendet. Selman/Hist (1985) setzen solche Repräsentationen zur Darstellung von Baumgraphen ein. Andere Ansätze dieser Art finden sich beispielsweise bei Cottrell/Small (1984), Nenov/Dyer (1988), Dyer (1990) sowie bei Sumida/Dyer/Flowers (1988) oder Lehnert (1991).

## 5.5 Sequentielle Netze

Ein wichtiger Aspekt bei der Verarbeitung natürlicher Sprachen, wie auch bei anderen Prozeßabläufen, die einen seriellen Ablaufplan erfordern (z.B. in der Robotik), ist die Berücksichtigung von Sequenzinformationen. Auf den ersten Blick erscheint es paradox, das Prinzip der sequentiellen Datenverarbeitung in klassischen Modellen anzuprangern und andererseits Mechanismen zur Behandlung von Sequenzinformationen zu fordern. Doch genau bei dieser Formulierung wird der Unterschied deutlich: Parallelität bestimmt das Verarbeitungsprinzip, Sequentialität hingegen ist ein Bestandteil der Eingabedaten, der Einfluß auf den Verarbeitungsprozeß nimmt, wohingegen in traditionellen Ansätzen der Verarbeitungsprozeß Einfluß auf das Datenmaterial nimmt, in dem z.B. Sequentialität oder Annahmen hinsichtlich der Autonomie einzelner Komponenten auf den Gegenstand der Verarbeitung projiziert werden.

Elman (1990) schlägt aus diesem Grund eine Netzwerkarchitektur vor, die sich an dem Modell von Jordan (1986) orientiert (vgl. S. 79 dieser Arbeit). Wie bereits

eingangs dargestellt, bestehen „Elman–Netze" aus einer Eingabe-, einer Zwischen-
und einer Ausgabeschicht, die untereinander vollverknüpft sind (vgl. Abbildung 5.6;
nach Elman 1990:184). Diese Vollverknüpfungen sind in Abbildung 5.6 durch A und
B dargestellt. Zusätzlich existiert noch eine *Kontextschicht*, die als begrenztes zeitli-
ches „Gedächtnis" des Netzwerkes fungiert. Von der Zwischenschicht zu dieser Kon-

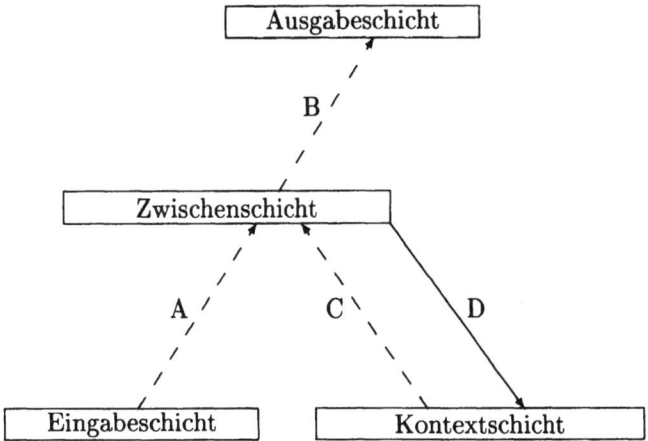

Abb. 5.6: Architektur eines Elman–Netzes

textschicht bestehen 1:1 Verbindungen (vgl. D). Aus diesem Grunde müssen beide
Schichten die gleiche Anzahl an Verarbeitungselementen aufweisen. Die rekurrenten
Verbindungen werden immer mit 1.0 gewichtet, d.h. es findet lediglich ein „Umko-
pieren" der Aktivierungszustände der Zwischenschicht auf die Kontextschicht statt.
Von der Kontext- zur Zwischenschicht bestehen wiederum Vollverknüpfungen (vgl.
C), die wie die Verbindungen zwischen Eingabe- und Zwischenschicht und Ausgabe-
und Zwischenschicht trainierbar sind. Ein solchermaßen strukturiertes Netzwerk mit
zeitlichem Gedächtnis ist hochgradig abhängig von den jeweiligen Aufgaben, d.h. von
der Eingabe und der Frequenz, mit der diese dem Netz dargeboten wird. Wichtig
hierbei sind die Regularitäten im Eingabematerial. Sind die Abhängigkeiten in diesem Material strukturiert, so erleichtert dies die Adaption anstatt sie, wie es in vielen
Ansätzen angenommen wird, zu erschweren.

Die Arbeitsweise demonstriert Elman (1990) an einem Netzwerk zur Worterken-
nung. Viele Spracherwerbstheorien gehen von primitiven Einheiten wie Wörtern oder
Phrasen aus, die mit abstrakten Kategorien belegt sind. Elman (1990:191f.) bemerkt
jedoch, daß Begriffe wie „Wort", „Phonem" oder „Morphem" weder klar noch unkon-
trovers sind. Aus diesem Grund wurden dem Modell Buchstaben als Sequenzen von
5–Bit Vektoren ohne trennende Elemente eingegeben. Das Netzwerk besteht dabei aus
5 Elementen in der Eingabe- und Ausgabeschicht sowie 20 in der Zwischen- und Kontextschicht. Ausgehend von einem aus 15 Wörtern bestehenden Lexikon wurden 200
Sätze mit unterschiedlicher Länge generiert und zu einer einzelnen Kette zusammen-

gefügt. Diese Sequenz setzt sich somit aus 1270 Wörtern mit 4963 in 5–Bit Vektoren codierten Buchstaben zusammen. Anschließend wurde das Netzwerk darauf trainiert, den jeweils nächsten Buchstaben der Sequenz vorherzusagen. Die Regularitäten im Eingabematerial wurden dabei durch die vielen gleichen Folgen von Bit–Vektoren (d.h. von den Wörtern in der Sequenz) bestimmt. Nach Abschluß der Trainingphase nahm die Unsicherheit des Systems bei der Vorhersage des nächsten Elementes mit jedem weiteren Buchstaben eines Wortes ab. Abbildung 5.7 zeigt einen Ausschnitt aus der Analyse einer Kette in bezug auf den zeitlichen Verlauf und die Unsicherheit des Systems bei der Vorhersage von „...manyyearsago...“ (vgl. Elman 1990:194). Die

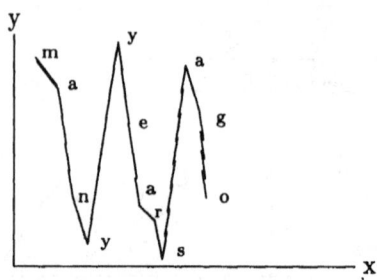

Abb. 5.7: Unsicherheiten bei der Buchstabenvorhersage

x–Achse steht dabei für den zeitlichen Verlauf, während die y–Achse die Unsicherheit bezüglich der Wahrscheinlichkeit der Vorhersage ausdrückt. Wie zu sehen ist, steigt die Unsicherheit zu Beginn eines neuen Wortes an und fällt dann stetig. Das Ergebnis drückt somit keine kategorialen Zustände aus, sondern reflektiert das graduelle Auftreten der einzelnen Buchstaben in einer Folge. Informationen lassen sich aus einer Eingabekette also auch ohne Zuhilfenahme von Kategorien extrahieren.

In einem weiteren Experiment unternimmt Elman (1990) den Versuch, aus einer Abfolge von Wörtern lexikalische Klassen abzuleiten. Während in klassischen Ansätzen wie der generativen Grammatik davon ausgegangen wird, daß Generalisierungen über die Reihenfolge von Wörtern nicht alleine in Termen der linearen Abfolge von Elementen vorgenommen werden können und folgliche eine zweite Strukturebene anzunehmen ist, geht Elman (1990:195) davon aus, daß die Satzoberfläche den einzigen für den Hörer zugänglichen Input darstellt und die Struktur der Eingabekette implizit in dieser Oberfläche enthalten ist.

Whatever the abstract underlying structure be, it is cued by the surface forms, and therefore, that structure is implicit in them.

Es stellt sich in diesem Zusammenhang die Frage, ob ein Wissen über die Abfolge der Elemente einer Kette symbolische Repräsentationen erfordert, bzw. ob ein Netzwerk die Aspekte der zugrundeliegenden implizierten Struktur adaptieren kann. Elman (1990) generiert hierfür einen Korpus von Trainingssätzen aus 29 lexikalischen Einheiten (z.B. *man, woman, cat, see, eat* etc.), die unter Kategorien wie NOUN-HUMAN,

NOUN-ANIM, VERB-INTRAN oder VERB-EAT usw. eingeordnet sind. Ein Satzgenerator erzeugt hierbei aus 15 Mustern der Art

| NOUN-HUM | VERB-EAT | NOUN_FOOD |
|----------|----------|-----------|
| NOUN-HUM | VERB-PERCEPT | NOUN-INANIM |
| NOUN-ANIM | VERB-TRAN | NOUN-ANIM |

einen Korpus mit 10 000 Zwei- und Drei–Wort–Sätzen, wie z.B.

- man eat cookie
- woman see book
- mouse chase mouse

Jedes Wort wird dabei durch einen einzelnen 31-Bit Vektor repräsentiert, die zu einer Kette mit insgesamt 27354 31-Bit Vektoren zusammengesetzt werden. Das Netzwerk sollte nun das jeweils nächste Wort in der Eingabekette vorhersagen können. Für die Ein- und Ausgabeschicht wurden jeweils 31 Verarbeitungselemente eingesetzt, für Zwischen- und Kontextschicht hingegen 150 Elemente[103]. Nach Abschluß der Trainingsphase, in der mittels Backpropagation gelernt wurde, war das System in der Lage, interne Repräsentationen über die einzelnen Wortklassen und deren Abfolge zu entwickeln. Die kategoriale Struktur ist dabei allerdings nur implizit in der Struktur der Zwischenschicht enthalten. Um diese interne Repräsentation sichtbar zu machen, fand eine Clusteranalyse aller 27354 31-Bit Vektoren aus der Zwischenschicht statt, bei der eine hierarchische Anordnung aller lexikalischen Einheiten bezüglich der Ähnlichkeiten in der internen Codierung vorgenommen wurde. Diese Hierarchie reflektiert exakt die Systematik in den Kategorien der einzelnen generierten Satzmuster. So liegen z.B. jeweils alle Nomen und Verben beieinander und alle Elemente, die als ANIMATE bezeichnet wurden, wobei sich diese Merkmale noch weiter in ANIMAL und HUMAN unterteilen. Die Hierarchie ist implizit in der Repräsentation der Muster in der Zwischenschicht enthalten und weist fließende Übergänge auf. Diese kategorialen Informationen waren jedoch nicht explizite Bestandteile des Trainingskorpus, sondern implizit durch die automatische Generierung des Korpus vorgegeben. Das Modell war aber dazu fähig, solche implizit enthaltenen Regularitäten aus der Eingabekette zu extrahieren und intern zu repräsentieren. Dennoch bedarf es einer Clusteranalyse, um solche Informationen für den Benutzer wieder zugänglich zu machen.

## 5.6   Rekursive neuronale Netze

Vielfach wird künstlichen neuronalen Netzwerken gegenüber der Vorwurf erhoben, das Fehlen rekursiver Verarbeitungsmechanismen bewirke, daß diese Modelle der Informationsverarbeitung zur Behandlung natürlicher Sprachen (und speziell der Syntax)

---

[103] Elman (1991:96) verwendet für eine erweiterte Version sogar 3 Zwischenschichten, die bei einer Anzahl von 26 Elementen in Ein- und Ausgabeschicht jeweils aus 10, 70 und wieder 10 Verarbeitungselementen bestehen. Für die Größe der Kontextschicht werden 70 Elemente angegeben.

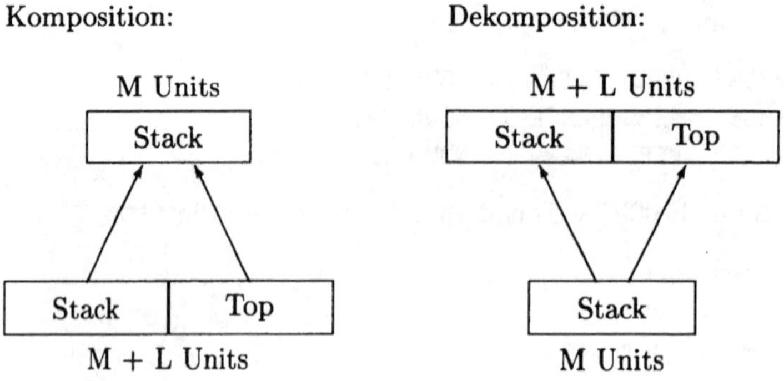

Komposition:                           Dekomposition:

M Units                               M + L Units

| Stack |          | Stack | Top |

| Stack | Top |          | Stack |

M + L Units                           M Units

Abb. 5.8: Stapel-Mechanismen

ungeeignet sind. In der Praxis äußert sich dies meist darin, daß z.B. nur Sätze einer bestimmten fixen Länge analysiert werden können[104]. Beispiele hierfür finden sich bei Fanty (1985), Hanson/Kegl (1987), Selman/Hist (1985), Cottrell (1989) oder auch bei McClelland/Kawamoto (1986). Obwohl Waltz/Pollack (1985) ausdrücklich darauf hinweisen, daß Kontextinformationen durch Microfeatures auch satzübergreifend aktiviert werden können, existieren meist Beschränkungen für die Repräsentation beliebig tief geschachtelter Baumgraphen.

Um diesen Kritiken entgegenzutreten, entwickelte Pollack (1988) das Modell eines rekursiven auto–assoziativen Speichers (RAAM: Recursive Auto–Associative Memory). Hierbei handelt es sich um eine „*Stack Machine*", die auf der Basis eines künstlichen neuronalen Netzes aufgebaut ist. Pollack (1988:33) nimmt einen Stapelspeicher variabler Größe mit $L$–Bit Einheiten an, wobei die Menge möglicher Elemente und die Reihenfolge, in der diese auf den Stapel gelegt oder ihm entnommen werden können, kleiner ist, als es bei $n$ Mustern in traditionellen Implementationen von Stapelspeichern auf Von-Neumann-Architekturen mit $2^{LN}$ möglich wäre. Bei analoger Auflösung der $n$–Bit großen Informationseinheiten, z.B. durch unterschiedliche Aktivierungszustände eines Verarbeitungselements, sollte es möglich sein, mehr als $2^L$ aber weniger als $2^{LN}$ Muster mit diesem Ansatz verarbeiten zu können.

Zur Komposition und Dekomposition von Mustern in einem Stapelspeicher können generell die in Abbildung 5.8 (vgl. Pollack 1988:34) zu sehenden Mechanismen angenommen werden. Bei einem einschichtigen Feedforward–Netzwerk sollte sich ein neuer Eingabevektor $L$ in einem $M$–Einheiten großen Stapelspeicher integrieren lassen, ohne daß zusätzliche Verarbeitungselemente benötigt würden[105]. Wichtig hierbei ist allerdings, daß sich die Größe $M$ des Stapels nicht verändert, sondern lediglich das Aktivierungsmuster bzw. die Gewichtungen innerhalb des Stapels. Ähnlich verhält es sich bei der Dekomposition, die einer „Entnahme" von Elementen aus dem Stapel ent-

---

[104] Eine Ausnahme bilden die zuvor erwähnten sequentiellen Netze.

[105] Um die unterschiedlichen Zustände im Stapelspeicher zu kennzeichnen, wäre in Abbildung 5.8 eine Unterscheidung von $M_1 + L$ Units und $M_2$ Units angebrachter gewesen.

spricht, tatsächlich aber nur im Auslesen eines Musters besteht. Wesentliches Kennzeichen jeder Stapelverarbeitung ist das „Last–in, First–Out"–Prinzip: Was zuletzt auf den Stapel gelegt wurde, muß zuerst wieder entnommen werden. Entsprechend sollte es möglich sein, aus einem $M$ Einheiten großen Stapel ein Muster $L$ decodieren und dann den Stapel in einen neuen Zustand versetzen zu können[106].

In traditionellen rekursiv arbeitenden Modellen werden Stapeloperationen mit PUSH und POP bezeichnet. So existieren beispielsweise in der Programmiersprache Lisp die Macros PUSH und POP, die jeweils ein Element auf einen Stapelspeicher legen, bzw. es wieder entfernen:

```
> (setq STACK nil)
()
> (push 'A STACK)
(A)
> (push '(B C) STACK)
((B C) A)
> (pop STACK)
(B C)
> STACK
(A)
```

Das Problem bei der Umsetzung in ein künstliches neuronales Netzwerk ist die Größe der Schicht, die als Stapelspeicher fungieren soll. Das unter der Bezeichnung *Encoder–Problem* bekannte Phänomen betrifft generell alle konnektionistischen Netze, bei denen Muster in einer Schicht codiert werden sollen und die Größe dieser Schicht bei der Konstruktion des Netzes festgelegt werden muß. Wieviele Elemente muß eine Schicht enthalten, um $n$ Muster codieren zu können? Dieses Problem konnte mit nicht–überwachter Adaption mittels Backpropagation in dreischichtigen Netzen

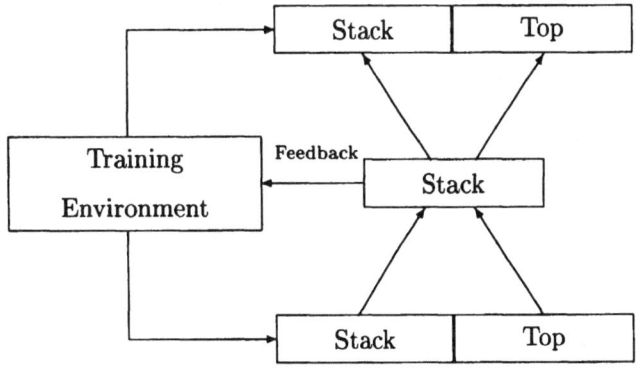

Abb. 5.9: Die RAAM–Architektur

---

[106] Grundvoraussetzung ist immer die Bedingung, daß $M > L$ ist.

gelöst werden (vgl. Ackley/Hinton/Sejnowski 1985, Hanson/Kegl 1987 und Rumel-hart/Hinton/Williams 1986). Solche *Encoder–Netzwerke* lassen sich jedoch nicht für einen Stapelmechanismus verwenden und erfordern deshalb eine spezielle (rekursive) Netzwerkarchitektur (vgl. auch Pollack 1989:8ff.). Hierfür schlägt Pollack (1988:34) den in Abbildung 5.9 zu sehenden Aufbau vor. Im Unterschied zu bereits dargestellten dreischichtigen Netzwerken erhält hier eine Trainingsumgebung explizites Feedback aus der Zwischenschicht. Der Aktivierungszustand der Elemente in der Zwischen-schicht fließt somit wieder direkt in die Ein- und Ausgabeschicht ein. Hierbei muß beachtet werden, daß die Ein- und Ausgabeschicht streng genommen aus je zwei separaten Mengen besteht (= Top und Stack) und die Trainingsumgebung nur Ein-fluß auf den Stack hat. Dem System ist es nun möglich – eine entsprechende Größe der jeweiligen Schichten vorausgesetzt – auch Baumstrukturen zu verarbeiten. Ein Strukturbaum ((D (A N))(V (P (D N)))), der hier durch eine äquivalente Listen-schreibweise repräsentiert wird, läßt sich in folgenden Schritten durch das Netzwerk codieren (vgl. Pollack 1988:36):

| input | | hidden | | output |
|-------|---|--------|---|--------|
| A + N | $\rightarrow$ | $R_{AN}(t)$ | $\rightarrow$ | A' + N' |
| D + $R_{AN}(t)$ | $\rightarrow$ | $R_{DAN}(t)$ | $\rightarrow$ | D' + $R_{AN}(t)$' |
| D + N | $\rightarrow$ | $R_{DN}(t)$ | $\rightarrow$ | D' + N' |
| P + $R_{DN}(t)$ | $\rightarrow$ | $R_{PDN}(t)$ | $\rightarrow$ | P' + $R_{DN}(t)$' |
| V + $R_{PDN}(t)$ | $\rightarrow$ | $R_{VPDN}(t)$ | $\rightarrow$ | V' + $R_{PDN}(t)$' |
| $R_{DAN}(t)$ + $R_{VPDN}(t)$ | $\rightarrow$ | $R_{DANVPDN}(t)$ | $\rightarrow$ | $R_{DAN}(t)$' + $R_{VPDN}(t)$' |

Abb. 5.10: Codierung einer Baumstruktur

$R$ steht hierbei für die interne Repräsentation in der Zwischenschicht. Über die speziel-le RAAM–Architektur können solche Codierungen auch der Ein- oder Ausgabeschicht zugeführt werden. Da es sich bei einem Stapel immer um einen rechts–verzweigenden binären Baum handelt, benötigt ein $n$–Bit großes Eingabemuster $2^n$ Elemente in der Eingabeschicht, $n$ Elemente in der Zwischen- und wieder $2^n$ in der Ausgabeschicht. Obwohl es sich hier nicht um eine „echte" rekursive Verarbeitung handelt, welche ei-ne (theoretisch) unbegrenzte Kapazität[107] des Stapelspeichers sowie ein vollständiges Kopieren der jeweiligen Bindungsumgebungen voraussetzt, eine Variablenbindung er-fordert und bei baumrekursiven Strukturen mit mehr als zwei Verzweigungen auch mehrstellige Relationen ausdrücken muß, zeigt das Modell von Pollack (1988), daß ein-fache endrekursive Verarbeitungsmechanismen auch in künstlichen neuronalen Netz-werken realisierbar sind. Die Größe der verwendeten Zwischenschicht stellt allerdings ein nicht zu ignorierendes Problem dar, da die Größe nicht beliebig verändert werden darf, sondern bei der Konzeption des Netzes festgelegt werden muß. Ist die Dimensi-on groß genug, dann sollten sich auch komplexere Eingabemuster verarbeiten lassen.

---

[107] In Lisp–Systemen ist die Stack–Größe zumeist nur durch den verfügbaren Hauptspeicher begrenzt.

Bei einer zu großen Anzahl von Verarbeitungselementen wächst der Rechenaufwand jedoch zu sehr an, so daß das System in der Praxis nicht mehr einsetzbar ist.

Erste Ansätze für die Verarbeitung natürlicher Sprachen durch RAAM–Encoder finden sich neben Pollack (1989) auch in den Arbeiten von Blank/ Meeden/Marshall (1991) oder Reilly (1991). Zwar haben alle diese Modelle nur Beispielcharakter, doch zeigen sie prinzipielle Möglichkeiten für die „rekursive" Verarbeitung der Syntax natürlicher Sprachen auf. Gelegentlich drängt sich jedoch der Verdacht auf, daß rekursive Verarbeitungsmechanismen in künstlichen neuronalen Netzen lediglich einen Tribut an die klassischen, auf Von-Neumann-Architekturen fixierten Theorien der Sprachverarbeitung darstellen. Insbesondere vor dem Hintergrund heftig geführter Debatten hinsichtlich des „rechten Weges" sollten konnektionistische Modelle, die die Verarbeitungsprinzipien (!) serieller Architekturen simulieren, niemals unkritisch übernommen werden.

## 5.7   Eine Perspektive?

Nach der Betrachtung der verschiedenen konnektionistischen Sprachverarbeitungs-modelle dürften optimistisch eingestellte Computerlinguisten den Aussagen von Dyer (1991) zustimmen und im Konnektionismus *die* Alternative zur Verarbeitung in klassischen Von-Neumann-Architekturen sehen. Künstliche neuronale Netzwerke schaffen ein neues Paradigma der Informationsverarbeitung, das es ermöglicht, auf einfache und elegante Weise einen Großteil der Probleme sequentieller symbolorientierter Ansätze in der Computerlinguistik zu lösen. Fehlertolerantes Verhalten, die Fähigkeit zur Adaption von Regularitäten aus dem Datenmaterial und die Interaktion unterschiedlicher Datentypen sind nur einige der Vorzüge konnektionistischer Systeme. Darüber hinaus liefern sie möglicherweise psychologisch plausible Modelle sprachverarbeitender kognitiver Systeme. So scheint es sich auch abzuzeichnen, daß Lösungen für die Probleme bei der Verarbeitung natürlicher Sprachen in absehbarer Zeit vorliegen.

Solche euphorischen Prognosen, die von vielen Vertretern konnektionistischer Ansätze geäußert werden, lassen bei nüchterner Betrachtungsweise das Bild der Dartmouth-Konferenz wieder auferstehen. Ähnliche Hypothesen wurden seinerzeit von Newell und Simon in bezug auf die rekursive und sequentielle Symbolverarbeitung vertreten. Binnen einer Frist weniger Jahre sollten die meisten Probleme im Zusammenhang mit der künstlichen Intelligenz gelöst sein.

Kritisch eingestellte Betrachter der momentanen Forschungslage sehen im konnektionistischen Ansatz weder eine Alternative noch einen in irgendeiner Weise erfolgversprechenden Versuch, natürliche Sprachen verarbeiten zu können. Erwartungsgemäß regt sich der meiste Widerspruch von Seiten der Vertreter der generativen Grammatik in der Tradition von Chomsky, da die meisten konnektionistischen Modelle im krassen Gegensatz zu den traditionellen Annahmen über die Mechanismen und Prinzipien der Verarbeitung von Sprache stehen. Die z.Z. in diesem Zusammenhang geführte

„Konnektionismus-Debatte" zwischen den Vertretern der verschiedenen Ansätze[108] expliziert die unterschiedlichen Standpunkte, entbehrt aber in vielen Fällen der gebotenen wissenschaftlichen Zurückhaltung und artet stellenweise zu einem regelrechten „Glaubenskampf" aus, der lediglich dadurch erklärt werden kann, daß persönliche Ressentiments der einzelnen Vertreter involviert sind[109]. Eine solche Haltung ist weder der wissenschaftlichen Einschätzung der Verarbeitung natürlicher Sprachen dienlich, noch trägt sie zu einem konstruktiven Austausch von Ergebnissen bei, weshalb hier nicht weiter auf die „Konnektionismus-Debatte" eingegangen werden soll. Dennoch sind derartige kontrovers geführte Debatten[110] oft ein Anzeichen für einen beginnenden Paradigmenwechsel innerhalb einer wissenschaftlichen Disziplin, der zumeist mit einen Fortschritt, sei es durch negative oder positive Evidenz für eine bestimmte Sichtweise, einhergeht.

Um die gegenwärtige Entwicklung auf einen Nenner zu bringen, muß festgehalten werden, daß künstliche neuronale Netze im Bereich der Verarbeitung natürlicher Sprachen herkömmliche symbol- und regelorientierte Verfahren – insbesonders hinsichtlich der Analyse von syntaktischen Strukturen – z.Z. noch nicht vollständig ersetzen können. Künstliche neuronale Netzwerke haben in Teilbereichen der Sprachverarbeitung eher einen Modellcharakter und sind nicht genügend entwickelt, um eine vollständige Theorie der Prinzipien sprachlicher Informationsverarbeitung zu formulieren. Doch die Perspektiven sind vielversprechend und scheinen eine Reihe von Problemen im Zusammenhang mit der sequentiellen Symbolverarbeitung auf Von-Neumann-Architekturen zu lösen, bzw. zeigen Wege zu möglichen Lösungsansätzen auf. Vor diesem Hintergrund scheint eine Beschäftigung mit künstlichen neuronalen Netzwerken im Bereich der Computerlinguistik gerechtfertigt. Es gilt, die Architekturen konnektionistischer Netze auf eine Verarbeitung natürlicher Sprachen hin abzustimmen, die Prinzipien paralleler verteilter Verarbeitung umfassend zu erklären und dabei sowohl den Dialog mit den Neuro– und Kognitionswissenschaften, als auch mit den klassischen Grammatiktheorien zu suchen und sich gegebenenfalls über hybride Modelle dem Phänomen Sprache anzunähern.

---

[108] Vgl. hierzu Pinker/Prince (1988), Lachter/Bever (1988), Smolensky (1990 und 1991), Fodor/Pylyshyn (1988), Clark (1991), van Gelder (1990 und 1991), Fodor/McLaughlin (1991) und Wilks (1990).

[109] Da beide Ansätze sich in verschiedenen Teilbereichen deutlich widersprechen, sehen viele Wissenschaftler ihre bisherigen Forschungsergebnisse – und damit auch ihre persönliche Leistung über Jahre oder gar ein ganzes Forscherleben hinweg – in Frage gestellt. Eine nur allzumenschliche Reaktion, die aber nicht den Blick auf neue erfolgversprechende Entwicklungen verstellen darf, auch wenn diese im Gegensatz zur vorherrschenden Lehrmeinung stehen.

[110] So z.B. auch die „Chomsky-Piaget-Debatte". Vgl. hierzu Piattelli-Palmarini (1980).

# 6 Der Neuron-S Simulator

## 6.1 Die Grundkonzeption

In den allerwenigsten Fällen stehen zur Informationsverarbeitung mit künstlichen neuronalen Netzen spezielle Hardwareplattformen zur Verfügung, die eine Verankerung solcher Netzwerke in parallel arbeitenden Systemen ermöglichen, in denen ein Verarbeitungselement mit einem Prozessorelement auf der Hardwareebene korrespondiert. Zum einen sind Konzepte neuronaler Computer noch nicht vorhanden oder ausgereift, zum anderen schränkt sich die Verwendung von Spezialrechnern durch deren oft enorm hohe Anschaffungs- und Betriebskosten ein. Herkömmliche Personal Computer oder auch Workstations dagegen sind zumeist vorhanden oder preiswert zu beschaffen und reichen hinsichtlich ihrer Rechenkapazität zumindest für den Entwurf konnektionistischer Modelle aus. Es müssen jedoch Simulationsumgebungen geschaffen werden, um künstliche neuronale Netze auf zur Verfügung stehenden Von-Neumann-Architekturen zu implementieren. Da solche Von-Neumann-Architekturen durch eine sequentielle und rekursive Verarbeitung gekennzeichnet sind, ist es notwendig, jeden einzelnen Verarbeitungschritt in einem künstlichen neuronalen Netzwerk in diskrete Schritte aufzuteilen, um somit eine „parallele" Verarbeitung nachbilden zu können[111].

Prinzipiell ist es möglich, einen solchen Mechanismus mit wenigen Zeilen Programmcode zu realisieren. Tatsächlich enthalten eine Vielzahl sogenannter „Simulatoren" lediglich eine Propagierungs- und Aktivierungsfunktion (ggf. noch einen Lernalgorithmus). Die Bereitstellung einer Konnektionsmatrix und möglicher Eingabemuster sowie die Ausgabe von Aktivierungszuständen erfolgt bei diesen Systemen über externe Dateien. Die Erstellung und Auswertung solcher externen Dateien kann mit üblichen Werkzeugen, wie z.B. Programmeditoren vorgenommen und ggf. einer Aufbereitung für eine Weiterverarbeitung durch andere Programme unterzogen werden. In aller Regel bietet sich die Verwendung derartiger Simulatoren nur in solchen Fällen an, in denen keine Entwicklungs- oder Wartungsarbeiten am Netzwerk mehr notwendig sind oder nur die Lauffähigkeit einer Funktion getestet werden soll. Für die Konstruktion künstlicher neuronaler Netzwerke und die Auswertung von Aktivierungszuständen sowie für eine Überwachung des Gesamtverhaltens des Systems bedarf es jedoch eines Simulators mit größerer Funktionalität, d.h. einer vollständigen Entwicklungsumgebung. Insbesondere im Bereich der Computerlinguistik, wo Hypothesen über Sprache in konnektionistische Netze umgesetzt werden müssen, interne Zustände des Netzes einer ständigen Kontrolle unterworfen und Aktivierungszustände zu interpretieren sind, reicht die Verwendung einfacher Simulatoren für die gesteckten Ziele zumeist nicht aus. Aus diesem Grund ist der Einsatz größerer Simulationsumgebungen notwendig.

---

[111] Eine Erläuterung der hierbei verwendeten Verfahren ist Gegenstand der Diskussion im Zusammenhang mit der hier vorgestellten *selektiven Propagierung* (vgl. S.149).

Kommerzielle Produkte, wie z.B. die Programme `BrainMaker`, `NeuroShell` oder `NeuralWorks`, sind zumeist recht kostspielig und/oder erfüllen die Anforderungen hinsichtlich einer flexiblen und manipulierbaren Systemarchitektur nicht. Zudem sind solche Systeme häufig nur auf bestimmte Anwendungsbereiche und den Einsatz vorgegebener Aktivierungs- und Propagierungsfunktionen beschränkt. Gleiches gilt für eine Vielzahl frei erhältlicher neuronaler Netze. Positiv heben sich jedoch die folgenden Simulatoren ab:[112]

- Aspirin/MIGRAINES
  FTP: `pt.cs.cmu.edu`
  Verzeichnis: `/afs/cs/project/connect/code/`

- Parallel Distributed Processing (= PDP)
  Disketten sind Bestandteil von McClelland/Rumelhart 1988

- Rochester Connectionist Simulator (= RCS)
  FTP: `cs.rochester.edu`
  Verzeichnis: `/pub/simulator/`

- Software Environment for the Simulation of Adaptive Modular Systems (= SESAME)
  FTP: `ftp.gmd.de`
  Verzeichnis: `/gmd/as/sesame/`

- Stuttgart Neural Network Simulator (= SNNS)
  FTP: `ftp.informatik.uni-stuttgart.de`
  Verzeichnis: `/pub/SNNS/`

- Xerion
  FTP: `ftp.cs.toronto.edu`
  Verzeichnis: `/pub/xerion/`

Als eindeutiger „Star" unter den verschiedenen Simulationssystemen kann SNNS angesehen werden, da er umfangreiche Netzwerkmodule (z.B. Backpropagation, Quickprop, ART, Cascade Correlation, TDNN usw.) zur Verfügung stellt, die Entwicklung eigener Architekturen ermöglicht und über ein graphisches User Interface (GUI) verfügt. Doch hat eine solche Funktionsvielfalt auch ihren Preis. Zwar ist ein Betrieb auf PC's unter einem Unix–Betriebssystem wie LINUX bei entsprechendem Speicherausbau möglich, eine ausreichende Rechenleistung ist jedoch zumeist nur auf schnellen Unix–Workstations gewährleistet[113]. Zudem ist der Aufbau der Benutzerschnittstelle sehr komplex, so daß eine „schnelle Einarbeitung" meist nicht möglich ist. Eine vollständige Ausnutzung der Funktionalität des SNNS setzt umfangreiche Erfahrungen im Umgang mit diesem System voraus.

---

[112] Einen Überblick bezüglich frei verfügbarer Simulatoren kann dem monatlichen FAQ der Internet–Newsgroup `comp.ai.neural-nets` entnommen werden.

[113] Die zum Zeitpunkt der Drucklegung verfügbaren PC-CPUs mit mehr als 200 MHz erfüllen diese Anforderungen.

Aus diesem Grunde wurde im Zusammenhang mit der vorliegenden Arbeit eine eigene Simulationsumgebung geschaffen: der NEURON-S–Simulator. Bei der Konzeption des Systems standen die folgenden Kriterien im Vordergrund der Überlegungen:

- Das System soll auf Rechnern (z.B. PC, Macintosh, Atari) mit lediglich 4 MB Hauptspeicher lauffähig sein.

- Vor dem Hintergrund sprachverarbeitender künstlicher neuronaler Netze soll ein modularer Aufbau eventuelle Erweiterungen und Modifizierungen ermöglichen.

- Netzwerktopologien sollen über externe Dateien oder interaktiv im System erstellt werden. Außerdem sollte das Programm nach entsprechenden Vorgaben Netze automatisch generieren können.

- Aktivierungs-, Propagierungs- und Lernfunktion sollten austauschbar sein.

- Sämtliche Einstellungen und Parameter sollen extern speicherbar sein.

- Funktionsbeschreibungen in der Programmiersprache Lisp sollen in den laufenden Simulator geladen und compiliert werden können.

- Die Bedienung des Programms sollte über eine komfortable graphische Benutzeroberfläche erfolgen.

- Aktivierungsverläufe sollen graphisch darstellbar sein.

- Auswertungen sollten durch das Abspeichern in unterschiedlichen Formaten auch durch Fremdprogramme wie GNUPLOT möglich sein.

- Zur Erstellung individueller Architekturen sollen einzelne Verarbeitungselemente mit Werten belegt werden können oder zu Gruppen zusammenfaßbar sein, da solche Gruppen und Clusterbildungen für die Sprachverarbeitung häufig erforderlich sind.

- Prinzipiell sollten Netzwerkbeschreibungen anderer Simulatoren importierbar sein. NEURON-S Formate sollten außerdem auch exportiert werden können.

- Um die Systemressourcen bezüglich des Hauptspeichers und der Rechenkapazität bestmöglich auszunutzen, sollte ein neues optimiertes Propagierungsverfahren für künstliche neuronale Netze entwickelt werden.

- Zur Abwicklung der Simulation und zur Beschreibung von Netzwerken sollten spezialisierte Lisp–Funktionen und Macros definiert werden.

Der NEURON-S–Simulator wurde auf einem modifizierten Atari–ST realisiert. Die Hardware bestand aus einem optimierten MegaST2–Mainboard, 4 MB ST-RAM Hauptspeicher, einer PAK3-Austauschkarte mit einer Motorola 414075 (RC50) CPU (Apollo-Workstation) und 68882 FPU, AS-OverScan Graphikerweiterung und 3 SCSI-Platten mit einer Kapazität von 120, 270 und 720 MB. Die Lauffähigkeit wurde unter den Betriebssystemen TOS 1.04, 2.06, und 3.06, MiNT 1.04, 1.08 und 1.12 sowie Magic 2.0 und 3.0 getestet. Aus diesem Grund dürfte es keinerlei Probleme mit dem Einsatz des Simulators auf Windows PC's mit GEMulator95 oder MagicPC und Apple Rechnern (68K und PowerPC) unter MagicMac und MagicMacPPC geben. Die Lauffähigkeit auf Unix–Workstations unter dem Emulator STonX konnte leider nicht getestet werden. Die besten Ergebnisse wurden allerdings auf dem an BSD–Unix orientierten MiNT und dem preemptiven und reentranten Multitasking System Magic erzielt. Da Magic kompatibel zu MagicMac auf Apple Rechnern und MagicPC ist, dürften sich die Ergebnisse dort wiederholen lassen. Eine Linux Version unter Clisp ist z.Z. in Arbeit.

Die Programmierung erfolgte mit Cambridge Lisp Vers. 0.90/R1.10. Da Cambridge Lisp nur ein Text–Terminal im Console–Modus zur Verfügung stellt und außer den Schnittstellen mit den AES und VDI Funktionen[114] des Betriebssystems keine Bibliotheken mit Graphik–Objekten oder Beispielprogramme zum Aufbau einer graphischen Benutzeroberfläche existieren, mußten zunächst solche Funktionen für den Simulator geschaffen werden[115].

## 6.2 Bedienung des Programms

### 6.2.1 Installation

Aufgrund der Vielzahl unterschiedlicher Betriebssysteme und Benutzeroberflächen wird hier stellvertretend eine häufig anzutreffende Konfiguration vorausgesetzt, die aus Magic 3.0 und aufgesetzter Gemini–Benutzeroberfläche besteht und auf Atari und Apple Rechnern zu finden ist. An einer beliebigen Stelle im Datei–Baum oder im Wurzel–Verzeichnis einer Partition ist ein Verzeichnis mit dem Namen NEURON-S anzulegen. Dieses Verzeichnis braucht nicht in PATH vermerkt zu werden, obwohl es für bestimmte Zwecke von Vorteil sein kann. Insgesamt belegen die Programme ca. 900KB Plattenspeicher. Da jedoch noch Netzwerke angelegt werden sollen, Aktivierungs- und Propagierungsfunktionen definiert werden müssen und Platz für das Abspeichern von Aktivierungszuständen einzuplanen ist, sind 2MB als minimale Größe empfohlen. Der Ordner mit dem NEURON-S Core–Image, das Lisp–Programm LISP.PRG sowie die Dateien NEURONS.INF, NEURONSG.RSC, NEURONSG.MSG[116] und das Programm

---

[114] AES ist das Application Environment System und VDI das Virtual Device Interface.

[115] Erste Anhaltspunkte lieferten die bei Zaun (1990) beschriebenen Ausgaberoutinen zur Darstellung von Baumstrukturen des Newcat-Parsers.

[116] Die Dateien NEURONSG.RSC und NEURONSG.MSG sind sprachspezifisch und enthalten die 'Resource' und Systemmeldungen in Deutsch. Das System ist jedoch so ausgelegt, daß auch andere Sprachen geladen werden können. Möglich sind z.Z. noch NEURONSE.RSC und NEURONSE.MSG für das Englische sowie NEURONSL.RSC und NEURONSL.MSG für benutzereigene Sprachdefinitionen. Eine Anpassung der *.RSC Dateien ist mit jedem üblichen 'Resource'-Editor möglich, doch dürfen die Objektnummern nicht verändert werden. Für die Übersetzung der *.MSG Datei ist jeder Editor ausreichend.

RUN4.PRG müssen in dieses Verzeichnis kopiert werden. Ist eine Neu–Compilierung vorgesehen, so sind alle im Anhang beschriebenen Dateien ebenfalls in dieses Verzeichnis zu kopieren.

Als nächstes sollte eine Anpassung der Start–Datei NEURONS.INF erfolgen, die jedoch nicht zwingend notwenig ist. In ihr können wichtige Voreinstellungen wie Systemsprache *syslanguage*, Pfad des Editors *editor* usw. vorgenommen werden. Dazu sind alle Setzungen als Lisp–Ausdrücke einzugeben, d.h. in der Form (setq <Ausdruck> <Wert>). Eine NEURONS.INF könnte somit folgendes Aussehen haben:[117]

```
(setq *path* "D:\USR\LOCAL\NEURON-S")      % Arbeitsverzeichnis
(setq *editor* "D:\USR\VOL\BIN\QED.APP")   % Editor mit Pfad
(setq *gnuplot* "D:\VOL\SC\GNUPLOT.TOS")   % Gnuplot mit Pfad
(setq *syslanguage* german)                % Systemsprache
(setq *_autoset* t)                        % Neue Units initialisieren
(setq *_gnulog* t)                         % Protokoll als Gnuplot-Datei
(setq *_normalize* t)                      % Inverses Netz normalisieren
(setq *_autoreset* t)                      % Reset vor Simulation
```

Zunächst findet eine Setzung der Pfade für das aktuelle Arbeitsverzeichnis, den Editor und das Programm GNUPLOT statt, dann wird als Systemsprache german ausgewählt. Das Flag *_autoset erhält als Wert t (für: TRUE), wodurch neue Verarbeitungselemente nach Erstellung oder Laden mit Werten für die initialen Aktivierungszustände belegt werden. Abhängig von dem Vorhandensein einer Variable REST, die die Aktivierung eines Elements im Ruhezustand beschreibt, wird entweder der Wert von REST oder 0 zugewiesen. Die Flags *_gnulog, *_normalize und *_autoreset beschreiben weitere Voreinstellungen.

Um NEURON-S zu starten, muß das Programm RUN4 aufgerufen werden, da hierdurch ein „Fehler" in der Speicherverwaltung von Cambridge Lisp behoben wird. Da Cambridge Lisp zur Zeit seiner Entstehung nicht für den Einsatz in Multitasking Betriebssystemen und für die Programmierung graphischer Oberflächen vorgesehen war, eignet es sich nach Aufruf sämtlichen vorhandenen Speicher an. Die Lisp–Optionen LEAVE und STORE, die eine Einschränkung bewirken sollten, arbeiten zudem nicht wie vorgesehen. Um externe 'Resource'–Dateien mit Definitionen von Graphikobjekten zu laden sowie Dialoge zur Dateiverwaltung aufzurufen oder externe Programme wie GNUPLOT zu starten, muß entsprechender Speicherraum freigehalten werden. Dieser Aufgabe übernimmt RUN4, das speziell für den Start des NEURON-S–Simulators entwickelt wurde, prinzipiell aber auch jedes andere Programm starten kann. Es handelt sich dabei um ein kleines Programm in der Programmiersprache C, das das aktuelle Betriebssystem ermittelt und in Abhängigkeit der Kommandozeilenparameter ein Programm in einem bestimmten Modus startet. Dazu muß RUN4 aus der Konsole der Shell (mupfel, sh, csh, tcsh, ksh usw.) aufgerufen werden. run4 -h zeigt dabei alle Parameter an:

---

[117] Das Zeichen % leitet einen beliebigen Kommentar ein, der vom System für den Rest der Zeile ignoriert wird.

```
run [-v|h] [-x] [-b|s|p] [-l|r <kbytes>] <program> [<opts>]
===========================================================
Flag int  Description                    OS
-----------------------------------------------------------
  -x    : Lisp restores memory.          (MagiC,Mint,TOS)
  -b    : Start program parallel.        (MagiC)
  -s    : Start program in single mode.  (MagiC)
  -p    : Start program via Pexec.       (MagiC)
  -l KB : Leave <Kbytes> memory free.    (TOS,MagiC,MiNT)
  -r KB : Run program in <Kbytes> memory. (TOS,MagiC,MiNT)
  -v    : Print version.
  -h    : This help information.
-----------------------------------------------------------
```

Der Parameter -x informiert ein nachgestartetes Lisp über noch vorhandenen Speicherplatz, der dann von Lisp intern freigegeben werden muß. -b, -s und -p bestimmen den jeweiligen Status unter dem Betriebssystem Magic, während -l und -r angeben, wieviel Speicher Lisp freigeben oder nutzen soll. Die einfachste Vorgehensweise besteht darin, in einem Shellscript den Aufruf von Lisp einmal festzulegen und dann lediglich das Script aufzurufen. Im konkreten Fall existiert beim Autor ein Shellscript mit folgendem Inhalt:

```
cd j:\neuron-s
j:\neuron-s\run4.prg -xbl 1000
                 j:\neuron-s\lisp.prg
                 image j:\neuron-s\image opt i
```

Hierdurch wird in das Verzeichnis j:\neuron-s gewechselt und über den Parameter -x festgelegt, daß Lisp entsprechende Speicheradressen mitzuteilen sind, wobei das Programm parallel zu laufenden Applikationen gestartet wird und 1000KB Speicherplatz freilassen soll. Alsdann erfolgt der Aufruf von Lisp unter Angabe des vollen Pfades, des zugehörigen Core–Images und der Option i, die den Interlisp–Modus vorgibt. War der Programmstart erfolgreich, so installiert NEURON-S seine Menüleiste am oberen Bildschirmrand (vgl. Abbildung 6.1). Die einzelnen Menü–Überschriften können mit dem Mauszeiger ausgewählt werden, wonach das Menü „herunterklappt". In jedem dieser Menüs existieren jeweils verschiedene Einträge, die mittels „Anklicken" mit dem Mauszeiger die hinter den einzelnen Menüeinträgen stehenden Unterroutinen aktivieren. Wie in der Abbildung 6.1 zu sehen ist, wurde das zweite Menü mit der Bezeichnung NEURON-S aus der Menüleiste gewählt[118]. Bis auf den ersten Eintrag Programminfo handelt es sich um sogenannte Accessories, die aus kleinen Zusatzprogrammen für die Systemverwaltung bzw. die Benutzeroberfläche bestehen und unter jedem Programm verfügbar sind. Wird jedoch der Menüeintrag Programminfo ausgewählt, so wird eine Information zum aktuellen Programm ausgegeben. Dabei

---

[118] Das erste Menü, das durch ein Piktogramm gekennzeichnet ist, gehört zum Taskmanager des Betriebssystems und dient der Umschaltung zwischen einzelnen Programmen.

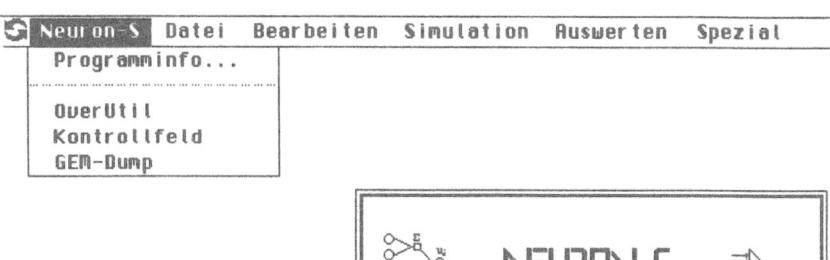

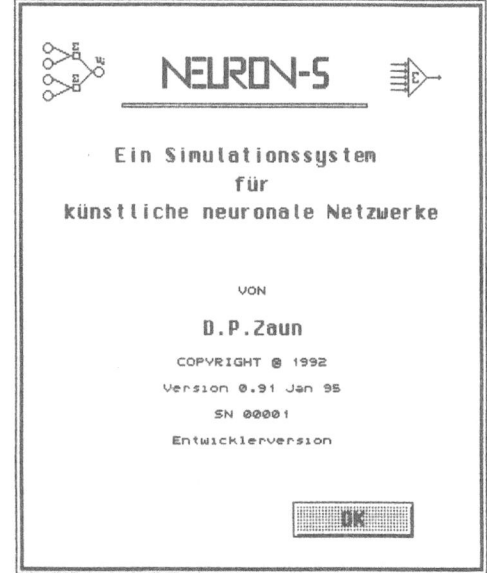

Abb. 6.1: Menüleiste und Dialogbox des Simulators (Bildschirmausschnitt)

öffnet sich eine Dialog-Box mit einer Copyright-Meldung sowie Angaben zur Versionsnummer (vgl. Abbildung 6.1). Durch einen Klick mit dem Mauszeiger auf den „OK-Button" wird die Dialogbox wieder geschlossen.

### 6.2.2 Das Datei-Menü

Wird in der Menüleiste der Punkt DATEI angewählt, so zeigt sich u.a. eine Auswahl verschiedener Einträge zur Behandlung von Dateien. Der letzte Menüeintrag dient dem Verlassen des Programms. Sind im Verlauf einer Programmsitzung Änderungen an Verarbeitungseinheiten, Parametern oder Aktivierungszuständen vorgenommen worden, so gibt das Programm vor Verlassen eine entsprechende Warnmeldung aus, so daß eventuell vorhandene Daten noch gesichert werden können. Unter den Überschriften Laden und Speichern ist es möglich, jeweils unterschiedliche Dateien in den Simulator zu laden oder im Simulator vorhandene Daten zu sichern. Nach Anwahl eines entsprechenden Menüeintrags erscheint eine vom Betriebssystem vorgegebene Datei-Auswahlbox, in der Dateien ausgewählt oder Namen eingegeben werden können, unter denen eine Datei gespeichert oder geladen werden soll. Sind unter dem

118

Abb. 6.2: Das Datei–Menü

Eintrag **Speichern** einzelne Menüpunkte in der Schriftart „light" zu sehen, so ist der betreffende Eintrag nicht wählbar. So ist z.B. **Netzwerk** erst selektierbar, wenn tatsächlich Daten hierzu vorhanden sind.

### 6.2.2.1 Neuron laden und speichern

Unter diesen Menüpunkten können Beschreibungen von Verarbeitungselementen geladen oder abgespeichert werden[119]. Die entsprechenden Dateien sollten die Extension *.PU (für Processing Unit) tragen. Bei den Beschreibungen innerhalb dieser Dateien handelt es sich um eine oder mehrere Lisp–Funktionen, die das Verhalten eines Verarbeitungselements steuern. Das Besondere hierbei ist, daß keine eingeschränkte Kommandosprache verwendet werden muß, sondern alle Konstruktionselemente von Cambridge Lisp zum Einsatz kommen dürfen. Darüber hinaus existieren in NEURON-S eine Reihe von Spezialfunktionen (vgl. Datei **nlisp**), wie z.B. **activep** (= ist ein Element aktiv?), **reset_unit** (= Werte zurücksetzen) oder **app_params** (= alle Verarbeitungselemente mit Parametern initialisieren), die ebenfalls Bestandteil der Beschreibung sein können. Die Vorteile dieser Beschreibungmöglichkeiten durch die Hochsprache Lisp sind nicht positiv genug einzuschätzen, da NEURON-S hierdurch ein universelles Entwicklungswerkzeug für künstliche neuronale Netzwerke bildet. Neben einer Behandlung durch den Lisp–Interpreter können außerdem alle Definitionen eines Verarbeitungselements in den laufenden Simulator compiliert werden, wobei Meldungen des Compilers in einer Datei mit dem Namen SYS0000N.LOG abgelegt werden, um im Falle eines Fehler eine Analyse vornehmen zu können. Eine zu compi-

---

[119] **Speichern** setzt jedoch eine genaue Kenntnis des internen Aufbaus einer Verarbeitungseinheit voraus und ist nur in solchen Fällen notwendig, wenn über das interne Lisp–Interface Funktionen verändert wurden. Normalerweise sind solche Modifikationen extern vorzunehmen.

lierende Datei muß generell den folgenden Aufbau vorweisen:

```
(setq !*comp t)          % Compiler flag t (= True).
(global globals)         % Globale Variablen schützen.

(de activate (unit) ...  % Definitionen beliebiger Funktionen
                         % zur Beschreibung des Verhaltens
                         % von Verarbeitungselementen.

(unglobal globals)       % Globale Variablen freigeben.
(setq !*comp nil)        % Compiler ausschalten.
```

Die angedeutete Funktion activate stellt nur ein Beispiel für eine Aktivierungsfunktion dar[120]. Die Definition und die Benennung von Funktionen muß sich jedoch immer in Übereinstimmung mit den Definitionen und Funktionsaufrufen der Umgebungs- und Propagierungsfunktionen befinden (vgl. Umgebung laden), da immer gegenseitige Abhängigkeiten bestehen. Prinzipiell können jedoch vollständige Netzwerkbeschreibungen inklusive Aktivierungs-, Propagierungs- und Lernfunktionen sowie eine Netzwerktopologie über diesen Punkt geladen werden, da der Simulator in der Lage ist, einzelne Bestandteile zu identifizieren.

## 6.2.2.2 Netzwerk laden und speichern

Gegenüber den meisten Simulatoren, die Netzwerktopologien in Form einer Konnektionsmatrix speichern, besitzt NEURON-S eine andere Philosophie der Netzwerk-Codierung, die mit dem später erläuterten Verfahren der selektiven Propagierung zusammenhängt. Die Codierung in Form einer Konnektionsmatrix wirft bei der Bearbeitung durch externe Editoren meist Probleme auf, da z.B. ein Netzwerk mit 500 Elementen in der Matrix-Darstellung 500 Spalten breit ist und somit nicht von allen Editoren ladbar ist. Zudem enthält eine solche Matrix viele redundante Einträge, wie z.B. die Markierung nicht vorhandener Konnektionen mit 0.

  NEURON-S beschreitet hier einen anderen Weg. Wie auch schon im Falle der Beschreibung von Verarbeitungselementen erfolgt eine Festlegung der Netzwerktopologie und der unterschiedlichen Gewichtungen der Konnektionen durch eine Datei mit Lisp-Ausdrücken. Im folgenden ist die Topologie eines X-OR Netzes zu sehen, die in einer Datei XOR.NET abgelegt ist[121]:

```
(setq *units* '(u1 u2 u3 u4 u5))

(connect 'u1 'to '((u3 0.1)(u4 -0.1)))
(connect 'u2 'to '((u3 -0.1)(u4 0.1)))
(connect 'u3 'to '((u5 0.1)))
(connect 'u4 'to '((u5 0.1)))
```

---

[120] Die vollständige Definition einer solchen Aktivierungsfunktion wird im Zusammenhang mit der selektiven Propagierung beschrieben.

[121] Netzwerkdateien besitzen immer die Extension *.net.

120

In der ersten Zeile findet eine Deklaration aller Verarbeitungselemente und die Bindung an die Variable *units* statt. Jegliche Bezugnahme auf Elemente des Netzes setzt einen Eintrag in diese Liste voraus, weshalb sich alle externen Funktionsaufrufe auf diese Variable beziehen müssen. Durch das Kommando connect werden Verbindungen von einem.Verarbeitungselement zu einem anderen vorgenommen. Die Syntax dieses Lisp–Macros ist:

$$(\text{connect} < unit > \text{to|from} < a - list >)$$

wobei $< a - alist >$ eine Assoziationsliste, bestehend aus einer Menge von Paaren, darstellt, die jeweils die Form ($< unit > < weight >$) haben. In Abhängigkeit von den Schlüsselwörtern to und from drücken solche Paare die Verbindungen von oder zu einem anderen Element sowie die Gewichtung dieser Konnektion aus.

Hierdurch ist es möglich, zwei unterschiedliche Aspekte von Verbindungen auszudrücken, die als „fan–in" und „fan–out" bezeichnet werden (vgl. Rumelhart/Hinton/ McClelland 1986:51). Wie in Abbildung 6.3 zu sehen ist, werden bei fan–in Elementen die von anderen Elementen einlaufenden Verbindungen berücksichtigt, um die Netzeingabe eines Verarbeitungselements durch Gewichtung und Summenbildung zu bestimmen. Bei einer fan–out Sichtweise stehen die Verbindungen eines Elements zu

Fan–In Element          Fan-Out Element

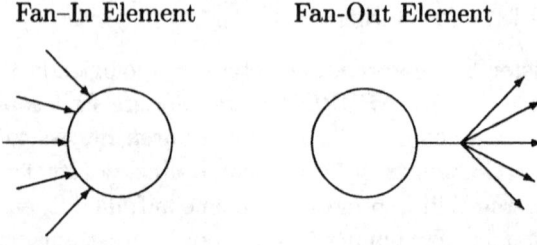

Abb. 6.3: Fan–In und Fan–Out Elemente

anderen im Vordergrund der Betrachtung. In diesem Fall tragen die auslaufenden Verbindungen und deren Gewichtungen zur Veränderung der nachgeschalteten Elemente bei. Um beiden Sichtweisen gerecht zu werden, können Konnektionen als fan–in (= from) und auch als fan–out (= to) bestimmt werden. NEURON-S besitzt interne Mechanismen, um aus einer fan–in Beschreibung eine fan–out zu generieren oder umgekehrt[122].

Ist bereits eine Netzwerktopologie vorhanden, so fragt NEURON-S in einem Dialog nach, ob das bestehende Netzwerk inklusive aller Verarbeitungseinheiten und Gewichtungen gelöscht werden soll, oder ob eine Vermischung des bestehenden Netzes mit dem neu zu ladenden Netzwerk gewünscht wird. In diesem Fall gilt, daß neue Gewichtungen einzelner Elemente Vorrang vor schon vorhandenen Gewichtungen haben.

---

[122] Hierzu existieren in der Datei nlisp spezielle Funktionen, wie z.B. inversion. Solche Funktionen sind auch bei der Definition von Verarbeitungselementen in *.PU-Dateien oder Umgebungen (= *.ENV) nutzbar.

6.2.2.3 Parameter laden und speichern

Hierdurch ist es möglich, eine Vielzahl von Parametern und Einstellungen für das jeweilige Netzwerk zu laden oder abzuspeichern. Eine Parameterdatei sollte die Extension *.par haben und muß zwingend eine Variable *parameter* aufweisen, an die eine Liste mit allen Parametern gebunden ist. Im folgenden ist eine Parameterdatei mit verschiedenen Zuweisungen für ein X-OR Netzwerk zu sehen:

```
(setq *parameter* '(maxval minval decay rest treshold
                    eta delta extinput stay beta estr))

(setq *groups* '(input hidden output))

(put 'input 'members '(u1 u2))
(put 'hidden 'members '(u3 u4))
(put 'output 'members '(u5))

(put 'maxval 'global 1.0)
(put 'minval 'global -1.0)
(put 'decay  'global 0.1)
(put 'rest 'global -0.1)
(put 'treshold 'global 0.4)
(put 'treshold 'output 0.2)
(put 'extinput 'global 0.2)
(put 'eta 'global 0.1)
(put 'stay 'global 30)
(put 'beta 'global 1.0)
(put 'estr 'global 1.0)
```

Neben einer Deklaration aller Parameter findet eine Definiton von Gruppen statt. Das Gruppen-Konzept von NEURON-S gestattet eine individuelle Behandlung von Verarbeitungselementen und eine Zusammenfassung zu Gruppen. Dies ermöglicht den Aufbau individueller Strukturen und Verarbeitungselemente. In der vorliegenden Parameterdatei sind durch die Bindung an die Variable *groups* die Gruppen input, hidden und output definiert, denen jeweils als Mitglieder durch

$$(\text{put } < gruppe > \text{ 'members } < units >)$$

die Verarbeitungselemente u1 und u2, u3 und u4 sowie u5 zugewiesen sind. Eine Festsetzung der Parameter erfolgt mittels

$$(\text{put } < parameter > < gruppe > < wert >)$$

Die Gruppe global, der zunächst alle Elemente angehören, ist immer vorhanden und braucht nicht explizit deklariert zu werden. Entsprechend findet eine Zuweisung aller Parameter innerhalb dieser Gruppe statt, d.h., daß diese Parameter globale Wirkung haben. Individuelle Gruppen besitzen jedoch Vorrang. So erhalten alle Mitglieder der Gruppe output (hier: u5) einen individuellen Schwellwert (= treshold) von

0.2. Die restlichen Parameter hingegen gelten für alle Elemente[123]. Über das Flag *_applicate* kann durch eine entsprechende Setzung im Simulator, bzw. durch die Zeile (setq *_applicate* t) in der Datei NEURONS.INF, gesteuert werden, ob Parameter nach dem Laden automatisch appliziert werden.

### 6.2.2.4 Umgebung laden

Wie schon im Abschnitt „Neuron laden" erläutert, sind Mechanismen der Aktivierung und Propagierung in externen Dateien durch Lisp–Funktionen und Programme beschreibbar. Bei der Umgebung handelt es sich um die globale Steuerung der Simulation eines künstlichen neuronalen Netzwerks. Beschreibungen der Simulationsumgebung sowie Propagierungsfunktionen und globale Adaptionsstrategien sind daher in einer solchen Datei, die die Extension *.ENV (für: Environment) haben sollte, abzulegen. Hinsichtlich der Compilierung ins laufende System gelten die gleichen Voraussetzungen wie für „Neuron laden", d.h.: Einschalten des Compilerflags, globale Variablen schützen usw. Typischerweise enthält eine solche Datei Funktionen für die diskrete Einteilung von Verarbeitungsschritten bei der Ausbreitung von Aktivierungen im Netzwerk. Die Grundfunktion, die eine Simulation des Netzwerkes startet, muß in dieser Datei definiert werden und den Namen cycle tragen, da der Aufruf von cycle von NEURON-S aus erfolgt.

### 6.2.2.5 Gewichtungen laden

Unter dem Menüeintrag Gewichtungen laden können Gewichtungen für einzelne Elemente aus Dateien mit der Extension *.WGT nachträglich geladen werden. Der Aufbau entspricht dem der Netzwerk–Dateien (= *.NET), jedoch ist die Variable *unit* hier nicht zwingend vorgeschrieben, da dieser Menüpunkt normalerweise nur neue Gewichtungen für bereits existierende Konnektionen lädt. Sollten Verarbeitungselemente, zu denen in dieser Datei gewichtete Verbindungen angegeben sind, nicht existieren, so werden diese ignoriert oder bei gesetztem *_autocreate* Flag neu generiert.

### 6.2.2.6 Zustände laden oder speichern

Mit „Zuständen" sind hier die Aktivierungszustände der verschiedenen Verarbeitungselemente gemeint. Diese Aktivierungswerte lassen sich in einer Datei mit der Extension *.ACT abspeichern oder aus ihr laden. Dabei können Werte für alle Elemente, für einzelne Elemente oder auch für Gruppen geladen oder gesichert werden. Einträge haben hier immer die Form

$$(\text{put} \ < unit > \ '\text{activation} \ < Wert >$$

### 6.2.2.7 Protokoll laden oder speichern

Als „Protokoll" werden in NEURON-S Aufzeichnungen über die Aktivierungsverläufe der jeweiligen Verarbeitungselemente während der Simulation bezeichnet. Das in-

---

[123] Eine Beschreibung dieser Parameter erfolgt an späterer Stelle.

terne NEURON-S Aufzeichnungsverfahren weist den betreffenden Elementen unter der Eigenschaft `log` einen Vektor zu, in den bei jedem einzelnen Zyklus ein Eintrag des Aktivierungszustandes erfolgt. Wurde ein solcher Vektor eingerichtet, so kann er zur späteren Auswertung abgespeichert bzw. wieder geladen werden. Wählt man den Menüeintrag `Protokoll Speichern` an, so fragt das System nach dem gewünschten Format, wobei als Möglichkeiten das NEURON-S interne und das Gnuplot–Format zur Auswahl stehen. Im folgenden ist ein gespeicherter Log–Vektor im internen NEURON-S Format für ein Element `u1` zu sehen, dessen Aktivierungszustände über 100 Zyklen protokolliert wurden:

```
(put 'u1 'log [-0.1,0.08,0.246,0.3622,0.44354,0.500478,0.5403347,
     0.5682343,0.587764,0.6014348,0.6110044,0.6177031,0.6223922,
     0.6256745,0.6279722,0.6295805,0.6307065,0.6314945,0.6320462,
     0.6324324,0.6327026,0.6328919,0.6330244,0.633117,0.633182,
     0.6332273,0.6332592,0.6332814,0.633297,0.6333079,0.6333156,
     0.559984,0.4939857,0.4345871,0.3811284,0.3330155,0.289714,
     0.2507426,0.2156683,0.1841015,0.1556913,0.1301222,0.10711,
     0.08639898,0.06775908,0.05098318,0.03588486,0.02229637,0.01006673,
     -0.000939941,-0.01084595,-0.01976135,-0.02778522,-0.0350067,
     -0.04150603,-0.04735543,-0.05261989,-0.0573579,-0.06162211,
     -0.0654599,-0.06891391,-0.07202251,-0.07482026,-0.07733824,
     -0.07960441,-0.08164397,-0.08347957,-0.0851316,-0.08661845,
     -0.0879566,-0.08916094,-0.09024484,-0.09122035,-0.09209832,
     -0.09288848,-0.09359964,-0.09423967,-0.09481571,-0.1,-0.1,-0.1,
     -0.1,-0.1,-0.1,-0.1,-0.1,-0.1,-0.1,-0.1,-0.1,-0.1,-0.1,
     -0.1,-0.1,-0.1,-0.1,-0.1,-0.1,-0.1])
```

Da solche Beschreibungen, insbesonders wenn viele Verarbeitungselemente protokolliert werden müssen, für den Benutzer wenig einprägsam sind, kann über diesen Menüeintrag zum anderen noch eine Ausgabe als Gnuplot–Graph erfolgen. Zu diesem Zweck wird eine Datei mit der Extension `*.LOG` erstellt, in welche die Plot–Daten für Gnuplot gesichert werden. Zudem wird eine Gnuplot-Steuerdatei mit der Extension `*.GPL` generiert. Für ein X-OR Netzwerk, in dem die Elemente der Eingangsschicht u1 und u2 30 Zyklen lang externen Input erhielten und eine Protokollierung über 100 Zyklen erfolgte, hat die Gnuplot-Steuerdatei folgendes Aussehen:

```
# GNUPLOT file created by Neuron-S  Version 0.91 alpha Jan 1995
# at 11:18:42  04-Apr-1995
# 5 traced units:
# u1
# u2
# u3
# u4
# u5

set title "Aktivierungsprotokoll"
set xtics ("u1" 0, "u2" 1, "u3" 2, "u4" 3, "u5" 4)
```

```
set ylabel "Durchgänge"
set zlabel "Aktivierungsgrad"
splot 'gnuplot2.log' with lines, 0.4 title "Schwellwert"
```

Wird anschließend das Programm Gnuplot gestartet und diese Steuerdatei ausgeführt, so erfolgt eine graphische Auswertung des Verlaufs der Aktivierung der Verarbeitungselemente u1 bis u5. Eine solche Auswertung ist in Abbildung 6.4 dargestellt. Wie darin

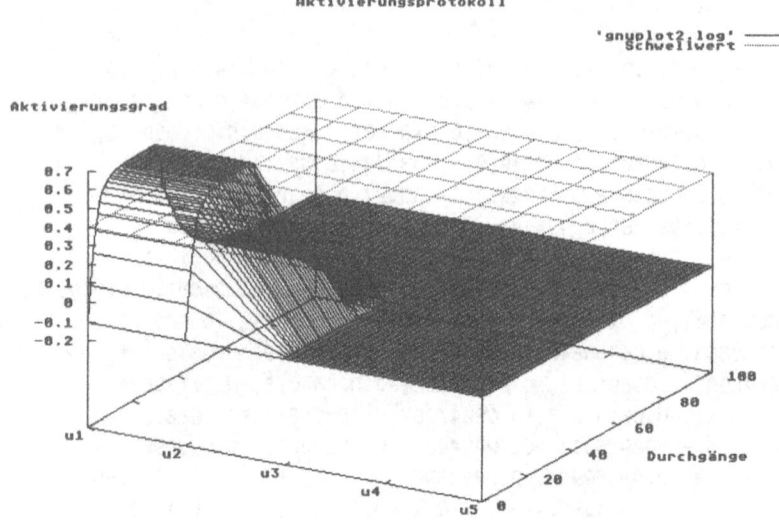

Abb. 6.4: Auswertung eines X-OR Netzwerks

zu sehen ist, steigt die Aktivierung der Elemente u1 und u2 stark an und fällt nach 30 Zyklen wieder zurück, da diese Elemente ab dem 30. Zyklus keinen externen Input mehr bekommen. Alle anderen Elemente werden aufgrund der X-OR Topologie nicht aktiv.

## 6.2.2.8  Kontrolldatei laden oder speichern

Über diese Menüpunkte können verschiedene Dateien zu einem Projekt zusammengelegt werden. Für ein X-OR Netzerk könnte eine Datei, die z.B. XOR.CNT genannt wird (*.CNT = Control), den folgenden Aufbau haben:

```
neuron active!.pu
environment selprop!.env
parameter xor!.par
network   xor!.net
```

Jede Zeile besteht aus einem Schlüsselwort und einem zugeordneten Dateinamen, in dem gemäß der Cambridge Lisp Konvention Sonderzeichen (wie .) durch das Escape-Zeichen ! eingeleitet werden müssen. Als Schlüsselwörter sind network, parameter, `environment`, `weights`, `activations`, `log` und `input` möglich. Neben den bereits beschriebenen Dateitypen kann auch noch eine Datei eingesetzt werden, die durch `input` ausgezeichnet ist und die Extension `*.INP` aufweist. Darin können Elemente bestimmt werden, die während der Simulation externen Input erhalten. Außerdem sind Setzungen von Flags und Variablen möglich, die mit dem Eingabemuster und dessen Aktivierung zusammenhängen. Für ein X-OR Netzwerk könnte eine minimale Input–Datei lediglich aus der Zeile

```
(setq *inputlist* '(u1 u2))
```

bestehen, die bestimmt, daß nur die Elemente u1 und u2 externen Input erhalten. Dabei ist eine Variable mit der Bezeichnung `*inputlist*` zwingend vorgeschrieben. NEURON-S verwendet intern eine solche Variable zur Bestimmung von Verarbeitungselementen mit externem Input.

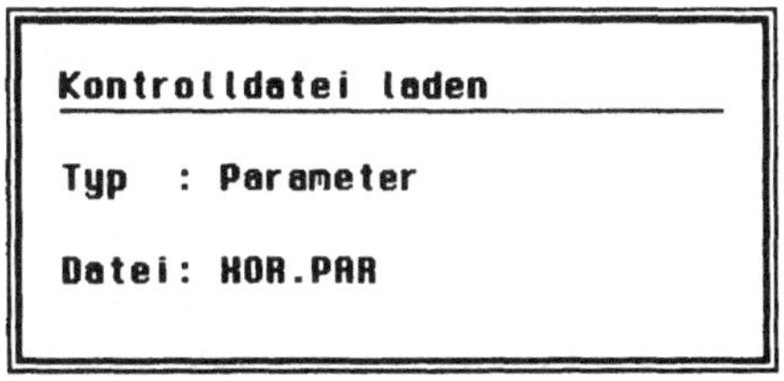

```
┌─────────────────────────────────────────┐
│ ┌─────────────────────────────────────┐ │
│ │  Kontrolldatei laden                │ │
│ │  ─────────────────────────────────  │ │
│ │  Typ   : Parameter                  │ │
│ │                                     │ │
│ │  Datei: XOR.PAR                     │ │
│ │                                     │ │
│ └─────────────────────────────────────┘ │
└─────────────────────────────────────────┘
```

Abb. 6.5: Meldung des Systems beim Laden

Bei jedem Lade– oder Speichervorgang erscheint auf dem Bildschirm eine Info–Box (vgl. Abbildung 6.5) mit Angaben über Name und Typ der gerade bearbeiteten Datei, so daß bei auftretenden Fehlern die jeweilige Datei sofort zu bestimmen ist. In der Abbildung ist ein Ausschnitt aus einem durch eine Kontrolldatei ausgelösten Ladevorgang zu sehen, bei dem z.Z. eine Parameterdatei mit Namen `XOR.PAR` bearbeitet wird.

Während des Sicherns von Daten erscheint ebenfalls eine solche Info–Box. Beim Abspeichern einer Kontrolldatei werden alle im Simulator vorhandenen Daten (z.B. Parameter, Gruppenzuordnung, Netzwerkdaten usw.) auf entsprechende Dateien verteilt, wobei sich NEURON-S an bereits geladenen Dateien orientiert. Eine Übersicht hinsichtlich solcher geladenen Dateien ist im `Spezial-Menü` des Simulators unter dem Eintrag `Geladene Dateien` zu sehen.

### 6.2.3 Das Bearbeiten–Menü

Unter diesem Menü sind alle für die Bearbeitung des Netzwerks und der Simulationsumgebung relevanten Dialoge zusammengefaßt. Nach einem Mausklick in den Menü-Titel `Bearbeiten` zeigt sich die in Abbildung 6.6 zu sehende Auswahl von Menüpunkten.

Abb. 6.6: Das Bearbeiten–Menü

### 6.2.3.1 Netzwerk bearbeiten

Einer der wichtigsten Punkte ist hier der Netzwerk–Editor, der nach Anwahl des Eintrags Netzwerk aufgerufen wird. Dazu muß jedoch eine Netzwerktopologie vorhanden sein. Abbildung 6.7 zeigt den Netzwerkeditor, mit dem Konnektionen eines Netzes bearbeitet werden, das den Namen perpro1.net trägt. Wie der Abbildung zu entnehmen ist, wurde in der linken Auswahlbox ein Verarbeitungselement mit der Bezeichnung plur selektiert, wodurch eine Übertragung des Namens in das untere linke Edit–Feld stattfand. Mittels entsprechender Eingaben in dieses Edit–Feld ist es möglich, bestehende Bezeichnungen zu verändern oder neue einzutragen.

Hierzu dienen die unter dem linken Auswahlfenster zu sehenden Buttons (= „Auswahlknöpfe"). Mit Neu wird ein neues Verarbeitungselement angelegt, mit Löschen hingegen ein bestehendes aus dem Netzwerk entfernt. Konnektionen von anderen Elementen zu diesem werden ebenfalls gelöscht. Der Kopieren Button ermöglicht das Duplizieren einzelner Elemente. Dazu ist es nötig, ein Element aus dem linken Auswahlfenster zu selektieren und im Edit–Feld einen neuen Namen anzugeben. Nach Anklicken des Buttons Kopieren mit dem Mauszeiger wird dann das betreffende Verarbeitungselement mitsamt seinen ein- und auslaufenden Konnektionen zu anderen Elementen kopiert und unter der neuen Bezeichnung abgelegt. Findet stattdessen jedoch mit dem Mauszeiger ein Klick auf den Ändern–Button statt, so ändert sich lediglich der Name des Elements. Sämtliche Referenzen von vor- oder nachgeschalteten Verarbeitungselementen werden dieser Änderung automatisch angepaßt.

Weist ein in dem linken Auswahlfenster selektiertes Verarbeitungselement gewichtete Verbindungen zu anderen Elementen auf, so stellt das Programm diese im rechten Auswahlfenster dar. Die Konnektionen sind ebenfalls durch einen Klick mit dem Mauszeiger auf die entsprechende Zeile bearbeitbar. Im vorliegenden Beispiel wurde von plur die Konnektion zu einem Element mit der Bezeichnung sing ausgewählt, die mit -0.1 gewichtet ist. Die Selektion überträgt den Namen des Elements, zu dem die Verbindung besteht, und die Gewichtung automatisch in die jeweiligen unteren Edit–Felder, wodurch eine Bearbeitung möglich ist. Für die entsprechend ausgewählten Konnektionen stehen die Buttons Neu, Löschen und Ändern zur Verfügung.

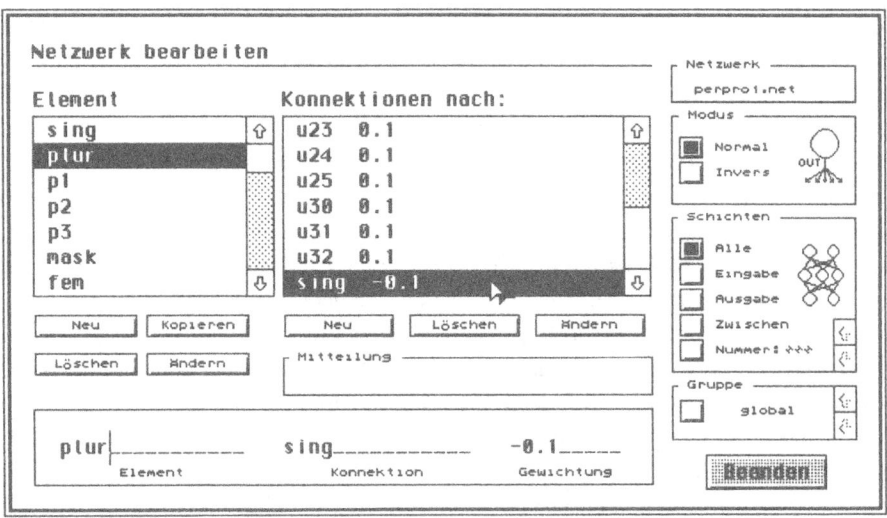

Abb. 6.7: Dialog zur Netzwerkbearbeitung

Durch die am rechten Rand der Dialogbox zu sehenden Schalter können darüber hinaus noch verschiedene Darstellungsformen ausgewählt werden. Zunächst wird im oberen Feld der Name des Netzwerks angezeigt. Im Feld Modus sind zwei verschiedene Einstellungen möglich. Die hier ausgewählte Normal–Darstellung entspricht der Fan–Out Sichtweise von Konnektionen. Wird der Schalter Invers angewählt, so errechnet NEURON-S selbständig, von welchen vorgeschalteten Elementen die Verarbeitungselemente Input erhalten können. Ein solche Inversion wird für alle Elemente des Netzwerks vorgenommen. Das in der Normaldarstellung zu sehende Icon mit der Bezeichnung OUT ändert sich daraufhin in eine Darstellung der Fan–In Architektur mit der Bezeichnung IN. Ebenso wird die Überschrift des Auswahlfensters für Verbindungen dem inversen Modus angepaßt und in „Konnektionen von" geändert. Selektierte Elemente im linken Auswahlfenster reagieren dann mit der Darstellung von Elementen und Gewichtungen, von denen sie Input erhalten können.

Sind Netzwerke mit einer aus verschiedenen Schichten bestehenden Architektur vorhanden, so lassen sich diese Schichten getrennt anzeigen. Im Feld Schichten, das in Abbildung 6.7 am rechten Rand der Dialogbox zu sehen ist, existieren die Schalter Alle, Eingabe, Ausgabe, Zwischen und Nummer. Während der Schalter Alle sämtliche Verarbeitungselemente im linken Auswahlfenster anzeigt, führt eine Selektion der Schalter Eingabe, Ausgabe oder Zwischen zur Darstellung der Elemente aus der jeweiligen Schicht. Entsprechend findet eine Veränderung des im Schichten–Feld zu sehenden Netzwerk–Icons statt. Generell kann die Auswahl zur Anzeige unterschiedlicher Schichten durch ein Abzählen der einzelnen Schichten erfolgen. Hierzu ist der Schalter Nummer zu selektieren. Sogleich erscheint die Zahl 1, die für die erste Schicht steht, in dem rechts daneben liegenden Feld. Die Pfeilschalter zu diesem Feld sind dar-

128

aufhin ebenfalls selektierbar und ermöglichen ein „Blättern" zwischen den einzelnen Schichten. Die jeweiligen Elemente der Schichten sind dann im linken Auswahlfenster zu sehen. Eine Ermittlung der einzelnen Schichten nimmt NEURON-S selbständig vor, indem das Programm zunächst alle Elemente, die keine Konnektionen von vorgeschalteten Elementen aufweisen, zusammenfaßt. Anschließend findet eine Bestimmung der jeweils nachgeschalteten Elemente statt. Dieser Prozeß setzt sich solange fort, bis Verarbeitungselemente keine auslaufenden Verbindungen mehr besitzen. Das Verfahren läßt sich prinzipiell auf alle Netzwerkarchitekturen anwenden, um z.B. Pfade im Netzwerk zu ermitteln. Treten rekurrente Konnektionen auf, so erfolgt im Feld Mitteilung ein entsprechender Hinweis auf die vom System entdeckte zyklische Struktur.

Daneben besteht noch die Möglichkeit, Verarbeitungselemente hinsichtlich ihrer Gruppenzugehörigkeit auszuwählen. Im Feld Gruppe ist dazu der betreffende Schalter anzuwählen. Die immer vorhandene Gruppe global umfaßt alle Elemente des Netzes. Sind noch weitere Gruppen vorhanden, so kann durch die dann selektierbaren Pfeilschalter zwischen den einzelnen Gruppen gewechselt werden. Ist die Bearbeitung des Netzwerks beendet, dann führt die Anwahl des Buttons Beenden zum Verlassen des Dialogs.

### 6.2.3.2 Parameter bearbeiten

Der Menüpunkt Parameter im Bearbeiten-Menü dient der Definition, Setzung oder Veränderung von Parametern für das Netzwerk. Welche Parameter für den Betrieb der Netzwerk-Simulation notwendig sind, hängt im wesentlichen von den Definitionen des Neuronen-Modells und den Aktivierungs-, Propagierungs-, Umgebungs- und Lernfunktionen ab, die über die entsprechenden Dateien geladen werden. Die Dialogbox zum Bearbeiten von Parametern zeigt Abbildung 6.8. Die schon im Zusammen-

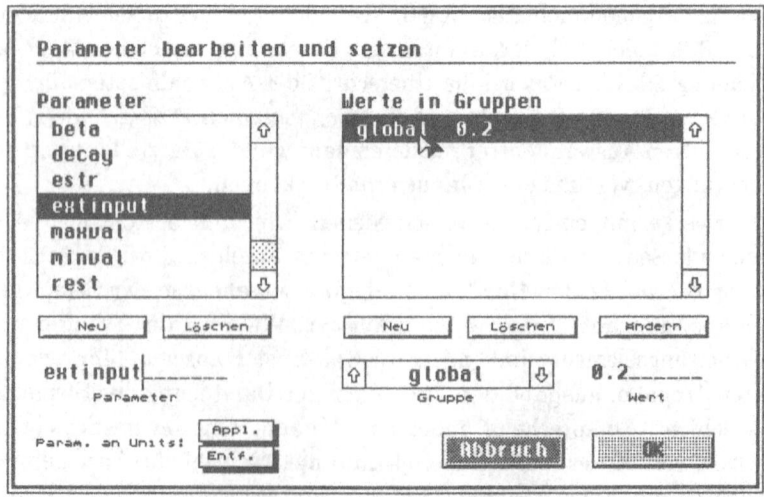

Abb. 6.8: Bearbeitung von Parametern

hang mit der Bearbeitung eines Netzwerks verfolgte Philosophie der Selektion über Auswahlfenster wird auch in diesem Dialog beibehalten. Parameter lassen sich im linken Fenster selektieren, woraufhin die zugehörigen Werte im rechten Fenster zu sehen sind. Werte sind dabei immer an bestimmte Gruppen gebunden. Im vorliegenden Fall erhält der Parameter extinput, der die Gewichtung externer Inputs für das Netzwerk ausdrückt, den globalen Wert 0.2. Durch die jeweiligen Buttons Neu, Löschen und Ändern ist auch hier eine Bearbeitung der Parameter und der zugehörigen Werte möglich.

Die Auswahl einer Gruppe erfolgt über die Pfeiltasten. Sind keine Gruppen definiert, so findet lediglich global Verwendung. Eine Eingabe von neuen Gruppen ist in diesem Dialog allerdings nicht möglich, da sie über einen gesonderten Dialog definiert werden müssen. Ist das Flag *_autoset* gesetzt, so findet nach Verlassen des Dialogs über den OK Button ein Setzung einzelner Parameterwerte statt, die den Aktivierungszustand von Verarbeitungselementen betreffen. Ein Beispiel hierfür ist der Parameter rest, der die Aktivierung eines Elements im Ruhezustand beschreibt. Parameter wie maxval oder minval, die Ober- und Untergrenze möglicher Aktivierungen ausdrücken, brauchen nicht immer an einem Verarbeitungselement festgemacht zu sein, da z.B. die Aktivierungsfunktion solche Werte aus einer separaten Datenstruktur ausliest. Sollen jedoch die Parameterwerte als Eigenschaften jedes einzelnen Elements (in Abhängigkeit der jeweiligen Gruppe) intern gespeichert werden, so ist dies über den Button Appl. (für: Applizieren) zu erreichen, bzw. über Entf. (für: Entfernen) rückgängig zu machen. Der gleiche Effekt ist durch eine Setzung des Flags *_applicate* in der Initialisierungsdatei NEURONS.INF möglich.

Zum Verlassen des Dialogs ist der Button OK anzuwählen, der zudem alle Änderungen bestätigt. Der Button Abbruch hingegen beendet den Dialog und restauriert alle Werte, die beim Aufruf des Dialogs vorgelegen haben.

### 6.2.3.3 Durchläufe festlegen

In diesem Dialog (vgl. Abbildung 6.9), der über den Menüeintrag mit der Bezeichnung „Durchläufe" zu erreichen ist, kann festgelegt werden, wie viele Zyklen eine Simulation durchlaufen soll, bzw. ob ggf. eine Unterbrechung nach einer bestimmten Anzahl von Zyklen gewünscht ist. Mit Hilfe der Pfeiltasten lassen sich die jeweiligen Werte erhöhen (Pfeil nach oben) oder verringern (Pfeil nach unten). Ein Verlassen des Dialogs über den OK Button bestätigt die Setzungen, ein Beenden über den Abbruch Button jedoch widerruft sie.

Mögliche Unterbrechungen und die Anzahl der Zyklen bei der Simulation werden nicht von NEURON-S selbst ausgelöst, sondern erfolgen durch die Umgebungs- und Propagierungsfunktionen der *.ENV Datei. NEURON-S stellt lediglich die entsprechenden Variablen zur Verfügung und belegt sie mit den vorgegebenen Werten. Dabei handelt es sich um das Flag *_break*, das durch T oder NIL anzeigt, ob eine Unterbrechung stattfinden soll, um die Variable *break*, die mit einer Zahl belegt ist und bestimmt, nach wie vielen Zyklen jeweils diese Unterbrechung erfolgt sowie um die Variable *passes*, welche die Anzahl der Zyklen wiedergibt.

Abb. 6.9: Festlegen von Durchläufen

### 6.2.3.4 Simulation

Unter diesem Menüpunkt läßt sich die Gruppe derjenigen Verarbeitungselemente festlegen, die bei der Simulation ständig ihre Werte in einem Fenster ausgeben sollen. In
der Dialogbox, die in Abbildung 6.10 zu sehen ist, zeigt das linke Auswahlfenster
alle Elemente des Netzwerks an. Von diesen kann eine beliebige Anzahl durch den

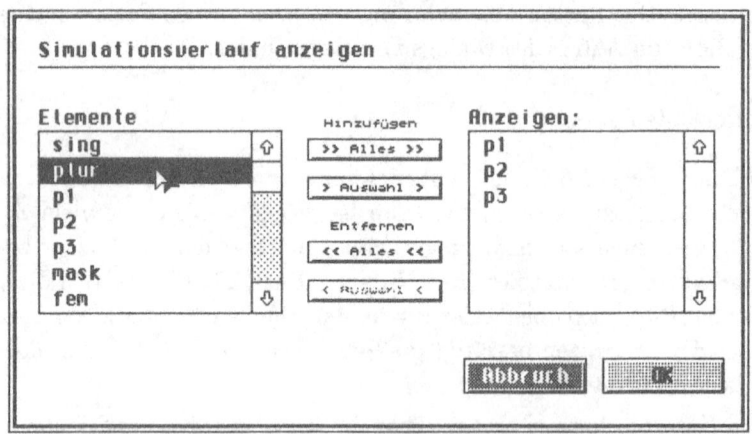

Abb. 6.10: Selektion von zu überwachenden Elementen

Mauszeiger selektiert und über den unter „Hinzufügen" stehenden Button **Auswahl**
in das rechte Fenster übernommen werden. Alternativ lassen sich auch alle Elemente
über den Button **Alles** dorthin kopieren. Die betreffenden Elemente sind durch die
entsprechenden Buttons auch wieder entfernbar. Einzelne Elemente lassen sich hier-

zu im rechten Fenster selektieren und über den Button `Auswahl` löschen, während `Alles` das gesamte rechte Auswahlfenster leert. Die Elemente in diesem rechten Auswahlfenster werden nach Verlassen des Dialogs durch den `OK` Button in einer Liste gespeichert, die von den Ungebungs- und Propagierungsfunktionen unter der Bezeichnung `*displist*` gefunden und abgearbeitet werden können.

### 6.2.3.5 Protokoll

In vielen Fällen ist es notwendig, über den Aktivierungsverlauf einzelner Elemente ein Protokoll zu führen. Da nicht immer alle Element für eine Analyse interessant sind, bzw. Speicherraum gespart werden muß, besteht die Möglichkeit, eine Entscheidung für oder gegen das Protokollieren der Aktivierungszustände einzelner Verarbeitungselemente zu treffen. Diesem Zweck dient der Dialog `Protokoll` unter dem Menü `Bearbeiten`. Die Auswahl der Elemente, bzw. das Entfernen bereits selektierter geschieht auf die gleiche Weise, wie schon im vorhergehenden Dialog. Das Sichern der jeweils aktuellen Aktivierungszustände sollte innerhalb der Aktivierungs- oder Propagierungsfunktion vorgenommen werden, wobei die betreffenden Verarbeitungselemente in einer Liste zu finden sind, die an die Variable `*loglist*` gebunden ist. NEURON-S stellt für jedes Element dieser Liste unter der Eigenschaft `log`[124] einen Vektor bereit, der die anfallenden Werte aufnehmen kann. Wie in Abbildung 6.11 zu

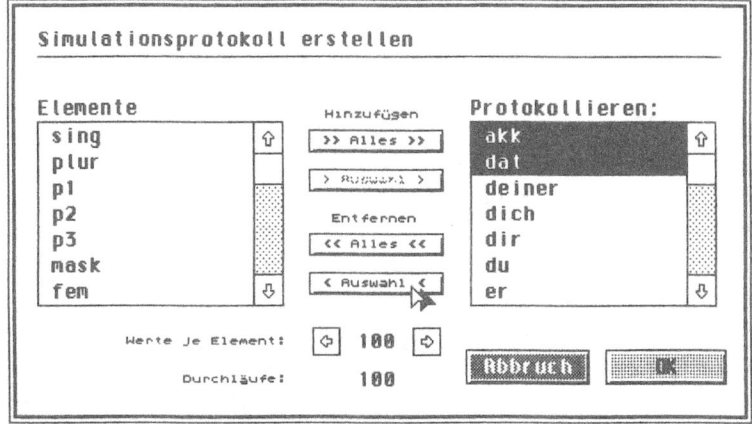

Abb. 6.11: Auswahl von Elementen für das Protokoll

sehen ist, läßt sich auch die Anzahl der zu protokollierenden Aktivierungszustände bestimmen. Über die Pfeiltasten ist die gewünschte Anzahl einstellbar. Zur Information zeigt NEURON-S zusätzlich die Anzahl der Zyklen an, die im Dialog `Durchgänge` angegeben wurde. Das System weist ggf. darauf hin, daß die Anzahl der Zyklen und die der zu protokollierenden Aktivierungszustände nicht übereinstimmen.

---

[124] Der Zugriff auf Eigenschaften erfolgt unter Lisp durch **get** oder **put** (vgl. hierzu auch Zaun 1992:28ff.).

#### 6.2.3.6 Gruppen bearbeiten

Die Definition neuer Gruppen, ein Entfernen oder Verändern bestehender Gruppen sowie die Zusammenfassung einzelner Elemente zu solchen Gruppen ist Aufgabe des Dialogs, der über den Menüeintrag **Gruppen** zu erreichen ist. Wie aus Abbildung 6.12 zu entnehmen ist, arbeitet auch dieser Dialog mit Auswahlfenstern. Im linken

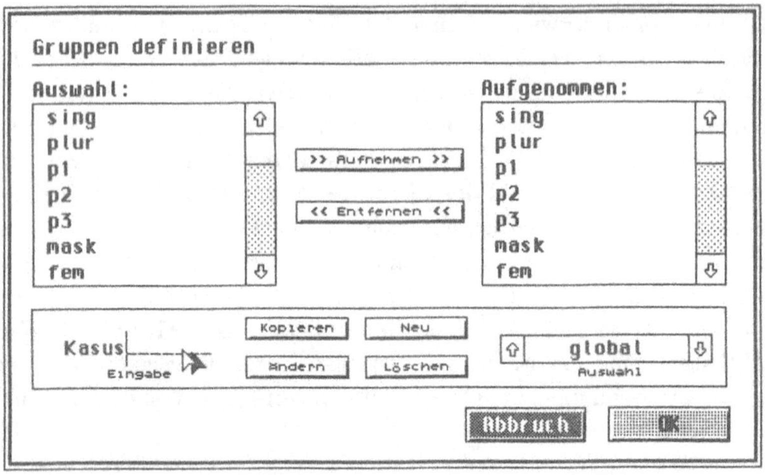

```
Gruppen definieren
_____

Auswahl:                                      Aufgenommen:
 sing                      ⇧                    sing                   ⇧
 plur                                           plur
 p1             >> Aufnehmen >>                 p1
 p2                                             p2
 p3             << Entfernen <<                 p3
 mask                                           mask
 fem                       ⇩                    fem                    ⇩

  _____
       Kasus┐          Kopieren    Neu
            └──➤                                ⇧    global    ⇩
        Eingabe        Ändern     Löschen            Auswahl

                                            Abbruch        OK
```

Abb. 6.12: Bearbeiten von Gruppen

Fenster sind alle Verarbeitungselemente des Netzwerks selektierbar und lassen sich über den **Aufnehmen** Button in das rechte Fenster kopieren, bzw. durch den **Entfernen** Button wieder löschen. Der Name der Gruppe, zu der die im rechten Auswahlfenster zu sehenden Elemente gehören, steht direkt unter diesem Fenster. Im vorliegenden Fall ist es die Gruppe **global**, der alle Elemente angehören. Über die Pfeiltasten neben dem Gruppenfeld kann zwischen den einzelnen Gruppen gewechselt werden, woraufhin NEURON-S die jeweiligen Elemente der Gruppe im rechten Fenster anzeigt.

Neue Gruppen oder Gruppennamen lassen sich im linken Edit–Feld, das mit „Eingabe" ausgezeichnet ist, eingeben. In Abbildung 6.12 erfolgte die Eingabe des Namens *Kasus*. Über den Button **Neu** wird unter dieser Bezeichnung eine neue Gruppe eingetragen, wogegen **Ändern** den rechts zu sehenden Gruppennamen **global** in **Kasus** ändert. Eine Manipulation der Gruppe **global** sollte allerdings nach Möglichkeit vermieden werden, da diese Gruppe immer vorhanden sein sollte. Mit dem **Kopieren** Button ist jedoch das Duplizieren einer Gruppe und Abspeichern unter einer neuen Bezeichnung möglich. Im konkreten Fall würden alle Elemente der Gruppe **global** dann auch der Gruppe **Kasus** angehören. Alle vorhandenen Gruppen werden unter der Variable *groups* in einer Liste gespeichert. Für das Entfernen von Gruppen aus dieser Liste ist der Button **Löschen** zu selektieren, der immer Bezug auf die rechts angezeigte Gruppe hat. Die interne Zuweisung von Elementen zu Gruppen erfolgt durch Eigenschaftslisten (= „property list" in Lisp), bei denen Gruppen unter der

Eigenschaft **members** eine Liste mit Verarbeitungselementen zugeordnet wird:

$$(\text{put} \ <gruppe> \ '\text{members} \ <liste>)$$

Erfragt werden können die Elemente einer Gruppe durch:

$$(\text{get} \ <gruppe> \ '\text{members})$$

Rückgabewert der Lisp–Funktion **get** ist dann eine Liste mit den Mitgliedern einer Gruppe.

### 6.2.3.7 Neues Netzwerk einrichten

Zur Erstellung eines Netzwerks ist der Menüpunkt **Neues Netz** anzuwählen. Daraufhin erfragt NEURON-S über eine Dialogbox den Namen, unter dem das Netzwerk geführt werden soll (vgl. Abbildung 6.13). Nachdem ein Name eingegeben wurde,

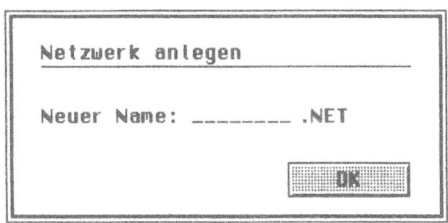

Abb. 6.13: Eingabe des Netzwerknamens

fragt NEURON-S über eine Dialogbox nach, ob eine manuelle Erstellung oder die Generierung eines Netzwerks gewünscht ist. Die Selektion des Buttons **Manuell** führt zum Aufruf des schon dargestellten Netzwerkeditors, die des Buttons **Generieren** hingegen öffnet den in Abbildung 6.14 dargestellten Dialog. Hiermit ist es möglich, beliebige Schicht–Netzwerke automatisch zu erstellen. Im oberen Feld lassen sich Angaben hinsichtlich der Netzwerktopologie machen. In den Feldern **Eingangsschicht**, **Zwischenschicht** und **Ausgangsschicht** erfolgt eine Festlegung über die Anzahl der Verarbeitungselemente in den jeweiligen Schichten. Im konkreten Fall soll die Eingangs- und Ausgangsschicht jeweils 100 Verarbeitungselemente haben, die Zwischenschicht allerdings nur 80. Im rechts daneben liegenden Feld läßt sich die Anzahl der Zwischenschichten sowie die gewünschte Verknüpfungsdichte einstellen. Bei Anwahl des Schalters **Vollverknüpft** ist jedes Element einer Schicht mit jedem Element der nachfolgenden Schicht verbunden. In Abbildung 6.14 wurde jedoch eine probabilistische Verküpfung mit einer Dichte von 50 Prozent vorgegeben. Dabei bestehen zwischen jedem Verarbeitungselement Konnektionen zu 50 Prozent der Elemente der Folgeschicht.

Im Feld „Konnektionen" lassen sich diese Verbindungen hinsichtlich der Gewichtungen noch genauer bestimmen. Zum einen kann eine feste Gewichtung aller Konnektionen vorgegeben werden, zum anderen lassen sich auch Zufallswerte aus einem

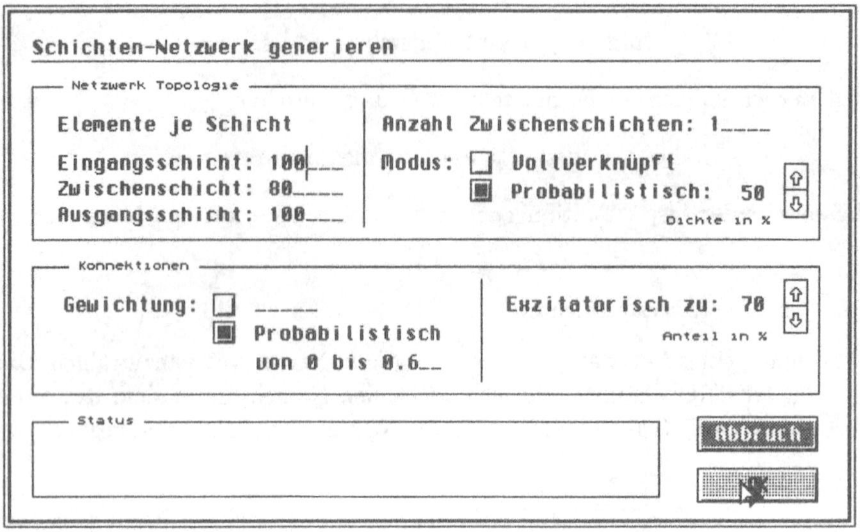

Abb. 6.14: Generieren eines Netzwerks

Intervall 0 bis zu der hier eingegebenen Grenze von 0.6 generieren. Prinzipiell lassen sich beliebige Werte verwenden, doch ist eine Beachtung des Intervalls möglicher Aktivierungszustände anzuraten. Im linken Teil der Dialogbox kann zudem über Pfeiltasten eingestellt werden, zu welchem Prozentsatz es sich bei den generierten Zufalls-Gewichtungen um positive (exzitatorische) Werte handeln soll. In der in Abbildung 6.14 zu sehenden Dialogbox erfolgte eine Vorgabe von 70 Prozent.

Über den Abbruch Button wird dieser Dialog beendet. Der OK Button hingegen startet den Generierungsprozeß. Zuvor findet noch eine Reorganisation des Speichers statt, worüber der Benutzer durch die in Abbildung 6.15 zu sehende Nachricht informiert wird. Anschließend startet der Prozeß der Netzwerkgenerierung, wobei im Feld mit der Bezeichnung „Status" Informationen über erzeugte und noch zu generierende Verarbeitungselemente und Konnektionen ausgegeben werden. Nach Abschluß des Prozesses findet noch ein Entfernen inkonsistenter Elemente statt, die keine Verbin-

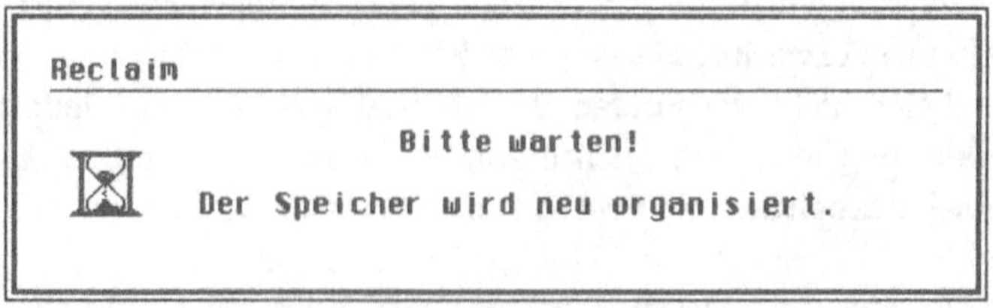

Abb. 6.15: Reorganisation des Speichers

dungen zu anderen Elementen besitzen. Solche Fälle können dann eintreten, wenn sehr geringe Verknüpfungsdichten eingestellt sind.

## 6.2.3.8 Zurücksetzen von Werten

Der Menüpunkt Zurücksetzen dient dazu, Werte und Einstellungen, die sich im Verlauf einer Simulation verändert haben, wieder auf die Ursprungswerte zurückzusetzen. In Abbildung 6.16 ist der hierfür zuständige Dialog zu sehen. Eine Auswahl der

Abb. 6.16: Zurücksetzen von Werten

verschiedenen Möglichkeiten wird mit dem Mauszeiger vorgenommen, woraufhin die betreffende Option angekreuzt ist. Eine Auswahl der ersten Option setzt alle Aktivierungszustände im Netzwerk auf den im Parameter REST spezifizierten Wert oder auf 0. Die zweite bewirkt eine Löschung aller noch im Log–Vektor vorhandenen Werte (d.h. die protokollierten Aktivierungszustände). Netzwerk Eingabe löschen führt zu einer Löschung eventuell noch vorhandener Eingaben für einzelne Verarbeitungselemente. Da alle Eingaben für Verarbeitungselemente gesammelt werden, bis das betreffende Element selbst der Verarbeitung zugeführt wird, können sich solche Eingaben noch unter der Eigenschaft netinput eines Elements befinden. Die Liste mit Elementen, die externe Eingabe erhalten sollen, wird mit der nächsten Option gelöscht. Die letzten beiden Optionen betreffen die Löschung der Prozeßliste **procbuf** und der Zwischenspeicherliste **updatelist**. In der Prozeßliste sind diejenigen Elemente gespeichert, die im jeweils nächsten Zyklus abzuarbeiten sind. Stellt der Simulator während eines Zyklus fest, daß Elemente im nächsten Durchgang bearbeitet werden müssen, so werden diese im Zwischenspeicher gehalten. Um vor einer neuen Simulation einen Initialzustand herzustellen, kann es daher notwendig sein, diese beiden Datenstrukturen zu löschen. Soll jedoch neuer Input zu einer vorherigen Simulation in Beziehung gesetzt werden, so kann eine Löschung unterbleiben. Die Selektion des OK Buttons führt dann alle selektierten Optionen aus, während der Abbruch Button den Dialog ohne Rücksetzungen beendet.

### 6.2.3.9 Initialisieren

Hinter diesem Menüpunkt verbirgt sich lediglich die Möglichkeit, das Netzwerk mit initialen Werten zu versehen, falls dies noch nicht über das Flag *_autoset* geschehen ist. Ebenso erfolgt die Bereitstellung entsprechender log-Vektoren für Elemente, deren Aktivierungszustände protokolliert werden sollen. Die Initialisierung wird nach Selektion des Menüeintrags sofort und ohne weitere Rückfrage ausgelöst.

### 6.2.4 Das Simulation–Menü

Unter diesem Menü sind verschiedene Dialoge zu finden, die eine Eingabe von Aktivierungsmustern, das Setzen von Optionen und Parametern für die Simulation und auch die Durchführung eines Simulationslaufs betreffen (vgl. Abbildung 6.17). Wie schon bei den vorherigen Menüpunkten zu sehen war, verzweigen Menüs, die durch Punkte hinter dem Namen gekennzeichnet sind, in weitere Untermenüs oder rufen Dialogboxen auf.

Abb. 6.17: Das Simulation–Menü

### 6.2.4.1 Eingabe

Mit diesem Menüpunkt lassen sich Verarbeitungselemente bestimmen, die bei der späteren Simulation externen Input erhalten sollen. Nach Selektion des Menüpunktes erscheint zunächst ein Auswahldialog, der den jeweiligen Typ des Inputs spezifiziert (vgl. Abbildung 6.18). Im konkreten Fall kann nur der Typ Text ausgewählt werden. Die anderen Typen sind für mögliche Erweiterungen vorgesehen. Wird der Text Button mit dem Mauszeiger angeklickt, so öffnet sich die Dialogbox zur Texteingabe, die in Abbildung 6.19 zu sehen ist. Im oberen Teil dieser Dialogbox lassen sich in den einzelnen Zeilen Verarbeitungselemente angeben, die externen Input erhalten sollen. Im Beispiel sind es die Verarbeitungselemente u1 und u2. Alle Elemente müssen dabei durch Leerzeichen voneinander getrennt sein. Falls die drei Zeilen nicht ausreichen, kann über die Pfeiltasten zwischen weiteren Zeilen geblättert werden. Die letzte Zeile erhält dann die Nummer 4, nach weiterem Blättern die Nummer 5 usw. Selbstverständlich lassen sich die Zeilen auch wieder zurückschalten. Die so vorgenommenen Eingaben lassen sich zudem über den Speichern Button in einer Datei sichern. Hierzu ist allerdings im dafür vorgesehenen Feld ein Dateiname anzugeben. Ebenso kann durch den Laden Button eine Datei mit Eingabemustern eingelesen wer-

Abb. 6.18: Bestimmung des Eingabetyps

den. Im Optionen–Feld lassen sich weitere Einstellungen vornehmen. So kann z.B. eine zeitliche Verzögerung angegeben werden, wobei in der Simulation zwischen der Darbietung jedes Elements der Eingabeliste die entsprechende Anzahl von Zyklen vergeht. Die Anzahl der Zyklen wird in der Variablen *delay* gehalten, eine Aktivierung dieser Option kann durch das Flag *_delay* gesteuert werden.

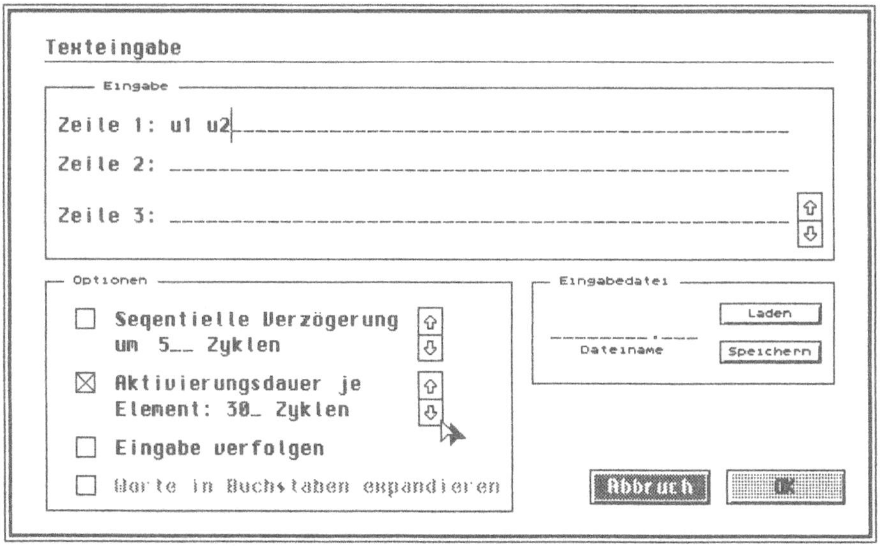

```
Texteingabe
┌─── Eingabe ───────────────────────────────────────────┐
│ Zeile 1: u1 u2                                         │
│ Zeile 2:                                               │
│ Zeile 3:                                            ⇧  │
│                                                     ⇩  │
└───────────────────────────────────────────────────────┘
┌─ Optionen ──────────────┐   ┌─ Eingabedatei ─────────┐
│ ☐ Seqentielle Verzögerung ⇧ │                  Laden  │
│    um  5__ Zyklen        ⇩ │   Dateiname     Speichern│
│ ☒ Aktivierungsdauer je   ⇧ │                          │
│    Element: 30_ Zyklen   ⇩ │                          │
│ ☐ Eingabe verfolgen        │                          │
│ ☐ Worte in Buchstaben expandieren     Abbruch    OK   │
└─────────────────────────┘
```

Abb. 6.19: Dialog zur Texteingabe

Im konkreten Fall ist eine Verzögerung von 5 Zyklen angegeben, die jedoch nicht zum Tragen kommt, da der Schalter im Unterschied zur nächsten Option nicht selektiert wurde. Die ausgewählte Option der Aktivierungsdauer je Element bewirkt, daß jedes

138

Element der Eingabeliste nur über 30 Zyklen externen Input erhält. Zur Speicherung des Wertes dient die Variable *stay*, zur Steuerung das Flag *_stay*. Ist die Option Eingabe verfolgen angewählt, so werden alle Elemente der Eingabeliste in die Liste *displist* übernommen, deren Elemente während der Simulation spezielle Ausgaben machen können. Die letzte Option Worte in Buchstaben expandieren ist in der vorliegenden NEURON-S Version noch nicht selektierbar.

### 6.2.4.2 Optionen

In diesem Menü können diverse Einstellungen vorgenommen werden, die die jeweilige Simulation betreffen. Abbildung 6.20 zeigt den hierfür zuständigen Dialog. Im oberen der drei Felder sind alle Angaben in Simulationszyklen zu machen. Die rechts neben den Eingabefeldern zu sehenden „Check–Boxen" (= Auswahlfelder) sind selektierbar und zeigen an, ob eine Option gesetzt ist. Zu jedem dieser Eingabe- und Auswahlfelder existieren entsprechende Variablen und Flags. Zum Teil betreffen einzelne Setzungen Werte, die schon in anderen Dialogen bestimmt werden konnten (z.B. Dauer der Aktivierung je Element). Hier sind jedoch diese Einstellungen noch einmal zusammengefaßt.

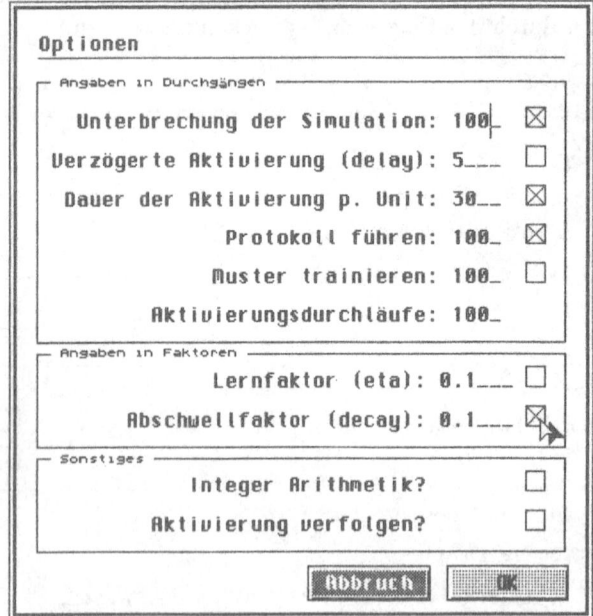

Abb. 6.20: Einstellen von Optionen

Im ersten Feld wird angegeben, nach wie vielen Zyklen jeweils eine Unterbrechung der Simulation stattfinden soll. Die Speicherung des Wertes erfolgt in der Variable *break*, eine Setzung (d.h. Aktivierung) dieser Option durch Zuweisung von T (für: True) an das Flag *_break*. Das zweite und das dritte Feld betreffen die schon im letzten Dialog zu setzenden Variablen *delay* und *stay* sowie die Flags *_delay* und *_stay*, die Elemente erst in Abständen auf die Liste derjenigen, die externen Input erhalten, schreiben, bzw. Verarbeitungselemente nur für eine bestimmte Anzahl von Zyklen in dieser Liste halten. Im Feld Protokoll führen findet eine Festlegung der Zyklen statt, in denen Aktivierungszustände protokolliert werden. Die entsprechende Variable ist *loglist* und das Flag *_log*. Muster trainieren dient der Setzung und Bestimmung der Zyklen, in denen eine Lernregel zum Einsatz kommt. Das Flag heißt hierbei *_training* und die Variable *epochs*. Das Eingabefeld Aktivierungsdurchläufe legt die Anzahl der Zyklen in der Variable *passes* fest und braucht nicht über das Auswahlfeld aktiviert zu werden.

In den Eingabezeilen des mittleren Feldes erfolgt die Eingabe nicht in Zyklen, sondern in Faktoren. Eta (= $\eta$) ist die in Lernalgorithmen verwendete Lernrate, die an die Variable *eta* gebunden und durch das Flag *delta* aktiviert wird, decay hingegen ist der Abschwellfaktor für die Aktivierungsfunktion und korrespondiert mit der Variable *decay* und dem Flag *_decay*.

Im letzten Feld ist es möglich, über ein Flag *_integer* auszudrücken, daß eine ganzzahlige Arithmetik zur Anwendung kommen soll. Ob bei der Simulation einzelne Verarbeitungselemente zu überwachen sind, regelt das Flag *_trace* mit dem letzten Auswahlfeld dieses Dialogs. Durch Selektion des Buttons OK werden alle vorgenommenen Setzungen aktiv und der Dialog wird verlassen, während ein Beenden über Abbruch lediglich den Dialog schließt. Alle hier vorgenommenen Einstellungen sind selbstverständlich nur nutzbar, wenn sich Aktivierungs-, Propagierungs- und Umgebungsfunktionen sowie Lernverfahren dieser Werte bedienen. Daher ist bei der Implementation dieser Verfahren auf die korrekte Referenz zu den entsprechenden Datenstrukturen, Variablen und Flags zu achten.

### 6.2.4.3 Start

Dieser Dialog dient dem Starten einer Simulation und ggf. der Anzeige des Aktivierungsgrades einzelner Verarbeitungselemente während der Simulation. Wird der Menüeintrag Start angewählt, so erscheint zunächst eine Dialogbox mit der Frage, ob vor der Simulation ein Reset durchgeführt werden soll. Wird diese Frage mit „Ja" quittiert, dann verzweigt das Programm vor Aufruf des eigentlichen Dialogs noch einmal in den Zurücksetzen Dialog, in dem durch den OK Button ein Reset ausgelöst wird. Danach, bzw. nach Quittierung der Frage mit „Nein", erfolgt die Darstellung des Simulations–Dialogs (vgl. Abbildung 6.21). Das große leere Feld in der Mitte des Dialogs kann als Darstellungsfläche für die Aktivierungswerte der überwachten Elemente dienen. Hinsichtlich der Form bestehen keine Einschränkungen. Lediglich die Ausmaße sind zu beachten und können aus der Info–Struktur des Objekts R PAN entnommen werden. Der Schalter mit der Bezeichnung GC in der unteren linken Ecke dient dazu, eine Reorganisation des Speichers (= garbage collect) auszulösen, falls bei umfangreichen Simulationen Bedarf hierfür vorliegt.

Der Button Neustart löst die eigentliche Simulation aus. Abhängig von den zuvor gesetzten Flags für die Unterbrechung des Simulationlaufs beginnt NEURON-S mit der Propagierung von Mustern im Netzwerk. Dabei werden die einzelnen abgearbei-

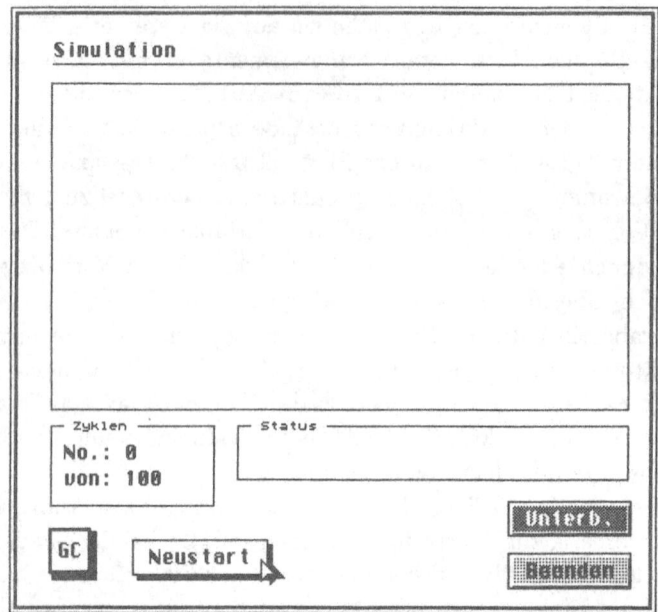

Abb. 6.21: Starten der Simulation

teten Zyklen im linken Fenster angezeigt, bis die dargestellte maximale Zahl erreicht
ist. Gegebenenfalls erscheinen während oder nach der Simulation Nachrichten des
Programms im Status–Fenster. Findet allerdings eine Unterbrechung statt, so kann
der Dialog über den Button Unterb. verlassen werden und die Simulation nach noch-
maligem Aufruf des Dialogs mit dem Button Forts. weitergeführt werden, der dann
neben dem Button Neustart sichtbar wird[125]. Solche Unterbrechungen dienen insbesondere der Auswertung von Zwischenzuständen, in denen das Netzwerk noch keinen
stabilen Zustand eingenommen hat. Wird der Dialog aber über den Button Beenden
verlassen, so ist die Simulation vollständig abgebrochen.

### 6.2.4.4 Fortsetzen und Abbruch

Diese Menüeinträge haben den gleichen Effekt wie die Buttons Forts. und Beenden
im vorherigen Dialog, jedoch mit dem Unterschied, daß der Start–Dialog mit unterschiedlichen Parametern (new und cont) aufgerufen wird. Erst über den Menüeintrag
Fortsetzen kann eine Simulation weitergeführt werden, wohingegen Abbruch noch
vorhandene Werte (z.B. letzter durchgeführter Zyklus) explizit löscht.

---

[125] In diesen Fällen ist darauf zu achten, daß vor dem Aufruf des Dialogs kein Reset ausgelöst wird,
da dieser Werte zurücksetzen könnte.

## 6.2.5 Das Auswerten–Menü

Das in Abbildung 6.22 dargestellte Menü dient der Analyse von Aktivierungszuständen, die bei einem Simulationslauf aufgetreten sind. Dabei lassen sich gezielt Werte einzelner Elemente untersuchen und auch verändern.

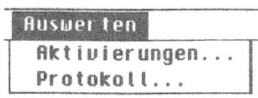

Abb. 6.22: Menüeinträge für die Auswertung

### 6.2.5.1 Aktivierungen auswerten

Unter diesem Menüeintrag verbirgt sich ein Dialog, in dem alle relevanten Daten eines Verarbeitungselements aufgeführt werden (vgl. Abbildung 6.23). Im oberen linken

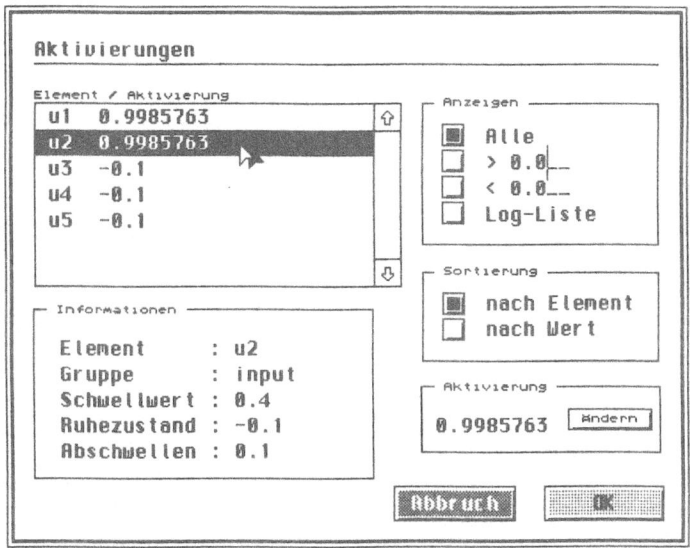

Abb. 6.23: Anzeige von Aktivierungszuständen

Auswahlfenster sind alle Elemente eines X-OR Netzwerks und deren Aktivierungszustände nach einer Simulation zu sehen. Im konkreten Beispiel erfolgte eine Selektion des Elements u2, das einen Aktivierungszustand von 0.9985763 aufweist. Dieser Wert wird von NEURON-S in das linke untere Edit–Feld kopiert, wo er bearbeitet und über den Button **Ändern** geändert werden darf. Im Feld Informationen sind alle anderen Werte des Elements u2 angezeigt: Der Name des Elements, die Zugehörigkeit zu einer

Gruppe, sein individueller Schwellwert, sein Aktivierungsgrad im Ruhezustand und sein Abschwellfaktor.

Im oberen rechten Feld läßt sich darüber hinaus festlegen, welche Verarbeitungselemente im Auswahlfenster dargestellt werden sollen. Über die entsprechenden Schalter sind alle Elemente wählbar, solche die größer oder kleiner als ein bestimmter eingegebener Wert sind, oder nur diejenigen, über deren Aktivierungsverlauf ein Protokoll geführt wurde. Zudem ist es möglich, die Elemente nach ihrem Namen oder Wert im Auswahlfenster zu sortieren.

Ein Beenden dieses Dialoges über den OK Button bewirkt, daß eventuell geänderte Werte auch außerhalb dieses Dialogs Bestand haben. Der Abbruch Button hingegen widerruft alle im Dialog vorgenommenen Änderungen, bevor er geschlossen wird.

### 6.2.5.2 Protokoll anzeigen

Die während einer Simulation protokollierten Aktivierungszustände lassen sich im Dialog unter dem Menüpunkt Protokoll analysieren. Voraussetzung ist jedoch die Existenz protokollierter Zustände, d.h., daß vor der Simulation Verarbeitungselemente bestimmt wurden, deren Aktivierungszustände in die dafür vorgesehenen Log–Vektoren geschrieben werden konnten. Alternativ lassen sich auch Aktivierungen aus einer *.LOG Datei laden. Die in Abbildung 6.24 zu sehende Auswertung betrifft die

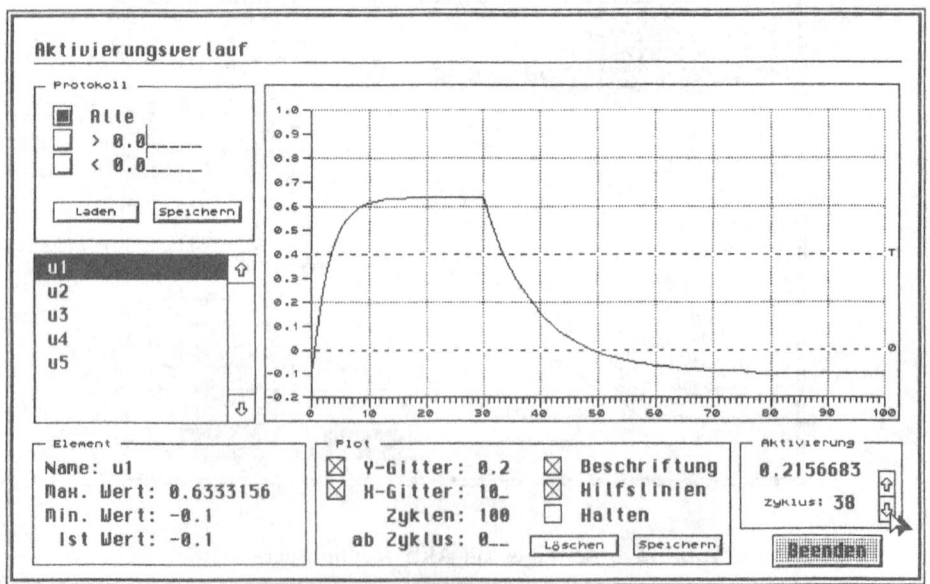

Abb. 6.24: Anzeige protokollierter Daten

über 100 Zyklen protokollierten Aktivierungszustände der Elemente eines X-OR Netzwerks, von denen im rechten Auswahlfenster das Element u1 selektiert ist. Die Anzahl der dargestellten Verarbeitungselemente läßt sich über das obere linke Feld „Protokolle" einschränken, indem entweder über `Alle` sämtliche protokollierten Elemente ausgewählt werden, oder nur solche, die kleiner oder größer als ein eingegebener Wert sind. Ein Abspeichern der Protokolldaten ist über den Button `Speichern` möglich. NEURON-S fragt nach Anwahl dieses Buttons nach, ob das NEURON-S interne oder das Gnuplot–Format gewünscht wird. Anschließend erscheint in einer Dialogbox die Frage, welche Protokolldaten abgespeichert werden sollen: diejenigen aller protokollierten Elemente oder nur die Daten der Elemente, die im Auswahlfenster zu sehen sind. Nach Anwahl eines entsprechenden Buttons kann in einer Datei–Auswahlbox die Bestimmung eines Dateinamens erfolgen unter dem NEURON-S die Daten abspeichert. Daneben können durch einen Klick auf den `Laden` Button auch Protokolldaten aus einer `*.LOG` Datei eingelesen werden.

Im unteren linken Feld sind zusätzliche Daten des jeweils selektierten Elements zu sehen. Neben dem Namen des gewählten Elements ist der maximale und der minimale Aktivierungswert angegeben, der im Verlauf der Analyse aufgetreten ist. Außerdem wird der momentane Aktivierungszustand des Elements in der Zeile mit der Bezeichnung `Ist--Wert` angezeigt.

Die Einstellungsmöglichkeiten im „Plot–Feld" beziehen sich auf den graphischen Verlauf der Aktivierungszustände. So läßt sich beispielsweise ein Hilfsgitter erstellen, bei dem die Abstände auf der x- und y–Achse frei definierbar sind. Im vorliegenden Fall ist die Schrittweite auf der y–Achse, die die Stärke der Aktivierung ausdrückt, mit 0.2 angegeben. Die x–Achse hingegen steht für die einzelnen Zyklen während der Simulation und ist in der Abbildung auf eine Schrittweite von 10 Zyklen eingestellt. Der dargestellte Bereich kann ebenfalls über Edit–Felder eingegeben werden und erstreckt sich im vorliegenden Beispiel über 100 Zyklen, beginnend mit Zyklus Nummer 0. Die Beschriftung der Achsen und der Teilmarkierungen läßt sich ebenso zu- oder wegschalten, wie die Hilfslinien zum Nullpunkt und zum Schwellwert der jeweiligen Elemente. Nach Auswahl des Button `Halten` findet bei der Selektion eines neuen Elements keine Löschung des Graphen statt, so daß sich Aktivierungsverläufe verschiedener Elemente im Graphen überlagern lassen. Durch den Button `Löschen` kann der gesamte Graph jederzeit wieder gelöscht werden. Daneben besteht noch die Möglichkeit, den Graphen über den `Speichern` Button als Datei im GEM–Image Format zu sichern, die über entsprechende Grafik-Konverter auch in andere Formate (z.B. GIF, TIF, PS usw.) übertragbar ist.

Da die einzelnen Aktivierungen im Graphen auf dem Bildschirm (bzw. im Ausdruck) nicht genau abzulesen sind, kann jeder einzelne protokollierte Wert im rechten unteren Feld angezeigt werden. Über die Pfeiltasten läßt sich jeder Zyklus anwählen. Die Aktivierung eines Elements zu dem betreffenden Zyklus wird daraufhin im dem darüberliegenden Feld dargestellt. Nebenbei erwähnt ist der Verlauf der Aktivierung des Elements `u1` typisch für die hier verwendete Aktivierungs- und Propagierungsfunktion. Zunächst steigt die Aktivierung steil an und hält das hohe Niveau, solange das Verarbeitungselement externen Input erhält. Ab dem 30. Zyklus ist dies nicht mehr der Fall. Durch die Verwendung eines Abschwellfaktors nimmt die Aktivierung schnell ab und hat nach Ablauf der 100 Zyklen ihren ursprünglichen Ruhezustand wieder erreicht.

144

### 6.2.6  Das Spezial–Menü

Unter diesem Menü sind eine Reihe nützlicher Zusätze zu finden, die den Umgang mit dem Simulator erleichtern. Abbildung 6.25 zeigt die unter dem Spezial–Menü zu findenden Einträge. Die Menüpunkte `Programm Export` und `Programm Import` sind je-

Abb. 6.25: Das Spezial–Menü

doch noch nicht anwählbar. Vorgesehen ist jedoch ein Exportieren der gesamten Simulationsumgebung, des Netzwerkes, der Aktivierungs- und der Propagierungsfunktionen zu einem separat ausführbaren Programm, das dann in der Programmiersprache CLISP vorliegen soll. Hierdurch können Netzwerksimulationen auch auf Fremdrechner (z.B. Unix–Workstations mit CLISP) ausgeführt und die Ergebnisse über den Menüpunkt `Programm Import` anschließend wieder in NEURON-S eingelesen werden. Da eine Portierung von NEURON-S unter MiNT/X11 bzw. Linux/X11 z.Z. vorbereitet wird, dienen diese Programmpunkte auch dem Austesten von Routinen.

### 6.2.6.1  Systeminformationen

Eine Selektion des Menüpunkts `System` ruft den in Abbildung 6.26 dargestellten Dialog auf, dessen Aufgabe in der Ermittlung und Anzeige der jeweils verwendeten Hardwareplattform und des Betriebssystems besteht. Das obere Feld bezieht sich auf die Hardware, auf der der NEURON-S Simulator gestartet wurde. Im konkreten Fall handelt es sich um einen Atari ST, der mit einer 68030 CPU[126], einem 68882 arithmetischen Coprozessor und einer Beschleunigerkarte PAK/3 ausgestattet ist.

---

[126] Tatsächlich ist das System mit einer 414075 (RC50) CPU des gleichen Herstellers ausgerüstet. Da diese Prozessoren jedoch nur in Workstations verwendet werden, ermittelt NEURON-S den Prozessor, der vom Betriebssystems beim Hochfahren des Rechners identifiziert und in die entsprechenden Systemvektoren eingetragen wurde. Beide Prozessortypen sind im konkreten Fall weitgehend kompatibel, jedoch mit dem Unterschied, daß der 414075 für höhere Belastungen ausgelegt ist.

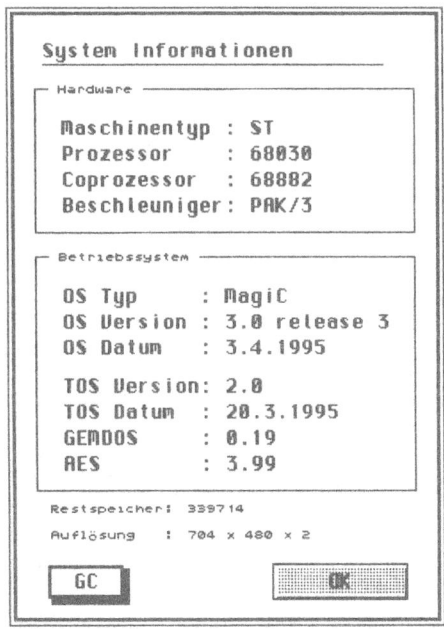

Abb. 6.26: Informationen zum System

Die Angaben im Feld „Betriebssystem" betreffen, wie die Bezeichnung ausdrückt, das geladene Betriebssystem. Im vorliegenden Beispiel ist dies das Multitasking System „MagiC" in der Version 3, das mit der TOS–Version 2.0, dem GEMDOS 0.19 und dem AES 3.99 unterlegt ist. Darunter ist außerdem noch der vorhandene Restspeicher angegeben sowie die verwendete Bildschirmauflösung (Weite, Höhe und Farbtiefe), die NEURON-S aufgrund seiner Auflösungsunabhängigkeit vollständig nutzen kann. Mit dem GC Button läßt sich hier bei Bedarf noch eine Reorganisation des Speichers auslösen, die ein Entfernen nicht mehr benötigter Variablen, Funktionen und Datenstrukturen zur Folge hat. Während der Neuorganisation erscheint dabei eine entsprechende Meldung auf dem Bildschirm.

### 6.2.6.2 Lisp

Über diesen Menüpunkt ist es NEURON-S möglich, eine Schnittstelle zu Cambridge Lisp herzustellen. Der betreffende Dialog ist in Abbildung 6.27 zu sehen. In der Zeile mit der Bezeichnung Funktion lassen sich beliebige Lisp–Ausdrücke eingeben, die nach Betätigen der Return-Taste oder nach einem Mausklick auf den Button Auswerten vom Lisp-Interpreter eingelesen und direkt ausgewertet werden. Falls der Rückgabewert in der Zeile Wert nicht darstellbar ist, erfolgt eine entsprechende Mitteilung im Feld „Print Panel". Unter Verwendung von v_gtext-Funktionen können auch Ausgaben direkt in dieses Feld geschrieben werden. Das Ausmaß dieser Fläche läßt sich über das Objekt LISP_PANEL unter dem Objekt–Baum T_LISP ermitteln. Im

```
┌──────────────────────────────────────────────────────────────────┐
│  ┌────────────────────────────────────────────────────────────┐  │
│  │ LISP-Interface                                               │  │
│  │  ┌─ Werte Panel ─────────────────────────────────────────┐  │  │
│  │  │                                                        │  │  │
│  │  │  Funktion: (plus 0.1 (get 'u1 'activation))│_____  │  │  │
│  │  │                                                        │  │  │
│  │  │  Wert: 0.0000000_____       │  │  │
│  │  │                                                        │  │  │
│  │  └────────────────────────────────────────────────────────┘  │  │
│  │  ┌─ Print Panel ─────────────────────────────────────────┐  │  │
│  │  │                                                        │  │  │
│  │  │                                                        │  │  │
│  │  │                                                        │  │  │
│  │  │                          ┌─────────────┐ ┌───────────┐ │  │  │
│  │  │                          │  Ruswerten  │ │ Rbbrechen │ │  │  │
│  │  └──────────────────────────┴─────────────┴─┴───────────┴─┘  │  │
│  └────────────────────────────────────────────────────────────┘  │
└──────────────────────────────────────────────────────────────────┘
```

Abb. 6.27: Der Lisp–Interpreter

vorliegenden Beispiel wurde eine einfache Rechenoperation über den Aktivierungszustand des Elements u1 durchgeführt. Die Abfrage von Daten aus dem laufenden System stellt eine Besonderheit von KI–Sprachen dar und erweist sich nicht nur beim Systementwurf als überaus nützlich.

### 6.2.6.3 Externe Progamme starten

Unter den Menüpunkten Editor und Gnuplot können aus dem NEURON-S-Simulator Fremdprogramme aufgerufen werden, ohne daß dieser hierfür verlassen werden müßte, da die entsprechenden Programme in einem Multitasking Betriebssystem wie MagiC oder MiNT parallel voneinander starten. Im konkreten Fall handelt es sich um einen beliebigen Editor und das Plot-Programm Gnuplot, welches Funktionen graphisch umsetzt. Beide Programme sind hinsichtlich ihres Pfades in der NEURON-S Startdatei NEURONS.INF als String an die Variablen *editor* und *gnuplot* zu binden.

### 6.2.6.4 Einstellungen

In Abbildung 6.28 ist der Dialog zu sehen, der nach Anwahl von Einstellungen erscheint. Dessen Aufgabe ist die Setzung oder Löschung verschiedener Optionen, die mit entsprechenden Flags korrespondieren. Eine Setzung des schon mehrfach angesprochenen Flag *_autoset*, welches ausdrückt, ob der Aktivierungszustand von Verarbeitungseinheiten mit dem Parameter REST oder mit 0 initialisiert werden soll, findet über die erste Option statt. Die zweite Option, die den Titel Fehlende PU's generieren (PU = Processing Unit) trägt, setzt das Flag *_autocreate*. Hierüber erkennt das Macro connect, welches Konnektionen zwischen Elementen herstellt, daß falls eine Verbindung zu einem nicht existierenden Element beschrieben wird, dieses generiert und in die Liste units eingetragen werden soll. Die Option Netz-Reset dient dazu, vor dem Aufruf des Start-Dialogs in den Zurücksetzen-Dialog zu verzweigen, wenn das Flag *_autoreset* gesetzt ist. Systemstatus anzeigen zeigt am unteren

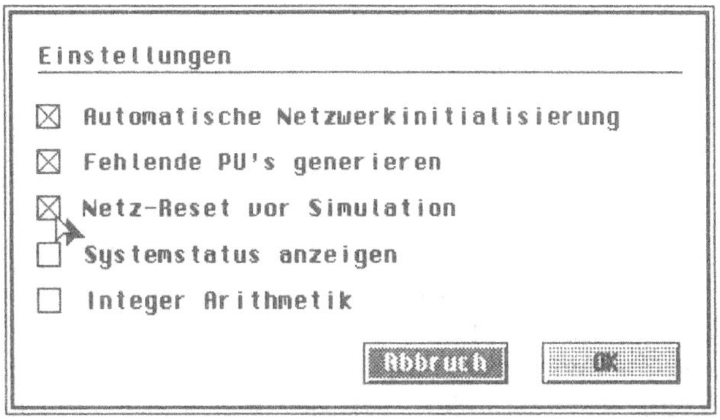

Abb. 6.28: Der Dialog „Einstellungen"

Bildschirmrand eine Zeile mit Informationen über Speicherverbrauch, aktive Funktionen etc. Da diese Zeile beim Autor mit dem Programm APP_LINE kollidiert, wurden die Routinen entfernt, das Flag *_statline* jedoch belassen, um Anwendern die Möglichkeit zu bieten, dieses Flag für eigene Zwecke zu nutzen. Der letzte Menüpunkt schaltet das Flag *_integer*, für die Verwendung einer Integer-Arithmetik.

### 6.2.6.5 Geladene Dateien

Dieser Menüpunkt öffnet einen Dialog, in dem lediglich eine Übersicht der bereits geladenen Dateien zu sehen ist (vgl. Abbildung 6.29). Beim Abspeichern einer Kon-

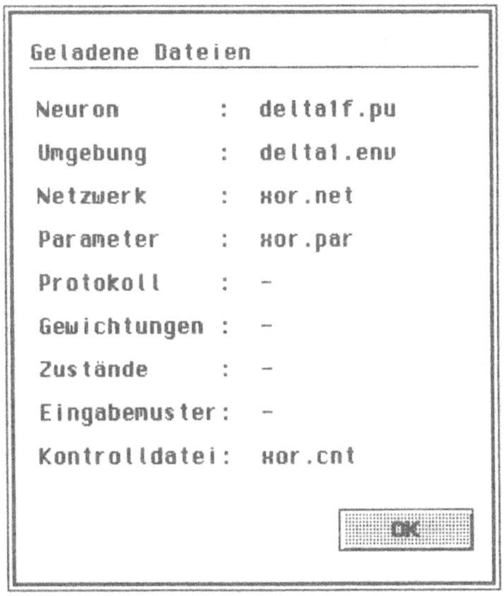

Abb. 6.29: Geladene Dateien

148

trolldatei setzt NEURON-S diese aus den hier vorgegebenen Dateinamen zusammen.
Im Falle des Netzwerkes braucht es sich hier nicht um eine existierende Datei zu
handeln, da bei der Erstellung eines neuen Netzes ein Name angegeben werden muß.

### 6.2.6.6 Der Netzwerk–Konverter

Mit Hilfe des in Abbildung 6.30 dargestellten Netzwerk–Konverters besteht die Möglichkeit, ein anderes Netzwerk–Format in das NEURON-S interne zu übersetzen, bzw.
den umgekehrten Weg zu gehen. Im konkreten Fall handelt es sich um das von Mc-
Clelland/Rumelhart (1988) verwendete PDP-Format, doch sind weitere in Planung
(z.B. SNNS). Im PDP-Modell sind zwei Dateien für eine Netzwerkbeschreibung wesentlich: eine Startup–Datei mit der Extension *.STR, die die Parameter für den

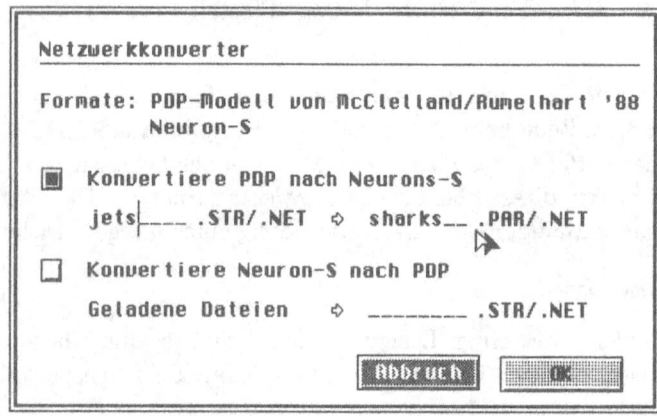

Abb. 6.30: Konvertieren eines Netzwerks

PDP–Simulator, den Namen der Netzwerk-Datei und die Namen der Verarbeitungselemente enthält, sowie eine Netzwerk–Datei *.NET, in der die Anzahl der Elemente, die Variablen mit den Verbindungsstärken und eine Konnektionsmatrix abgelegt
sind[127]. NEURON-S generiert hieraus jeweils eine Parameter- und eine Netzwerk-
Datei im NEURON-S eigenen Format. Umgekehrt besteht auch die Möglichkeit, die
in NEURON-S vorhandenen Daten als *.STR und *.NET Dateien im PDP-Format
abzuspeichern. Bei der Verwendung der Netzwerknamen ist jedoch darauf zu achten, daß unterschiedliche Bezeichnungen gewählt werden, da die Extension *.NET in
beiden Formaten vorkommt und somit möglicherweise eine Quelldatei überschrieben
wird.

### 6.2.6.7 Drucken

Hierbei kann einmal der gesamte Bildschirminhalt über eine sogenannte „Hardcopy"-
Routine direkt auf den Drucker oder über einen installierten „Line Printer Daemon"

---

[127] Zu einer Beschreibung des PDP–Formats vgl. McClelland/Rumelhart 1988:263ff.

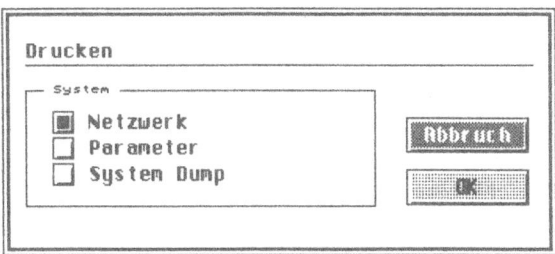

Abb. 6.31: Der Drucken–Dialog

(= lpd) in eine zwischengeschaltete Spool–Datei ausgegeben werden (Menüpunkt: Bildschirm drucken). Zum anderen läßt sich über den Menüpunkt Drucken ein gesonderter Drucker–Dialog aufrufen (vgl. Abbildung 6.31). In diesem Drucker–Dialog erfolgt über die entsprechenden Schalter eine Bestimmung, welche Daten zu drucken sind: Das vollständige Netzwerk, Parameter oder der gesamte Speicherinhalt von Lisp. Der letzte Punkt sollte nur von Kennern der internen Struktur von Lisp angewählt werden, da möglicherweise tausende Zeilen ausgegeben werden. Über den OK Button wird dann der Druckvorgang ausgelöst.

Da NEURON–S ständig weiterentwickelt wird, können im Code angegebene Funktionen sowie Objekte in der externen 'Resource'–Datei von den hier dargestellten Menüs und Dialogen abweichen. So existieren bereits Menüs, Dialoge und Funktionen zur Fensterverwaltung, über die NEURON–S während der Simulation Ausgaben machen kann. Zudem sind Dialoge für die Festlegung von Trainingsmustern vorhanden, bzw. bestehende Dialoge (z.B. Protokoll oder Aktivierungszustände drucken usw.) erweitert worden. Außerdem wurde mit der Umsetzung in eine CLISP–Umgebung begonnen, doch soll diese Weiterentwicklung nicht Gegenstand der vorliegenden Arbeit sein.

## 6.3  Selektive Propagierung

### 6.3.1  Das herkömmliche Verfahren

Wie bereits angesprochen wurde, ist es für die Simulation einer parallelen Verarbeitungsstrategie künstlicher neuronaler Netzwerke auf Von–Neumann–Architekturen notwendig, den gesamten Verarbeitungsprozeß in einzelne diskrete Schritte aufzuteilen, die auch „Zyklen" genannt werden. Als ein Beispiel für die herkömmliche Vorgehensweise der Unterteilung des Verarbeitungsprozesses in einzelne Zyklen kann das PDP–Modell von McClelland/Rumelhart (1988) gelten.

Wie schon eingangs im Zusammenhang mit dem X–OR Modell erläutert, lassen sich Netzwerktopologien und deren Gewichtungen in Form einer Konnektionsmatrix

150

codieren. Die Zeilen und Spalten in einer solchen Matrix weisen immer die gleiche
Länge auf, wobei jede Zeile einem Verarbeitungselement und jede Spalte in dieser
Zeile den Konnektionen zu anderen Elementen entspricht. Es erfolgen somit Spezifi-
zierungen der Relationen aller Elemente untereinander, wobei ein Eintrag von 0 eine
nicht existierende Verbindung kennzeichnet.

Die Hauptroutine zur Berechnung der Aktivierungszustände aller Verarbeitungselemente eines Netzes heißt bei McClelland/Rumelhart (1988:21) cycle und wird von
der Variable ncycles kontrolliert, welche die Anzahl der zu durchlaufenden Zyklen
angibt. Im folgenden ist ein Auschnitt aus dieser Funktion zu sehen (vgl. McClelland/
Rumelhart 1988:21f.):[128]

```
cycle () {
    for (cy = 0; cy < ncycles; cy++)
    {
      ...
      getnet();
      update();
      ...
    }
        }
```

In jedem Zyklus werden hierbei die Funktionen getnet und update aufgerufen. Die
Funktion getnet berechnet hierbei die externe und die Netzeingabe für jedes einzelne Verarbeitungselement. Es erfolgt zuerst eine Sammlung der exzitatorischen und
inhibitorischen Eingaben von anderen Elementen. Die Bestimmung der Netzeingabe
geschieht über eine Programmschleife. Bei jedem Durchgang wird die Netzeingabe von
allen vor- oder nachgeschalteten Elementen ermittelt, d.h., daß eine Zeile der Konnektionsmatrix zur Verarbeitung kommt und sich dieser Prozeß solange fortsetzt, bis
alle Zeilen abgearbeitet wurden. Innerhalb dieser Schleife existiert eine zweite einge-
bettete Programmschleife, die in jeder Zeile diejenigen einzelnen Spalten bearbeitet,
in welchen die Konnektionen des betreffenden Elements $i$ zu allen anderen Elementen $j$ des Netzwerks abgelegt sind. Alle mit einem Element $i$ (Zeilen) verbundenen
Elemente $j$ (Spalten) werden in dieser inneren Schleife bearbeitet. Ist der Aktivierungswert eines Elements $j$ größer 0, dann erfolgt die Bestimmung des positiven oder
negativen Inputs anhand der Gewichtung der Konnektion (weight[i][j]) und dem
Aktivierungszustand des vorgeschalteten Elements $j$ (activation[j]). Danach wird
solange eine Spalte nach rechts gesprungen und die Eingabe vom nächsten Element $j$
ermittelt, bis das Ende der Zeile erreicht ist. Zu dieser Netzeingabe wird dann noch
der externe Input für das Element hinzuaddiert. Anschließend wird in der Konnektionsmatrix eine Spalte weiter nach unten gerückt (d.h. der Zähler $i$ erhöht) und die
Eingaben für das nächste Element – wieder mit der ersten Spalte beginnend – berechnet. Insgesamt hat die Funktion getnet in der Programmiersprache C damit den
folgenden Aufbau (vgl. McClelland/Rumelhart 1988:22):

---

[128] Diese Funktion sowie das gesamte IAC–Programm von McClelland/ Rumelhart (1988) ist in der
Programmiersprache C realisiert.

```
getnet () {
  for (i = 0; i < nunits; i++) {
    excitation[i] = inhibition[i] = 0;
    for (j = 0; j < nunits; j++) {
      if (activation[j] > 0) {
        if (w[i][j] > 0) {
          excitation[i] += weight[i][j]*activation[j];
        }
        else if (w[i][j] < 0) {
          inhibition[i] += weight[i][j]*activation[j];
        }
      }
    }
    netinput[i] = estr*extinput[i] + alpha*excitation[i]
                                   + gamma*inhibition[i];
  }
}
```

Ist die Funktion getnet beendet, erfolgt der Aufruf der Funktion update, bei der es sich ebenfalls um eine Konstruktion mit einer Programmschleife handelt, in der die neuen Aktivierungszustände für jedes Element berechnet und eingetragen werden. Der Aufbau dieser Funktion hat nach McClelland/Rumelhart (1988:23) die Form:

```
update () {
  for (i = 0; i < nunits; i++) {
    if (netinput[i] > 0) {
      activation[i] += (max - activation[i])*netinput[i]
                       - decay*(activation[i] - rest);
    }
    else {
      activation[i] += (activation[i] - min)*netinput[i]
                       - decay*(activation[i] - rest);
    }
    if (activation[i] > max) activation[i] = max;
    if (activation[i] < min) activation[i] = min;
  }
}
```

In dieser Funktion update wird der alte Aktivierungszustand eines Elements $i$ mit der neuen Netzeingabe in Beziehung gesetzt und ein neuer Aktivierungszustand errechnet. Wie zu sehen ist, kommen in der Aktivierungsfunktion auch Abschwellfaktoren zum Einsatz. Nach Verlassen der Funktion update erfolgt dann der nächste Schleifendurchlauf in der Funktion cycle, solange, bis alle ncycles durchlaufen sind. In aller Regel werden in einer Simulation ca. 100 solcher Zyklen durchgeführt.

Dieses Verfahren ist jedoch äußerst rechenintensiv, was sich bei der Simulation großer Netzwerke sehr negativ auswirkt. Bei einer Netzwerkgröße von 100 Verarbeitungselementen sind bereits $100^2$ ($= 10\,000$) Konnektionen abzuarbeiten und 100 mal die Aktivierungswerte neu zu bestimmen. Selbst wenn keine Verbindungen zwischen einzelnen Elementen bestehen, bzw. ein vorgeschaltetes Element nicht aktiv ist, muß auf die Datenstruktur zurückgegriffen werden. Bei einem Netzwerk aus 1000 Elementen handelt es sich bereits um 1 000 000 Zellen einer Konnektionsmatrix, wobei zumindest die erste if–Abfrage der inneren Schleife in der Funktion getnet in jedem Zyklus ebenso oft durchzuführen ist und die Funktion update in jedem Zyklus 1000 mal aufgerufen werden muß. Insgesamt würde 1 000 000 mal die innere getnet–Schleife und 1000 mal die äußere update–Schleife in jedem der 100 Zyklen aufgerufen, was für die Simulation den Gesamtwert von 1.001e+08 ergibt (d.h. 100 100 000). Selbst wenn nur existierende Konnektionen zur Berechnung herangezogen werden, ist der Rechenaufwand immer noch immens.

Das folgende Beispiel soll dies noch einmal verdeutlichen. Gegeben sei ein Schichtennetzwerk mit 100 Elementen in Ein- und Ausgabeschicht und 80 Elementen in der Zwischenschicht, wobei von einer unidirektionalen Vollverknüpfung zwischen den einzelnen Schichten ausgegangen werden soll. Von der Eingangs- zur Zwischenschicht und von dieser zur Ausgangsschicht bestehen jeweils 8000 Verbindungen, d.h. insgesamt 16 000, was in 100 Zyklen 1 600 000 Zugriffe ausmacht. Hierzu sind noch in 100 Zyklen die Aufrufe der update Funktion für alle 280 Elemente hinzuzuzählen, wodurch sich der Gesamtwert von 1 628 000 Zugriffen ergibt[129].

## 6.3.2  Ein etwas anderer Ansatz

Ein solch immenser Arbeitsaufwand ist in den meisten Fällen jedoch vermeidbar. Das Verfahren der *selektiven Propagierung* geht dabei von zwei einfachen und intuitiv einsichtigen Grundannahmen aus:

- Es sollten nur solche Elemente in die Simulation einfließen, die für den konkreten Verarbeitungsprozeß relevant sind.

- Nur wenn ein Verarbeitungselement aktiv wird, brauchen Konnektionen zu anderen Elementen berücksichtigt werden.

Betrachten wir in diesem Zusammenhang noch einmal das Beispiel des 100-80-100 Encoders mit seinen 1 628 000 Zugriffen unter diesen veränderten Gesichtspunkten. Nehmen wir hierzu an, daß von den 100 Elementen der Eingabeschicht lediglich 50 Prozent externen Input erhalten – wobei dieser Wert eher noch zu hoch gegriffen ist – und in der gesamten Simulation somit nur 5000 Zugriffe auf die Eingabeschicht entfallen (d.h. $50*100$). Ferner soll angenommen werden, daß diese 50 Elemente erst nach 20 Zyklen ihren Schwellwert überschritten haben. In diesem Fall sind während der ersten 20 Zyklen keine Konnektionen zu anderen Elementen zu berücksichtigen. In den restlichen 80 Zyklen erhalten, eine Vollverknüpfung zwischen den einzelnen Schichten vorausgesetzt, alle 80 Elemente der Zwischenschicht von 50 Elementen der Eingabeschicht Input, d.h. daß sich $50*80*80 = 320\,000$ Zugriffe für die Konnektionen und $80 * 100 = 8000$ für die Aktivierungszustände ergeben. Durch das Wechselspiel von positiv und negativ gewichteten Konnektionen ist davon auszugehen, daß nicht

---

[129] Tatsächlich ergeben sich durch das Abgreifen aller Zellen und eines Aufrufs der update Funktion in jedem Zyklus $(280 * 280 * 100) + (100 * 280) = 7\,868\,000$ Zugriffe.

alle Elemente der Zwischenschicht aktiv werden. Nehmen wir daher wieder 50 Prozent an, was 40 Elemente ausmacht. Da diese erst mit einer weiteren Verzögerung von 20 Zyklen die Elemente in der Ausgabeschicht beeinflussen, sind nur über die restlichen 60 Zyklen die Konnektionen von 40 Elementen der Zwischenschicht zu 100 Elementen der Ausgabeschicht zu bearbeiten (= 240 000 Zugriffe). Daneben braucht nur noch für 60 Zyklen eine Verarbeitung aller Elemente der Ausgabeschicht stattzufinden (= 6000 Zugriffe). Insgesamt ergeben sich somit lediglich 579 000 Zugriffe gegenüber 1 628 000 (bzw. 7 868 000) nach der herkömmlichen Strategie, was eine Einsparung von etwa 65 Prozent (bzw. 92 Prozent[130]) ausmacht. Ist ein Netzwerk um ein Vielfaches umfangreicher, ohne daß die Eingabemuster größer oder komplexer werden, ändert sich nach dem herkömmlichen Verfahren die Verarbeitungskomplexität proportional zur Anzahl der neu hinzu kommenden Elemente. Bei selektiver Propagierung ist die Verarbeitungskomplexität mehr vom konkreten Eingabemuster als von der Anzahl der Elemente im Netzwerk abhängig. So ist es z.B. denkbar, daß in einem lose gekoppelten Netzwerk mit 10000 Elementen der Verarbeitungsaufwand bei einem kleinen Eingabemuster noch geringer ausfällt, als im zuvor erwähnten Beispiel des 100-80-100-Encoders.

Er stellt sich nun die Frage, wie eine solche selektive Propagierung konkret zu gestalten ist. Zu Beginn der Arbeiten entstand die Idee, einzelne Verarbeitungselemente als Funktionsobjekte aufzufassen, die sich gegenseitig aufrufen. Diese Vorgehensweise hat jedoch zwei prinzipielle Nachteile: Zum einen läßt sich die gewünschte Parallelität auf Von-Neumann-Architekturen nur schwer realisieren, da die Funktionsaufrufe immer zuerst in die Tiefe gehen (depth–first Prinzip). Zum anderen ensteht durch die Uniformität der vielen gleichartigen Funktionsobjekte ein riesiger aber unnötiger Speicherverbrauch.

Dieses Problem läßt sich jedoch dadurch lösen, daß ein einfacher Funktionsprototyp zum Einsatz kommt und die für jedes Verarbeitungselement individuellen Daten, wie z.B. der Aktivierungszustand und die gewichteten Verbindungen zu anderen Elementen, als Eigenschaften der einzelen Elemente abgelegt werden. Gemeinsame Eigenschaften aller Elemente oder Eigenschaften einer eingeschränkten Menge von Elementen werden hingegen an eine gemeinsame Datenstruktur gebunden, die hier als *Gruppe* bezeichnet ist. So ist z.B. der Schwellwert aller Elemente nur einmal als Eigenschaft der Gruppe global vermerkt. Das Problem der in die Tiefe gehenden Funktionsaufrufe ist dadurch zu umgehen, daß solche Aufrufe des Funktionsprototyps über eine separate Datenstruktur, den *Prozeß–Buffer*, der durch eine an die Variable **procbuf** gebundene Liste repräsentiert wird, abgewickelt werden. Im folgenden ist die Datei DELTA1.ENV zu sehen, welche die Umgebungsfunktionen do_pass und cycle enthält:

```
(setq !*comp t)
(global globals)
```

---

[130] Diese Zahl bezieht sich auf den Wert von 7 868 000 Zugriffen, der sich beim Zugriff auf alle Zellen der Konnektionsmatrix ergibt.

```
(de do_pass ()
  (prog ()
    (mapc **procbuf** (function (lambda (u)
                      (put u 'netinput (get u 'tmpinput))
                      (put u 'tmpinput 0))))
   loop
     (cond ((null **procbuf**) (return nil)))
     (activate (pop **procbuf**))
     (go loop)))

(de cycle (mode)
  (prog ((brkcount 0))
    (cond ((eq mode 'start)
          (setq *pass* 1)
          (setq *ndelay* *delay*)
          (setq *extern_inp* *inputlist*)
          (mapc *extern_inp* (function (lambda (u)
                               (put u 'stay
                                    (getval u 'stay)))))
          (setq *extern* (cond (*_delay*
                                 (cons (pop *extern_inp*) nil))
                               (t *extern_inp*)))
          (mapc *extern* (function (lambda (u)
                           (put u 'extinput
                                (getval u 'extinput))))) ))
    (mapc *units* (function (lambda (u) (put u 'tmpinput 0))))
    (setq **updatelist** nil)
   loop
     (cond ((igreaterp *pass* *passes*)
            (setq *pass* 1)
            (setq *_actsaved* nil)
            (setq *_logsaved* nil)
            (return t))
           ((eqn *break* brkcount)
            (setq *_actsaved* nil)
            (setq *_logsaved* nil)
            (return nil)))
     (setq **procbuf**
         (union (union *extern* **updatelist**) **activelist**))
     (setq **updatelist** nil)
     (showpass *pass*)
     (do_pass)
     (setq *extern* (mapcan *extern*
                     (function (lambda (u)
                        (cond ((leq (put u 'stay
                                     (isub1 (get u 'stay))) 0)
                               (put u 'extinput 0) nil)
                              (t (list u)))))))))
```

```
(cond (*_delay*
        (cond ((and (eqn *pass* *ndelay*)
                    *extern_inp*)
               (put (car *extern_inp*)
                    'extinput
                    (get 'extinput
                         (ingroup (car *extern_inp*)))))
              (setq *extern*
                    (cons (pop *extern_inp*) *extern*))
              (setq *ndelay*
                    (iplus2 *ndelay* *delay*)))
              (t nil))))
    (setq brkcount (iadd1 brkcount))
    (setq *pass* (iadd1 *pass*))
    (go loop)))


(unglobal globals)
(setq !*comp nil)
```

Betrachten wir den Kern der Funktion cycle, so läßt sich eine Programmschleife zwischen loop und (go loop) erkennen, die die Anzahl der in der Variable *passes* vermerkten Zyklen durchläuft und dabei durch *pass* kontrolliert wird. Die zentralen Ausdrücke in dieser Schleife sind hierbei:

```
loop
    ...
    (setq **procbuf**
        (union (union *extern* **updatelist**)
               **activelist**))
    (setq **updatelist** nil)
    (showpass *pass*)
    (do_pass)
    ...
    (go loop)))
```

In die Liste **procbuf** wird eine Vereinigungsmenge der drei Listen *extern*, **updatelist** und **activelist** geschrieben, wobei es sich in Liste *extern* um diejenigen Elemente handelt, die externen Input erhalten, bei **updatelist** um eine Liste von Elementen, die im letzten Durchgang zur Verarbeitung vorgemerkt wurden, während in **activelist** alle aktiven Elemente gespeichert sind. Dabei handelt es sich entweder um Elemente, die ihren Schwellwert überschritten haben, bzw. beim Einsatz eines Abschwellfaktors um solche, deren Aktivierungszustand vom definierten Ruhezustand REST abweicht. Anschließend erfolgt eine Löschung von **updatelist**, um im folgenden Durchgang neue Elemente aufzunehmen. Die Funktion showpass dient der Ausgabe der Nummer des gerade durchgeführten Zyklus und der Anzeige von Werten derjenigen Elemente, die während der Simulation einer Überwachung unterliegen. Die Funktion do_pass hingegen führt dann den eigentlichen Simulationsschritt aus, indem die gesamte **procbuf** Liste abgearbeitet wird.

Der Funktionsprototyp `activate` wird dabei mit jedem Element aus `**procbuf**` aufgerufen, solange, bis die Liste leer ist. Zuvor findet jedoch noch eine Übertragung der Netzeingabe `tmpinput` aus dem letzten Zyklus nach `netinput` statt, welche im aktuellen Zyklus berücksichtigt wird.

Dieser Funktionsprototyp ist in der Datei `DELTA1F.PU` abgespeichert und läßt sich in den Simulator über den Menüpunkt „Neuron laden" eincompilieren. Unter anderem enthält die Funktion `activate` die Aktivierungsfunktion für die Verarbeitungselemente und eine spezielle Lernfunktion. Insgesamt hat die Datei den folgenden Inhalt:

```
(setq !*comp t)
(global globals)

(setq *_integer* nil)

(de activate (unit)
  (prog (rest maxval minval treshold estr beta eta ignore extinput
         activation group netinput decay aflag nunits vunits dfactor)
    (setq activation (get unit 'activation))
    (setq group (ingroup unit))
    (setq netinput (get unit 'netinput))
    (setq rest (getval unit 'rest group))
    (setq maxval (getval unit 'maxval group))
    (setq minval (getval unit 'minval group))
    (setq treshold (getval unit 'treshold group))
    (setq estr (getval unit 'estr group))
    (setq beta (getval unit 'beta group))
    (setq extinput (get unit 'extinput))
    (setq decay (getval unit 'decay group))
    (setq eta (getval unit 'eta group))
    (setq ignore (quotient maxval 200.0))
    (setq netinput (plus2 (times2 estr extinput)
                          (times2 beta netinput)))
    (put unit 'netinput 0)
    (setq activation
        (plus2 activation
                (difference
                  (times2 netinput
                    (cond ((greaterp activation 0)
                           (difference maxval activation))
                          (t (difference activation minval))))
                  (cond (*_decay*
                          (times2 decay
                            (difference activation rest)))
                        (t 0)))))
    (cond ((and *decay*
                (lessp (abs (difference activation rest))
                       ignore))
            (setq activation rest)))
```

```
(cond ((greaterp (put unit 'activation
                    (cond ((greaterp activation maxval)
                           (setq activation maxval))
                          ((minusp (plus2 activation
                                          (abs minval)))
                           (setq activation minval))
                          (t activation) ))
                 treshold)
       (setq aflag nil)
       (setq vunits 0.0)
       (setq nunits 0.0)
       (mapc (connections unit)
         (function (lambda (x)
          (cond (*_delta*
                 (cond ((geq
                         (get (car x) 'activation)
                         (getval (car x) 'treshold))
                        (setq aflag t)))
                 (setq vunits
                    (plus2 vunits (abs (cadr x))))
                 (setq nunits (add1 nunits)) ))
            (put (car x) 'tmpinput
               (plus2 (get (car x) 'tmpinput)
                      (times2 activation (cadr x))))
            (cond ((memq (car x) **updatelist**) nil)
               (t (pushbuff (car x)
                            **updatelist**))) )))
       (cond (*_delta*
              (setq dfactor
              (times2 eta
               (sub1 (quotient vunits nunits))))
              (mapc (connections unit)
                (function (lambda (x)
                  (rplaca (cdr x)
                    (plus2 (cdr x)
                      (times
                        dfactor
                        (abs (cadr x))
                        (cond ((not aflag) activation)
                              ((lessp
                                (get (car x) 'activation)
                                (getval (car x) 'treshold))
                               (minus activation))
                              (t (plus2
                                  (get (car x) 'activation)
                                  activation))) ))) )))
              (setq aflag nil)
              (setq vunits 0.0)
```

```
                    (setq nunits 0.0)
                    (mapc (connections unit 'from)
                      (function (lambda (x)
                        (cond ((geq
                                 (get (car x) 'activation)
                                 (getval (car x) 'treshold))
                               (setq aflag t)))
                          (setq vunits
                            (plus2 vunits (abs (cadr x))))
                          (setq nunits (add1 nunits)) )))
                    (setq dfactor
                      (times2 eta
                        (sub1 (quotient vunits nunits))))
                    (mapc (connections unit)
                      (function (lambda (x)
                        (rplaca (cdr x)
                          (plus2 (cdr x)
                            (times
                              dfactor
                              (abs (cadr x))
                              (cond ((not aflag) activation)
                                    ((lessp
                                      (get (car x) 'activation)
                                      (getval (car x) 'treshold))
                                     (minus activation))
                                    (t (plus2
                                        (get (car x) 'activation)
                                        activation))) ))) ))) )))
            (t nil))
      (setq **activelist** (deleq unit **activelist**))
      (cond ((eqn activation rest) nil)
            (t (pushbuff unit **activelist**)))
      (cond ((and *_log* (memq unit *loglist*))
             (putv (get unit 'log)
                   *pass* activation))) ))

(unglobal globals)
(setq !*comp nil)
```

Zunächst findet eine Bestimmung der Werte statt, die unter den verschiedenen Eigenschaften des Elements abgelegt sind, das der Funktion unter der Bezeichnung unit
übergeben wurde. Bei den Eigenschaften handelt es sich um die in Abbildung 6.32
dargestellten Variablen. Im Anschluß daran wird die Gesamteingabe aus netzinterner
und externer Eingabe berechnet, wobei diese jeweils mit den Faktoren estr und beta
gewichtet werden:

```
(setq netinput (plus2 (times2 estr extinput)
                      (times2 beta netinput)))
```

| Eigenschaft | Beschreibung |
|---|---|
| activation | Aktivierungszustand des Elements |
| group | Gruppe des Elements |
| netinput | die Netzeingabe |
| rest | der Ruhezustand |
| maxval | die maximal mögliche Aktivierung |
| minval | die minimal mögliche Aktivierung |
| treshold | der Schwellwert |
| estr | Gewichtung der externen Eingabe |
| beta | Gewichtung der netzinternen Eingabe |
| extinput | die externe Eingabe |
| decay | der Abschwellfaktor |
| eta | die Lernrate |
| ignore | erlaubter zu überspringender Wert |

Abb. 6.32: Beschreibung von Variablen

Entsprechend der Propagierungsfunktion

$$net_{i_s} = \sum_{j_s} w_{i_s j_s} o_{j_s} \beta + ext_{i_s} \varepsilon$$

wird hier nicht die Eingabe für alle Elemente $i$ bestimmt, sondern nur für solche, die sich auf der Liste **procbuf** befinden, also selektiert sind ($= i_s$). Außerdem können nur selektierte Elemente andere mit Input versorgen ($= j_s$). Die Gewichtungen der externen und internen Eingaben $\beta$ und $\varepsilon$ korrelieren im Programmcode mit beta und estr. Als nächstes erfolgt dann der Aufruf der Aktivierungsfunktion, die einen bestehenden Aktivierungszustand mit der neuen Eingabe verrechnet:

$$a_{i_s}(t+1) = a_{i_s}(t) + f(net_{i_s}(t))$$

Die neue Eingabe ist eine Funktion über die Gesamteingabe $net$ für ein selektiertes Element $i_s$ und orientiert sich im wesentlichen an der von McClelland/Rumelhart (1988:17) verwendeten Aktivierungsfunktion. Konkret hat die Funktion $f(net_{i_s}(t))$ die Form:

$$f(net_{i_s}(t)) = \left\{ \begin{array}{ll} net_{i_s}(max_{i_s} - a_{i_s}) - decay_{i_s}(a_{i_s} - rest_{i_s}) & : \quad net_{i_s} > 0 \\ net_{i_s}(a_{i_s} - min_{i_s}) - decay_{i_s}(a_{i_s} - rest_{i_s}) & : \quad net_{i_s} \leq 0 \end{array} \right\}$$

Die Berechnung des neuen Aktivierungszustands erfolgt im Programmcode durch:

```
(setq activation
    (plus2 activation
          (difference
              (times2 netinput
                    (cond ((greaterp activation 0)
                          (difference maxval activation))
```

```
                                    (t (difference activation minval))))
                    (cond (*_decay*
                           (times2 decay
                               (difference activation rest)))
                       (t 0)))))
```

wobei der Abschwellfaktor decay über das Flag *_decay* gesetzt wird. Falls ein Verarbeitungselement keinen Input bekommt, läßt der Abschwellfaktor den Aktivierungszustand abnehmen. Die Abschwellkurve wird im Verlauf der Zyklen jedoch immer flacher und nähert sich nur langsam dem Ruhezustand an. Um das betreffende Element schneller aus der Liste *activelist* nehmen zu können, ist es innerhalb des Spielraums ignore möglich, den Aktivierungszustand direkt auf rest zu setzen.

```
(cond ((and *decay*
            (lessp (abs (difference activation rest))
                   ignore))
       (setq activation rest)))
```

Nach einer Beschneidung von Aktivierungswerten, die aus dem zulässigen Intervall herausragen, findet eine Prüfung statt, ob der Aktivierungszustand des Verarbeitungselements den Schwellwert treshold übersteigt.

```
(cond ((greaterp (put unit 'activation
                      (cond ((greaterp activation maxval)
                             (setq activation maxval))
                            ((minusp (plus2 activation
                                            (abs minval)))
                             (setq activation minval))
                            (t activation) ))
                treshold)
       ...
```

Ist dies der Fall, so erhalten alle Elemente, die mit dem betreffenden Element über eine connect-Anweisung verbunden sind, Input. Zu diesem Zweck' wird zur Netzeingabe tmpinput der einzelnen nachfolgenden Elemente im aktuellen Zyklus die gewichtete Ausgabe (fan-out!) des gerade bearbeiteten Elements hinzu addiert. Da das Folge-Element noch seinen neuen Aktivierungszustand berechnen muß, wird es – falls noch nicht geschehen – in die Liste **updatelist** aufgenommen und kann im nächsten Zyklus bearbeitet werden.

```
(mapc (connections unit)
      (function (lambda (x)
          ...
          (put (car x) 'tmpinput
               (plus2 (get (car x) 'tmpinput)
                      (times2 activation (cadr x))))
          (cond ((memq (car x) **updatelist**) nil)
                (t (pushbuff (car x) **updatelist**)) )))
```

Dieses Verfahren stellt sicher, daß keine Funktionsaufrufe nach dem Depth–First–
Prinzip erfolgen, sondern eine Reihenfolge von der Liste **procbuf** vorgegeben
wird, in der alle noch zu bearbeitenden Elemente aus dem vorherigen Zyklus über die
Bildung einer Vereinigungsmenge mit **updatelist** berücksichtigt werden. Infolge dieser Aufteilung der Bearbeitungsschritte ist zudem die Simulation der parallelen
Verarbeitungsstrategie gewährleistet. Anschließend findet noch eine Einsetzung des
Verarbeitungselements in die Liste **activelist** statt, falls der Aktivierungszustand des Elements vom Ruhezustand abweicht. Ist das Element außerdem noch in
*loglist* vermerkt, d.h., daß sein Aktivierungszustand zu protokollieren ist, wird
diese Aktivierung in den log–Vektor des Elements eingetragen.

```
...
(setq **activelist** (deleq unit **activelist**))
(cond ((eqn activation rest) nil)
      (t (pushbuff unit **activelist**)))
(cond ((and *_log* (memq unit *loglist*))
      (putv (get unit 'log) *pass* activation))) ))
```

Bei diesem Verfahren der selektiven Propagierung werden somit nur solche Elemente
zur Verarbeitung herangezogen, die auch tatsächlich für den Verarbeitungsprozeß relevant sind. Dabei handelt es sich entweder um diejenigen Elemente, die externen Input
erhalten, bzw. von anderen Elementen auf **updatelist** gelegt wurden, oder die
im Verlauf ihrer Bearbeitung einen Aktivierungszustand ungleich rest eingenommen
haben und damit sich selbst über **activelist** wieder dem Verarbeitungsprozeß zuführen. Alle anderen Verarbeitungselemente hingegen bleiben unberücksichtigt,
wodurch sich die enorme Einsparung an Verarbeitungsschritten ergibt.

Wie aus der Definiton der Funktion activate zu entnehmen ist, erfolgt an zwei
Stellen im Programmcode eine Abfrage des Flags *_delta*, das im Falle der Setzung
(= T) die Ausführung einer Lernfunktion regelt. Der hier entwickelte Lernalgorithmus
lehnt sich entfernt an die Hebbsche Lernregel an, wonach eine Verbindung zwischen
zwei gleichzeitig aktiven Elementen verstärkt wird. Das Verfahren, das als *lokale Deltaregel* bezeichnet werden soll, betrachtet ein- und auslaufende Konnektionen eines
Verarbeitungselements getrennt. Die Lernregel ist streng lokal, da aus der Sichtweise
eines Verarbeitungselements nur die jeweiligen ein- und auslaufenden Konnektionen
für eine Veränderung in Betracht kommen. Folglich kann auch nur ein einzelnes Element hierauf einwirken. Somit stellt die lokale Deltaregel einen Gegenpart zu globalen Lernstrategien (z.B. Backpropagation) dar, die immer über das gesamte Netzwerk
operieren. Lernen mit der lokalen Deltaregel ist zumeist unüberwacht und berücksichtigt Aspekte des Wettbewerbslernens (vgl. Rumelhart/Zipser 1986). Für einlaufende
Verbindungen, von denen das Element Input erhält, soll gelten:

- Ist ein Verarbeitungselement aktiv und *kein* vorgeschaltetes Element aktiv, so
  erhöhe alle Gewichtungen einlaufender Verbindungen.

- Ist ein Verarbeitungselement aktiv und *mindestens ein* vorgeschaltetes Element
  aktiv, dann erhöhe alle Gewichtungen einlaufender Verbindungen von aktiven

Elementen und verringere die Gewichtungen einlaufender Verbindungen von inaktiven Elementen.

Für auslaufende Konnektionen gilt entsprechend:

- Ist ein Verarbeitungselement aktiv und *kein* nachgeschaltetes Element aktiv, so
  erhöhe alle Gewichtungen auslaufender Verbindungen.

- Ist ein Verarbeitungselement aktiv und *mindestens ein* nachgeschaltetes Element aktiv, dann erhöhe alle Gewichtungen auslaufender Verbindungen zu aktiven Elementen und verringere die Gewichtungen auslaufender Verbindungen
  zu inaktiven Elementen.

Da dieses Vorgehen die Gefahr in sich birgt, daß die Konnektionen aller vor- oder
nachgeschalteten Elemente erhöht werden, soll der Grad der Veränderung durch eine
Funktion $\delta$ über die Anzahl $k$ aller Konnektionen von vorgeschalteten Elementen
$L$ und den absoluten Wert der Summe aller Gewichtungen dieser Konnektionen für
ein Element $i_s$ gebildet werden. Gleiches ist für die nachgeschalteten Elemente $L$ zu
berechnen[131]. Dieser Faktor errechnet sich durch:[132]

$$\delta_{L_i} = \left( 1 - \frac{\sum_{k_{L_i}} |w_{L_{ij}}|}{k_{L_i}} \right) \eta$$

$\eta$ ist hier eine Lernrate, $\sum_{k_{L_i}} |w_{L_{ij}}|$ die Summe aller Gewichtungen der Konnektionen
von vor- oder nachgeschalteten Elementen und $k_{L_i}$ die Anzahl der Verbindungen.
Mit Hilfe des so gewonnenen Faktors läßt sich nun die konkrete Veränderung einer
Konnektion errechnen:

$$\Delta w_{L_{ij}} = \delta_{L_i} |w_{L_{ij}}| \left\{ \begin{array}{rcl} a_i & : & a_{L_k} < \theta \\ -a_i & : & a_{L_j} < \theta \\ (a_i + a_j) & : & a_{L_j} \geq \theta \end{array} \right\}$$

Hierbei werden verschiedene Fälle unterschieden. Im ersten ist keines der vorgeschalteten (bzw. nachgeschalteten) Elemente aktiv (vgl. $a_{L_k} < \theta$)[133], in allen anderen
jedoch gibt es mindestens ein aktives Element, wobei das gerade bearbeitete inaktiv
(vgl. $a_{L_j} < \theta$) oder aktiv ist (vgl. $a_{L_j} \geq \theta$). Die Veränderung der Gewichtung wird
dann mit der bestehenden Gewichtung verrechnet:

$$w_{L_{ij}}(t+1) = w_{L_{ij}}(t) + \Delta w_{L_{ij}}(t)$$

Im Programmcode findet beim ersten Auftreten des Flags *_delta* eine Ermittlung
der Anzahl aller nachgeschalteten Konnektionen (= nunits) und die Summenbildung
deren Gewichtungen statt (= vunits). Zudem wird überprüft, ob eines dieser Elemente aktiv ist (= aflag).

---

[131] $L$ (= Layer) steht jeweils entweder für die vor- oder nachgeschalteten Konnektionen.

[132] Der Einfachheit halber sind anstatt der Auszeichnungen $i_s$ und $j_s$ nur $i$ und $j$ angegeben. Gemeint
sind aber immer nur selektierte Elemente und deren existierende Konnektionen zu anderen.

[133] $\theta$ bezeichnet hier den Schwellwert.

```
(cond (*_delta*
  (cond ((geq (get (car x) 'activation)
               (getval (car x) 'treshold))
          (setq aflag t)))
  (setq vunits (plus2 vunits (abs (cadr x))))
  (setq nunits (add1 nunits)) ))
```

Beim zweiten Auftreten von *_delta* erfolgt zuerst die Bestimmung von dfactor
($= \delta_{L_i}$) für die Verbindungen zu nachgeschalteten Elementen und anschließend eine
Anpassung der einzelnen Gewichtungen.

```
(cond (*_delta*
        (setq dfactor (times2 eta
                        (sub1 (quotient vunits nunits))))
        (mapc (connections unit)
              (function (lambda (x)
                (rplaca (cdr x)
                        (plus2 (cdr x)
                          (times
                            dfactor
                            (abs (cadr x))
                            (cond ((not aflag) activation)
                                  ((lessp
                                    (get (car x) 'activation)
                                    (getval (car x) 'treshold))
                                   (minus activation))
                                  (t (plus2
                                    (get (car x) 'activation)
                                    activation))) )) )))
...
```

Danach werden die Werte von aflag, nunits und vunits zurückgesetzt und die gesamte Prozedur für die einlaufenden Verbindungen wiederholt, wozu zuerst allerdings
eine Inversion der Fan–Out zur Fan–In Codierung stattfindet.

```
...
(setq aflag nil)
(setq vunits 0.0)
(setq nunits 0.0)
(mapc (connections unit 'from)
      (function (lambda (x)
        (cond ((geq (get (car x) 'activation)
                    (getval (car x) 'treshold))
               (setq aflag t)))
        (setq vunits (plus2 vunits (abs (cadr x))))
        (setq nunits (add1 nunits)) )))
        (setq dfactor (times2 eta
                        (sub1 (quotient vunits nunits))))
        (mapc (connections unit)
```

```
(function (lambda (x)
  (rplaca (cdr x)
          (plus2 (cdr x)
                 (times
                   dfactor
                   (abs (cadr x))
                   (cond ((not aflag) activation)
                         ((lessp
                            (get (car x) 'activation)
                            (getval (car x) 'treshold))
                          (minus activation))
                         (t (plus2
                              (get (car x) 'activation)
                              activation))) ))) ))) )))
```

Bei entsprechend geringem Lernfaktor ist es möglich, über die hier eingesetzte lokale Deltaregel ein permanent adaptierendes Netzwerk einzurichten. Im folgenden soll nun anhand einiger Fallbeispiele gezeigt werden, daß sich die selektive Propagierung auch im praktischen Einsatz bewährt.

## 6.4   Fallbeispiel 1

Die Deklination des Personalpronomens im Deutschen, wie sie in Abbildung 6.33 zu sehen ist (vgl. Knaurs 1976:71), stellt einen interessanten Anwendungsfall dar. Die

|  | Singular | | | | | Plural | | |
|---|---|---|---|---|---|---|---|---|
|  | *1.Pers.* | *2.Pers* | *Mask.* | *3.Pers.* *Fem.* | *Neut.* | *1.Pers.* | *2.Pers.* | *3.Pers.* |
| *Nominativ* | ich | du | er | sie | es | wir | ihr | sie |
| *Genitiv* | meiner | deiner | seiner | ihrer | seiner | unser | euer | ihrer |
| *Dativ* | mir | dir | ihm | ihr | ihm | uns | euch | ihnen |
| *Akkusativ* | mich | dich | ihn | sie | es | uns | euch | sie |

Abb. 6.33: Deklination der Personalpronomen

Übertragung der Tabelle orientiert sich am Aufbau des „Jets und Sharks"–Beispiels von McClelland/Rumelhart (1988:39ff.). So werden hier zunächst Pools (bzw. Cluster) gebildet, die jeweils konkurrierende Eigenschaften enthalten und zwischen denen bidirektionale inhibitorische Verbindungen bestehen. Ein Pool *Numerus* enthält z.B. die Elemente `Singular` und `Plural`. Weitere Pools betreffen die Eigenschaften *Person*, *Genus* und *Kasus*. Außerdem bilden die jeweiligen Oberflächenformen und die betreffenden Instanzen eigene Pools. Während eine Oberflächenform wie z.B. `sie` mehrere Kategorisierungen aufweisen kann, entsprechen die Instanzen immer einem Eintrag aus der Tabelle in Abbildung 6.33. Es existieren somit 32 Instanzen, die zeilenweise von oben nach unten von u1 bis u32 durchnumeriert sind. Die Instanz u1 steht folglich für die Oberflächenform ich, während u24 für ihnen steht. Von den Instanzen aus bestehen bidirektionale Verbindungen zu den Oberflächenformen und allen anderen Eigenschaften. Die Oberflächenformen hingegen besitzen lediglich bidirektionale Verbindungen zu den Instanzen. Die Form es weist z.B. Konnektionen zu den Instanzen u3, u5 und u29 auf. Exzitatorische Verbindungen sind mit 0.1 gewichtet, inhibitorische mit -0.1. Darüber hinaus wurden die in der Parameterdatei PERPRO1.PAR abgelegten Werte verwendet.

```
(setq *parameter* '(decay beta decay estr extinput maxval
                    minval rest treshold))
```

```
(put 'decay 'global 0.1)
(put 'beta 'global 1.0)
(put 'decay 'global 0.1)
(put 'estr 'global 1.0)
(put 'extinput 'global 1.0)
(put 'maxval 'global 1.0)
(put 'minval 'global -1.0)
(put 'rest 'global -0.1)
(put 'treshold 'global 0.4)
```

Nach einer Simulation, in der das Element u1 über 100 Zyklen externen Input erhielt, zeigten die folgenden Verarbeitungselemente einen Aktivierungszustand, der über dem Schwellwert von 0.4 liegt, während alle anderen Elemente eine negative Aktivierung aufweisen.

```
u1   0.9133886
ich  0.4251036
nom  0.4251036
p1   0.4251036
sing 0.4251036
```

Die Instanz u1 hat von allen Elementen den höchsten Aktivierungsgrad angenommen, da dieses Element externen Input erhalten hat. Über die entsprechenden Konnektionen konnten dann im Verlauf der einzelnen Zyklen die Oberflächenform ich sowie die Merkmale nom (= Nominativ), p1 (= 1.Person) und sing (= Singular) ebenfalls ihren Schwellwert überschreiten. Die Abbildung 6.34 zeigt eine graphische Auswertung dieser Simulation, wobei hier zusätzlich noch andere Verarbeitungselemente mit dargestellt sind. Die Reihenfolge der Elemente 0 bis 15 entspricht der Reihenfolge der Elemente in der folgenden Aufstellung:

```
akk, dat, du, fem, gen, ich, mask, neut, nom, p1, p2, p3,
plur, sing, u1, u2
```

Wie zu erkennen ist, fallen Elemente wie u2 (= 15) in ihrer Aktivierung ab und nehmen einen negativen Wert an, sobald sie von einem aktiven Element ihres Pools

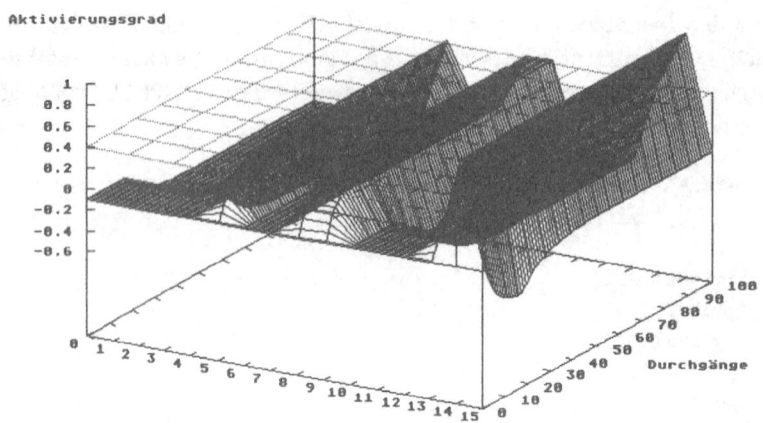

Aktivierungsprotokoll

Aktivierungsgrad

Durchgänge

Abb. 6.34: Zustände nach Aktivierung von „u1"

negativen Input erhalten. Dieser Prozeß setzt für Elemente wie akk oder dat (0 und 1) später ein, da sie erst dann negativen Input bekommen, wenn ein Element im gleichen Pool aktiv wird.

Aktiviert man anstatt einer Instanz eine Oberflächenform wie ihm, dann ergeben sich die folgenden Aktivierungen:

```
ihm    0.8999919
u19    0.3999674
u21    0.3999674
p3     0.05282924
sing   0.05282924
dat    0.05282924
```

Alle relevanten Eigenschaften, außer Genus–Informationen von ihm, haben einen positiven Aktivierungszustand, der jedoch nur im Falle der Oberflächenform den Schwellwert dauerhaft überschreitet. Die Instanzen u19 und u21 nehmen zeitweise eine Aktivierung oberhalb des Schwellwertes von 0.4 an, doch fallen sie infolge des starken Abschwellfaktors von 0.1 in ihrem Wert von Zyklus zu Zyklus wieder zurück. In Abbildung 6.35 ist zu sehen, daß der Aktivierungsverlauf der Instanz u19 (ihm/Mask.) entlang der Linie des Schwellwertes schwach oszilliert.

Beim Aktivierungsverlauf der Eigenschaft sing (= Singular) ist dieser Effekt noch stärker ausgeprägt, da bei externem Input der Oberflächenform ihm die Numerus–Eigenschaft nur über die Instanzen u19 und u21 Input erhalten kann und sich der Abschwellfaktor deutlich bemerkbar macht (vgl. Abbildung 6.36).

Abhilfe schafft hier eine Verringerung des Abschwellfaktors decay von 0.1 auf 0.05. Nach einer Wiederholung der Simulation, bei der die Oberflächenform ihm externen

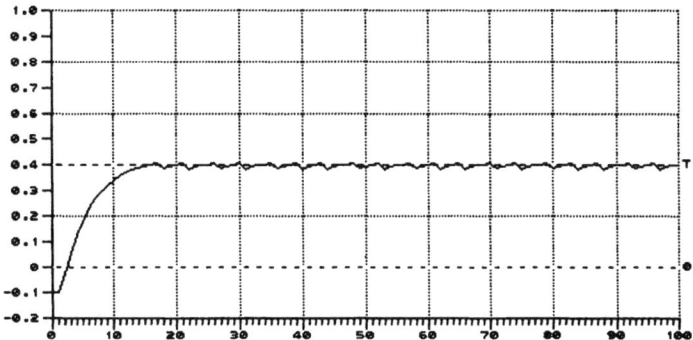

Abb. 6.35: Aktivierungsverlauf der Instanz „u19"

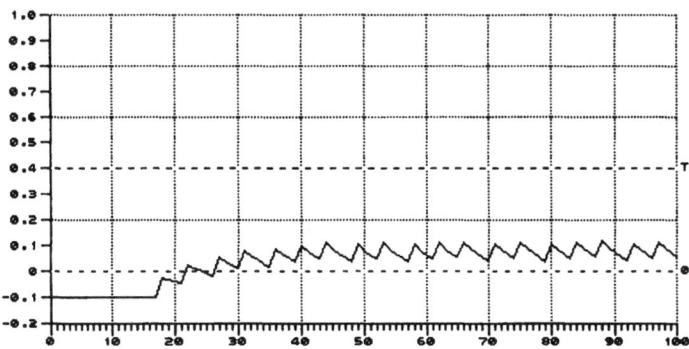

Abb. 6.36: Aktivierungsverlauf der Instanz „sing"

Input erhält, zeigen sich die gewünschten Werte in den Aktivierungszuständen:

| | |
|------|-----------|
| ihm  | 0.9546052 |
| u19  | 0.8080420 |
| u21  | 0.8080420 |
| dat  | 0.7948058 |
| sing | 0.7948058 |
| p3   | 0.7948058 |
| u20  | 0.5665619 |
| mask | 0.4633751 |
| neut | 0.4633751 |

Die Oberflächenform ihm ist den Instanzen u19 und u21 zugeordnet, diesen wiederum die Elemente p3, sing, dat sowie mask (= u19) und neut (= u21). Interessanterweise zeigt auch die Instanz u20 (= ihr) eine hohe Aktivierung, da sie mit u19 und u21 die Eigenschaften Singular, 3.Person und Dativ teilt.

Umgekehrt läßt sich eine Oberflächenform auch über Elemente ansprechen, die lediglich Eigenschaften einer Instanz ausdrücken. Erhalten z.B. die Elemente **sing**, p2 und **gen** internen Input, dann zeigen nach 100 Zyklen die folgenden Elemente eine Aktivierung, die über dem Schwellwert von 0.4 liegt:

```
p2      0.9502182
gen     0.9499476
sing    0.9499476
u10     0.8237916
deiner  0.5842466
```

Die Oberflächenform **deiner** konnte also korrekt hergeleitet werden. Durch die Netzeingabe der aktiven Elemente erlangten auch andere Einheiten, die zwei der aktivierten Eigenschaften mit u10 teilen, einen positiven Aktivierungsgrad. Außerdem konnten die Genus-Eigenschaften, da sie von keiner Seite explizit gehemmt wurden, eine schwach positive Aktivierung einnehmen:

```
u9      0.3512736
u11     0.3512736
u12     0.3512736
u13     0.3512736
u2      0.3507371
u18     0.3507371
u26     0.3507371
u15     0.3496654
fem     0.1114205
mask    0.1114205
neut    0.1114205
```

## 6.5   Fallbeispiel 2

Bei dieser Simulationsreihe soll der Versuch unternommen werden, Wortformen in einem künstlichen neuronalen Netzwerk zu codieren. In vielen klassischen Ansätzen der Computerlinguistik erfolgt eine Speicherung von Vollformen, die mit den jeweiligen Kategorien unterlegt sind. Als Beispiel für eine Netzwerkrepräsentation wird hier das einstellige Verb *schlafen* verwendet. Die in Abbildung 6.37 aufgelisteten Wortformen sind bei einer maschinellen Satzanalyse insbesondere hinsichtlich ihrer Kongruenzmerkmale mit dem Satzsubjekt und ihrer Wortart von Interesse. In einfachen kontextfreien Systemen, wie z.B. dem Chart–Parser nach Earley (1970), werden zunächst nur die einzelnen Wortarten für die verschiedenen Oberflächenformen abgespeichert. Entsprechend einem Schema aus PS–Regeln würde ein Lexikon aus Merkmal-Werte Paaren erzeugt und an eine Variable gebunden (vgl. Zaun 1992:118):

```
(setq lexikon '((schlafe V) (schläfst V) (schläft V) ...))
```

| | | Präsens | Präteritum |
|---|---|---|---|
| Singular | 1.Pers. | schlafe | schlief |
| | 2.Pers. | schläft | schliefst |
| | 3.Pers. | schläft | schlief |
| Plural | 1.Pers. | schlafen | schliefen |
| | 2.Pers. | schlaft | schlieft |
| | 3.Pers. | schlafen | schliefen |

Abb. 6.37: Wortformen von „schlafen"

In LFG hätte ein Lexikoneintrag für das Verb *schläft* die Form:

(schläft, V ( (↑PRED)　　　 = 'schlafen⟨(↑ SUBJ)⟩',
　　　　 (↑TENSE)　　　 = present
　　　　 (↑SUBJ NUM) = singular
　　　　 (↑SUBJ PERS) = 3 ))

Die für die Kongruenzbeziehung zum Satzsubjekt relevanten Informationen betreffen
Person und Numerus, die sich zu komplexen Symbolen wie S1 (für: Singular 1.Person)
oder P2 (für: Plural 2.Person) zusammenziehen lassen. Generell sind als Oberflächen
die Formen *schlaf-*, *schläf-* und *schlief-* mit den Flektionsendungen *-e*, *-t*, *-en*, *-st* und
der Wortgrenze # möglich, d.h.:

schl + {a|ä|ie} + f + {e|t|en|st|#}

Betrachtet man lediglich die bedeutungstragenden Elemente *a*, *ä*, *ie* und *e*, *t*, *en*, *st*,
und #, so sind die in Abbildung 6.38 dargestellten Kombinationen zugelassen. Setzt
man die einzelnen Merkmale in eine Netzwerkrepräsentation um, dann muß z.B. das
Merkmal *a* auf die Kategorien *S1*, *P1*, *P2*, und *P3* verweisen, *en* hingegen auf *P1* und
*P3*. Da Präteritum lediglich eine Eigenschaft von *ie* ist, werden *a* und *ä* mit der Eigenschaft Präsens assoziiert. Insgesamt läßt sich somit die in Abbildung 6.39 zu sehende
Netzwerkrepräsentation entwerfen. Verarbeitungselemente, die mit einem Rechteck

| Kombination | | | Kategorien |
|---|---|---|---|
| a | + | e | S1 |
| a | + | t | P2 |
| a | + | en | P1, P3 |
| ä | + | t | S3 |
| ä | + | st | S2 |
| ie | + | # | S1, S3 |
| ie | + | t | P2 |
| ie | + | en | P1, P3 |
| ie | + | st | S2 |

Abb. 6.38: Kombination vom Merkmalen

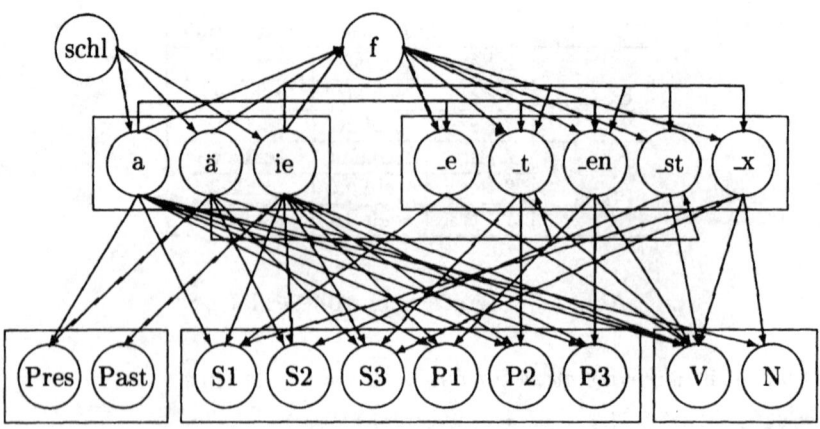

Abb. 6.39: Netzwerk für Wortformen

umschlossen sind, bilden jeweils einen Pool, zwischen dessen Elementen negative Verbindungen bestehen. Stellvertretend für das Symbol # (= Wortgrenze) wird hier _x und für den Umlaut ä die Bezeichnung ae verwendet. Da die Elemente schl und f im konkreten Fall als bedeutungstragende Elemente irrelevant sind, wurden sie bei der Umsetzung nach NEURON-S für das vorliegende Fallbeispiel nicht berücksichtigt. Dafür wurden zusätzlich noch die Elemente mit den Kategorien N und V in das Netzwerk integriert und über die Konnektion a + _x eine nominale Lesart (= Schlaf) mitgeführt.

In der ersten Simulation erhielten die Elemente ie und _st (= *schliefst*) 100 Zyklen lang externen Input, woraufhin sich die folgenden positiven Aktivierungszustände zeigten:

```
_st    0.907563
ie     0.9
v      0.608201
s2     0.608201
past   0.4210525
s1     0.1484747
s3     0.1484747
p1     0.1484747
p2     0.1484747
p3     0.1484747
```

Die korrekt erkannten Formen v s2 und past liegen alle überhalb des Schwellwertes von 0.4. Somit wurde im Netzwerk *schliefst* als ein Verb der 2. Person Singular Past Tense erkannt.

Bei der nächsten Simulation wurden die Verarbeitungselemente a und _x (= *schlaf*) mit externem Input versehen. Nach 100 Zyklen zeigen die Lesarten als Nomen und als Verb eine gleich hohe Aktivierung an.

```
a      0.9
_x     0.9
s1     0.6071427
n      0.5179724
v      0.5179724
pres   0.4210525
s3     0.1491717
p1     0.1491717
p2     0.1491717
p3     0.1491717
```

Eine entsprechende Desambiguierung läßt sich in einem solchen Fall nur durch Zu-
satzinformationen aus dem Kontext erreichen, von dem entweder das Element n oder
v zusätzlichen Input erhält und die gegenseitige Hemmung im Pool Wortart ihre Wirkung zeigt.

Eine weitere Simulation zeigt die Möglichkeit der Desambiguierung im Wort selbst.
Dazu wurden als Elemente, die externen Input erhalten sollen, ae und _t (= *schläft*)
bestimmt. Durch den Einsatz des Verzögerungsfaktors delay wurden die Elemente
jedoch nicht gleichzeitig, sondern in einem Abstand von 30 Zyklen dem Netz dargeboten, d.h., daß in den ersten 30 von 100 Zyklen nur das Element ae externen Input
bekommt. Daraufhin zeigten sich die folgenden Aktivierungszustände:

```
ae     0.947619
v      0.7634149
pres   0.6118686
s2     0.5776078
s3     0.5776078
_st    0.4478089
_t     0.4478089
```

Eindeutig werden hier nur ae, v und pres erkannt, während die Aktivierungen von
s2 und _st die Lesart *schläfst* ausdrücken, s3 und _t hingegen *schläft*. Zu diesem
Zeitpunkt hat sich das System also noch nicht auf eine eindeutige Interpretation festgelegt und hält beide Möglichkeiten aktiv, um gegebenenfalls eine Auswahl treffen
zu können. Für die restlichen 70 Zyklen erhält nun auch das Element _t externen
Input, d.h. das Netz nimmt _t mit einer zeitlichen Verzögerung wahr. Solche Verzöge-
rungen sind für das Sprachverstehen charakteristisch, da Sprache immer entlang der
Zeitachse dimensioniert ist und eine Aufnahme von Sprachdaten immer nacheinander
erfolgt. Der Verarbeitungsprozeß setzt nicht erst dann ein, wenn alle Elemente einer Kette (z.B. Satz oder Wort) wahrgenommen wurden, sondern schon beim ersten
Auftreten einer identifizierbaren Bedeutungs- oder Struktureinheit, wobei mögliche
Alternativen parallel verfolgt werden. In unserer Simulation läßt sich dieses Verhalten
ebenso beobachten. Nach Ablauf der 70 Zyklen zeigt das Netzwerk einen eindeutigen
Zustand:

```
_t     0.9519551
ae     0.947619
```

| s3 | 0.7707925 |
|------|-----------|
| v | 0.7707929 |
| pres | 0.6200654 |
| s2 | 0.1922673 |
| p2 | 0.1741895 |

Die Verarbeitungselemente s3, v und pres liegen über dem Schwellwert und drücken die korrekte Interpretation von *schläft* aus, während s2 in seiner Aktivierung weit zurückgefallen ist. Deutlich zeigt sich im Aktivierungsverlauf des Elements s2 in Abbildung 6.40 zunächst eine Aktivierung über den Schwellwert hinaus, doch fällt diese nach dem 30. Zyklus, ab dem auch _t externen Input erhält, langsam wieder unter den Schwellwert von 0.4 ab, da durch _t das Element s3 Input erhält, welches mit s2 in Konkurrenz tritt.

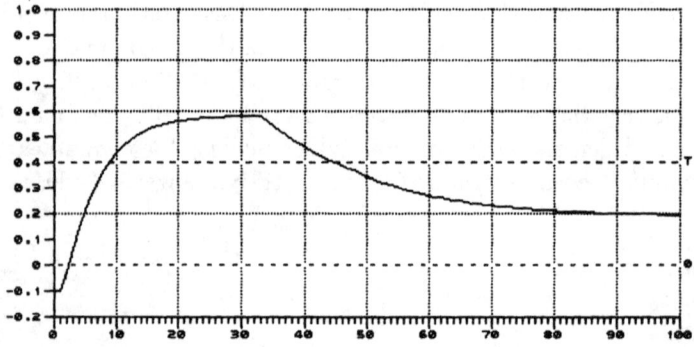

Abb. 6.40: Aktivierungsverlauf des Elements „s2"

Das Element s3 verhält sich somit genau entgegengesetzt zu s2 und zeigt einen Anstieg in der Aktivierung, der sogar noch einmal zunimmt, sobald u2 unter den Schwellwert fällt und keinen hemmenden Einfluß mehr ausüben kann (vgl. Abbildung 6.41). Die Vorauswahl möglicher Interpretationen durch das Verarbeitungselement ae legt somit die Basis für eine Aktivierung, die durch das später auftretende Element _t verstärkt bzw. abgeschwächt wird.

Selbst bei ungrammatischen Input ist das Netzwerk noch dazu in der Lage, Informationen extrahieren zu können. Nach Eingabe von ae _en (= *schläfen*) zeigen sich die folgenden Aktivierungszustände:

| ae | 0.9 |
|------|-----------|
| _en | 0.9 |
| v | 0.6071427 |
| pres | 0.4210525 |
| p1 | 0.3630294 |
| p3 | 0.3630294 |
| s2 | 0.3630294 |
| s3 | 0.3630294 |

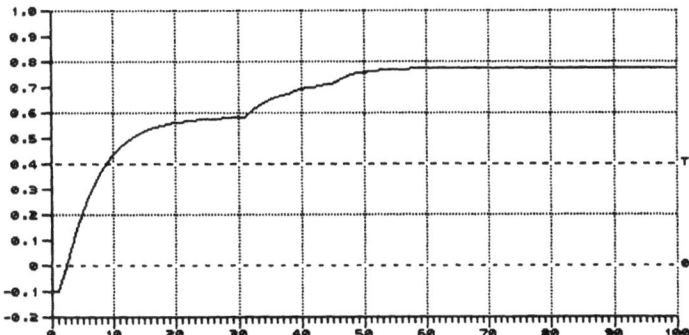

Abb. 6.41: Aktivierungsverlauf des Elements „s3"

v und **pres** wurden eindeutig erkannt, doch konnte noch keiner der Aktivierungszustände von p1, p3, s2 oder s3 den Schwellwert überschreiten. Eine Desambiguierung, bzw. die Möglichkeit einer Interpretation, die zwar nicht der Aktivierung eines
grammatischen Ausdrucks entspricht, aber dennoch ein „Verstehen" ermöglicht, kann
auch hier nur über den angeschlossenen Kontext erfolgen.

## 6.6    Fallbeispiel 3

Eine solche wortübergreifende Interaktion von verschiedenen Verarbeitungselementen soll in diesem Fallbeispiel vorgestellt werden. Hierzu erfolgt eine Erweiterung des
bei der letzten Simulation verwendeten Netzwerks. Neu hinzu kommende Elemente
repräsentieren die Wörter *ich*, *der*, *mann* und *peter* sowie die Eigenschaften *Maskulinum Singular* (= ms), *Femininum Singular* (= fs), *Genitiv* (= **gen**), *Dativ* (= dat),
*Akkusativ* (= **akk**) und *Determinans* (= **det**). Um die einzelnen Wortarten unterscheiden zu können, wurden den Wörtern *ich*, *mann* und **peter** die Kategorien n1
bis n3, dem Netzwerk für *schlaf* aufgrund beider Lesarten v1 und n4 zugeordnet. Zudem bilden die Kasusinformationen mit den Kongruenzmerkmalen s1 bis p3 einen
Pool mit hemmenden Verbindungen, da die Kongruenzmerkmale hier immer einen
Nominativ ausdrücken. Neben der Erweiterung bestehender Konnektionen kommen
Verbindungen für die neuen Verarbeitungselemente hinzu:

```
(connect 'ich 'to '((s1 0.1) (n1 0.1)))
(connect 'der 'to '((det 0.1) (s3 0.1) (ms 0.1)))
(connect 'mann 'to '((n2 0.1) (ms 0.1) (fs 0.1) (gen 0.1) (dat 0.1)))
(connect 'peter 'to '((n3 0.1) (s3 0.1) (dat 0.1) (akk 0.1)))
(connect 'gen 'to '((s3 -0.1) (s2 -0.1) (s1 -0.1) (p3 -0.1) (p2 -0.1)
                    (p1 -0.1) (dat -0.1) (akk -0.1)))
(connect 'dat 'to '((s3 -0.1) (s2 -0.1) (s1 -0.1) (p3 -0.1) (p2 -0.1)
```

```
                    (p1 -0.1) (gen -0.1) (akk -0.1)))
(connect 'akk 'to '((s3 -0.1) (s2 -0.1) (s1 -0.1) (p3 -0.1) (p2 -0.1)
                    (p1 -0.1) (dat -0.1) (dat -0.1)))
(connect 'ms 'to '((fs -0.1)))
(connect 'fs 'to '((ms -0.1)))
(connect 'v1 'to '((n4  -0.1)))
(connect 'n1 'to '((v1 -0.1)))
(connect 'n2 'to '((v1 -0.1)))
(connect 'n3 'to '((v1 -0.1)))
(connect 'n4  to '((v1 -0.1)))
```

Die Eingabe der jeweiligen Form von *schlaf* erfolgte wiederum durch die getrennte Eingabe der jeweiligen bedeutungstragenden Elemente, d.h. a + _e im Falle von *schlafe*. In der ersten Simulation erhielt die Kette ich schlafe mit einem Verzögerungsfaktor von 20 Zyklen externen Input, d.h., daß das Element a erst nach 20 Zyklen und _e nach 40 mit externem Input versorgt wurde. Nach insgesamt 100 Zyklen weisen erwartungsgemäß die Elemente ich, a und _e den höchsten Aktivierungsgrad auf, da sie externen Input erhielten:

| | |
|---|---|
| _e | 0.9519551 |
| ich | 0.947619 |
| a | 0.947619 |
| s1 | 0.8356831 |
| v1 | 0.6909191 |
| n1 | 0.6200654 |
| pres | 0.6200652 |

Abgebildet sind hier allerdings nur diejenigen Verarbeitungselemente, deren Aktivierung über dem Schwellwert von 0.4 liegt. Die gesamte Kette ist hinsichtlich der Kongruenzbeziehung vom Typ s1 (= Singular 1.Person), da dieses Merkmal sowohl von ich, a und _e Aktivierung erhält. v1 steht hier für das erkannte Verb und n1 für die Wortart von ich. Außerdem wurde pres eindeutig erkannt.

In der nächsten Simulation wurde die Kette der mann schlaeft mit einem Verzögerungsfaktor von 10 Zyklen eingegeben. Die entsprechenden Ergebnisse ($\geq$ Schwellwert von 0.4) lauten:

| | |
|---|---|
| _t | 0.9519551 |
| mann | 0.947619 |
| der | 0.947619 |
| ae | 0.947619 |
| s3 | 0.8356831 |
| ms | 0.7703775 |
| v1 | 0.6909259 |
| det | 0.6200654 |
| n2 | 0.6200652 |
| pres | 0.6200625 |

Auch hier wurden alle relevanten Eigenschaften erkannt und mit einem hohen Aktivierungsgrad ausgezeichnet. Die Eigenschaft s3 erhielt von den Elementen der, ae und _t positiven Input und konnte sich gegen konkurrierende Elemente durchsetzen. Ebenso erkannte das Netzwerk die Wortart det für das Determinans, n2 für mann und v1 für die Kombination aus ae und _t. Die hohe Aktivierung von ms zeigt zudem an, daß die Kongruenzkette zwischen Determinans und Nomen stimmig ist. Eine entsprechende Aktivierung der richtigen Eigenschaften zeigt sich auch nach Eingabe der Kette peter schlaeft:

```
_t     0.9519551
peter  0.947619
ae     0.947619
s3     0.8356831
v1     0.6909259
n3     0.6200654
pres   0.6200652
```

Ein interessanter Fall ist das Aufeinandertreffen von korrekten, aber inkompatiblen Wortformen in einer ungrammatischen Kette. Hierzu wurde die Kette peter schlieft nach den schon vorgenannten Kriterien eingegeben. Nach 100 Zyklen hatten die folgenden Verarbeitungselemente ihren Schwellwert überschritten:

```
_t     0.9519551
peter  0.947619
ie     0.947619
s3     0.7955454
v1     0.6909258
p2     0.6571121
n3     0.6200654
past   0.6200652
```

Wäre schlieft dem Netzwerk alleine dargeboten worden, so hätte sich das Merkmal p2 herausgebildet und s3 einen Wert weit unterhalb des Schwellwertes eingenommen. Stattdessen weist hier s3 den höchsten Wert aus dem betreffenden Pool auf, gefolgt von p2. Es zeigt sich eine Art „Priming–Effekt" durch die Vorauswahl einer Eigenschaft von Seiten des ersten Wortes. Der Eigenname peter aktiviert das Element s3, wogegen sich die richtige „wörtliche" Lesart des Verbs nicht durchsetzen kann.

Noch deutlicher zeigt sich dieser Effekt bei der Eingabe eines nicht existierenden Wortes. Dem Netzwerk wurde hierzu bei einer Verzögerung von 10 Zyklen die Kette der mann schlafst präsentiert:

```
der    0.947619
mann   0.947619
a      0.947619
_st    0.947619
ms     0.7703775
v1     0.690121
s3     0.6200664
det    0.6200654
n2     0.6200652
pres   0.6200625
```

Auch hier findet eine Interpretation der ungrammatischen Kette statt und resultiert aufgrund des Priming–Effekts in der Annahme, daß die Kette einen Singular der 3.Person ausdrückt. Da der Aktivierungszustand geringer als bei grammatischen Ausdrücken ist, bzw. als bei ungrammatischen Folgen, die sich aus existierenden Oberflächenformen zusammensetzen, wird der Grad der Abweichung skalierbar:

```
peter schlaeft     :    s3 = 0.8356831
der mann schläft   :    s3   0.8356831
peter schlieft     :    s3 = 0.7955454
der mann schlafst  :    s3 = 0.6200664
```

Traditionelle Systeme würden schon bei der geringsten Abweichung die Analyse abbrechen, wodurch die eingegebenen ungrammatischen Ketten mit unsinnigen Folgen wie „*aspdp qrpowew oewp os*" gleichgesetzt werden. Es ist aber eine Besonderheit der menschlichen Sprachfähigkeit, auch ungrammatischen Input bis zu einem gewissen Grad noch verstehen zu können und Abstufungen hinsichtlich der Ungrammatikalität zu machen. Entsprechend wird von den meisten befragten nativen Sprechern des Deutschen die Kette peter schlieft als „weniger fehlerhaft" angesehen als die Kette der mann schlafst. Eine Modellierung der Fähigkeit zur Verarbeitung natürlicher Sprache – nicht nur in der Computerlinguistik – muß folglich auch solche Aspekte berücksichtigen.

## 6.7   Ausblick

Die Forschung im Bereich sprachverarbeitender künstlicher neuronaler Netzwerke steht noch am Anfang und die Ergebnisse weisen eine Reihe von Defiziten auf, die hauptsächlich auf die gewählten inadäquaten Trainingsmuster, die zum Teil noch zu symbolorientierten Codierungen und die häufig noch zu statischen Netzwerkarchitekturen zurückzuführen sind. Dennoch sind die Perspektiven vielversprechend, da eine Reihe von Problemen der traditionellen Theorien und Verarbeitungsmodelle überwunden werden konnten, bzw. mögliche Richtungen aufgezeigt wurden. Grundlagenforschung ist aber in erster Linie noch hinsichtlich der Architekturen und internen Verarbeitungsmechanismen künstlicher neuronaler Netzwerke zu leisten. Insbesondere ist eine Entwicklung spezialisierter und auf die besonderen Prinzipien künstlicher neuronaler Netze hin ausgerichteten Hardware–Plattformen gefordert, um der extrem hohen Verarbeitungskomplexität zu entgehen, die die Simulation auf Von-Neumann-Architekturen kennzeichnet.

Bei der Verarbeitung der Syntax natürlicher Sprachen dominieren immer noch die klassischen Ansätze, da die Sequentialität im Eingabematerial dem Verarbeitungsprinzip dieser Modelle entgegenkommt. Die sequentiellen Netze nach Jordan (1986) und Elman (1990) sowie der RAAM–Encoder nach Pollack (1988) haben gezeigt, daß auch mit konnektionistischen Netzwerken sequentielles Datenmaterial verarbeitet und repräsentiert werden kann. Zudem wurde demonstriert, wie Priming–Effekte die Lesarten einzelner Elemente determinieren. Solche Voraktivierungen lassen sich, wie bei Waltz/Pollack (1985) beschrieben, aus dem Kontext ableiten, bzw. durch die hier in Fallbeispiel 3 dargestellte verzögerte Darbietung des Eingabematerials erreichen. Prinzipiell scheint eine Verarbeitung der Syntax natürlicher Sprachen, die bisher einen Schwachpunkt künstlicher neuronaler Netze bildete, durchführbar, jedoch ist noch viel Grundlagenforschung zu leisten.

Die vorliegende Arbeit hofft, ihren Teil dazu beigetragen zu haben, mögliche Alternativen zu den traditionellen Sprachverarbeitungsmodellen aufzuzeigen, die bisher nur unbefriedigende Ergebnisse lieferten. Zudem wurde auf bestimmte Aspekte konnektionistischer Modelle hingewiesen, die einer intensiveren Untersuchung bedürfen. Mit dem NEURON-S–Simulator, der lokalen Delta–Regel und dem Verfahren der selektiven Propagierung liefert diese Arbeit zudem das Werkzeug, um solche Untersuchungen anhand konkreter Modelle entwickeln und austesten zu können.

# 7 Literaturverzeichnis

Ackley, D.H./Hinton, G.E./Sejnowski, T.J., 1985. A Learning Algorithm for Boltzmann Machines. In: *Cognitive Science*, 9, 1985. S.147–169.

Ajdukiewicz, K., 1935. Die syntaktische Konnexität. In: *Studia Philosophica, Warschau*, Vol.1. S.1–28.

Albrecht, R.F./Reeves, C.R./Steele N.C., (eds.), 1993. Artificial neural nets and genetic algorithms. *Proceedings of the international conference in Innsbruck*, Austria, 1993. Wien: Springer.

Allen, R.B., 1987. Several Studies on Natural Language and Back–Propagation. In: *Proceedings of the IEEE First International Conference on Neural Networks*, San Diego, 1987, Vol.2. S.335–341.

ALPAC, 1966. *Language and Machines – Computers in Translation and Linguistics. A Report by the Automatic Language Processing Advisory Committee.* Washington: National Academy of Sciences, National Research Council.

Anderson, J.A., 1970. Two models for memory organisation using interacting traces. In: *Mathematical Biosciences*, 8, 1970. S.137–160.

— 1972. A simple neural network generating an interactive memory. In: *Mathematical Biosciences*, 14, 1972. S.197–220.

— 1977. Neural Models with cognitive implications. In: LaBerge, D./Samuels, S.J. (eds.), 1977. *Basic processes in reading perception and comprehension.* Hillsdale, N.J.: Lawrence Earlbaum. S.27–90.

— 1986. Cognitive capabilities of a parallel system. In: Bienenstock et al. (eds.), 1986. *NATO ASI Series, Disordered Systems and Biological Organisation.* Vol. F20. New York: Springer. S.209–226.

Anderson, J.A./Hinton, G.E., 1981. Models of Information Processing in the Brain. In: Hinton, G.E./Anderson, J.A. (eds.), 1981. *Parallel Models of Associative Memory.* Hilldale, N.J.: Lawrence Earlbaum. S.9–48.

Anderson, J.A./Mozer, M.C., 1981. Categorization and selective neurons. In: Hinton, G.E./Anderson, J.A. (eds.), 1981. *Parallel Models of assoziative memory.* Hillsdale, N.J.: Lawrence Earlbaum. S.213–236.

Anderson, J.A./Rosenfeld, E. (eds.), 1988. *Neurocomputing: Foundations of Research.* Cambridge, Mass.: MIT Press.

Anderson, J.A./Silverstein, J.W./Ritz, S.A./Jones, R.S., 1977. Distinctive features, categorial perception, and probability learning: Some applications of a neural model. In: *Psychological Review*, 89, 1977. S.369–406.

Aoki, C./Siekevitz, P., 1989. Die Plastizität der Hirnentwicklung. In: *Spektrum der Wissenschaft*, 2, 1989. S.84–93.

Arens, H., 1969. *Sprachwissenschaft. Der Gang ihrer Entwicklung von der Antike bis zur Gegenwart.* Band 2. Frankfurt a.M.: Athenäum Fischer Taschenbuch Verlag.

Ballmer, T.T., 1976. Inwiefern ist Linguistik empirisch? In: Wunderlich, D. (ed.), 1976. *Wissenschaftstheorie der Linguistik*. Kronberg: Athenäum Verlag.

Bar–Hillel, Y., 1953. A Quasi–Arithmetical Notation for Syntactic Description. In: *Language*, 29. S.47–58. Auch in: Bar-Hillel, Y., 1964. *Language and Information Science.* Reading (Mass.): Addison–Wesley. S.61–74.

Barton, G.E./Berwick, R.C./Ristad, E.S., 1987. *Computational Complexity and Natural Language*. Cambridge, Mass.: MIT Press.

Bartsch, R., 1976. The Role of Categorial Syntax in Grammatical Theory. In: Kasher, S. (ed.), 1976. *Language in Focus: Foundations, Methods, and Systems.* Dordrecht: Foris S.503–540.

Bartsch, R./Lenerz, J./Ullmer–Ehrich, V., 1977. *Einführung in die Syntax*. Kronberg/Ts.: Scriptor (= *Scriptor Taschenbücher S19; Linguistik und Kommunikationswissenschaft*).

Bennis, H./Groos, A., 1982. Die Rektions–Bindungs–Theorie: Neue Aspekte seit den „Aspekten". In: *Zeitschrift für Sprachwissenschaft*, Bd.1, Heft 2, 1982. S.242-250.

Berwick, R.C., 1985. *The Aquisition of Syntactic Knowledge.* Cambridge, Mass.: MIT Press.

Berwick, R.C./Abney, St.P./Tenny, C. (eds.), 1991. *Principle–Based Parsing: Computation and Psycholinguistics.* Dordrecht: Kluwer Academic Publishers.

Beutel, B., 1995. *MALAGA – Eine Sprache zur Implementierung linksassoziativer Grammatiken.* Arbeitspapier, Universität Erlangen–Nürnberg.

Blank, D.S./Meeden, L.A./Marshall, J.B., 1991. *Exploring the Symbolic /Subsymbolic Continuum: A Case Study of RAAM.* Technical Report. Bloomington: Indiana University, Department of Computer Science.

Bloomfield, L., 1933. *Language.* New York: Holt, Rinehart and Winston.

Böttcher, M., 1993. Disjunctions and Inheritance in the Context Feature Structure System. In: *Proceedings of the Sixth Conference of the European Chapter of the Association for Computational Linguistics* (EACL), Utrecht, April 1993.

Bowerman, M., 1982. Reorganizational processes in lexical and syntactic development. In: Wanner, E./Gleitman, L. (eds.), 1982. *Language Acquisition: The State of the Art.* Cambridge, Mass.: Cambrdige University Press.

Braitenberg, V./Schüz, A., 1989. Cortex: hohe Ordnung oder größtmögliches Durcheinander. In: *Spektrum der Wissenschaft*, 5, 1989. S.74–86.

Bussmann, H., 1983. *Lexikon der Sprachwissenschaft.* Stuttgart: Kröner.

Bybee, J./Slobin, D.I., 1982. Rules and schemas in the development and use of the English past tense. In: *Language*, 58, 1982. S.265–289.

Camargo, F.A., 1990. *Learning Algorithms in Neural Networks.* Technical Report CUCS-062-90. The DCC Laboratory, Computer Science Department, Columbia University, New York.

Carlson, L., 1988. RUG: Regular Unification Grammar. In: *Proceedings of COLING-88*, Budapest, 1988. S.102–105.

180

Carpenter, G.A./Grossberg, S., 1987a. A massively parallel architecture for self–organizing neural pattern recognition machine. In: *Computer Vision, Graphics, and Image Processing*, 37, 1987. S.54–115.

— 1987b. Neural dynamics of category learning and recognition: Attention, memory consolidation, and amnesia. In: Davis, J./Newburgh, R./Wegman, E. (eds.), 1987. *Brain Structure, Learning, and Memory*. AAA Symposium Series.

Caudill, M./Butler, C., 1990. *Naturally Intelligent Systems*. Cambridge, Mass.: MIT Press.

Chomsky, N., 1956. Three models for the description of language. In: *IRE Transactions on Information Theory*, 2, No.3. S.113–124.

— 1957. *Syntactic Structures*. The Hague: Mouton.

— 1959. On certain formal properties of grammars. In: *Information and Control*, 2, No.2. S.137–167.

— 1963. Formal properties of grammars. In: Luce, R.D./Bush, R.R./Galanter, E. (eds.), 1963. *Handbook of Mathematical Psychology*, Vol.2. New York: Wiley and Sons. S.323–418.

— 1965. *Aspects of the Theory of Syntax*. Cambridge, Mass.: MIT Press.

— 1970. Remarks on Nominalization. In: Jacobs, R.A./Rosenbaum, P.S. (eds.), 1970. *Readings in English Transformational Grammar*. Waltham, Mass.: Ginn & Company. S.184–221.

— 1972. *Language and Mind*. New York: Harcourt, Brace & Jovanovich.

— 1975. *Reflections on Language*. New York: Pantheon.

— 1976. Conditions on rules of grammar. In: *Linguistic Analysis*, 2. S.303–351.

— 1977. On wh–movement. In: Culicover, P./Wasow, T./Akmajian, A. (eds.), 1977. *Formal Syntax*. New York: Academic Press. S.71–132.

— 1980a. *Rules and Representation*. New York: Columbia University Press.

— 1980b. On Binding. In: *Linguistic Inquiry*, 11. S.1–46.

— 1981. *Lectures on Government and Binding*. Dordrecht: Foris.

— 1986. *Barriers*. Cambridge, Mass.: MIT Press.

— 1992. A Minimalist Program for Linguistic Theory. In: *MIT Occasional Papers in Linguistic*, 1. Cambridge, Mass.: MIT Press.

— 1994. Bare Phrase Structure. In: *MIT Occasional Papers in Linguistic*, 5. Cambridge, Mass.: MIT Press.

Chomsky, N./Lasnik, H., 1977. Filters and Control. In: *Linguistic Inquiry*, 8. S.425–504.

Chomsky, N./Miller, G.A., 1958. Finite–state languages. In: *Information and Control*, 1. S.91–112.

— 1963. Introduction to the formal analysis of natural language. In: Luce, R.D./Bush, R.R./Galanter, E. (eds.), 1963. *Handbook of Mathematical Psychology*, Vol.2. New York: Wiley and Sons. S.269–321.

Clark, A., 1991. Systematicity, structured representations and cognitive architecture: A reply to Fodor and Pylyshyn. In: Horgan, T./Tienson, J. (eds.), 1991. *Connectionism and the Philosophy of Mind.* Dordrecht: Kluwer Academic Publishers. S.198–218.

Clocksin, W.F., 1984. An Introduction to PROLOG. In: O'Shea, T./Eisenstadt, M. (eds.), 1984. *Artificial Intelligence. Tools, Techniques, and Applications.* New York: Harper and Row. S.1–21.

Clocksin, W.F./Mellish, C., 1981. *Programming in Prolog.* New York: Springer.

Coltheart, M., 1980. Deep dyslexia: A review of the syndrome. In: Coltheart, M./Patterson, K., Marshall, J. (eds.), 1980. *Deep dyslexia.* London: Routledge.

Cottrell, G.W., 1989. *A Connectionist Approach to Word Sense Disambiguation.* San Mateo: Morgan Kaufmann.

Cottrell, G./Small, S., 1984. Viewing parsing as word sense discrimination: A connectionist approach. In: Bora, B.G./Guida, G. (eds.), 1984. *Computational Models of Natural Language Processing.* Amsterdam: Elsevier. S.91–119.

Crain, S./Steedman, M., 1985. On not being led up the garden path: the use of context by the psychological syntax processor. In: Dowty, D./ Karttunen, L./Zwicky, A. (eds.), 1985. *Natural language parsing. Psychological, computational, and theoretical perspectives.* Cambridge: Cambridge University Press. S.320–358.

Crick, F., 1979. Thinking about the Brain. In: *Scientific American*, 241. S.219–232.

Crick, F./Asanuma, C., 1986. Certain Aspects of the Anatomy and Physiology of the Cerebral Cortex. In: Rumelhart,D.E./McClelland, J.L./The PDP Research Group (eds.), 1986. *Parallel Distributed Processing: Explorations in the Microstructure of Cognition,* Vol. 2. Cambridge, Mass.: MIT Press. S.333–371.

Davenport, M.R./Day, S.P., 1992. *Continuous–Time Temporal Back–Propa-gation with Adaptable Time Delays.* University of British Columbia, Vancouver. Preprint to appear in: *IEEE Transactions on Neural Networks.*

Dayan, P./Sejnowski, T.J., 1992. *TD($\lambda$) Converges with Probability 1.* Technical Report, CNL, The Salk Institute, San Diego, CA.

Dietrich, E., 1990. Programs in the search for intelligent machines: the mistaken foundations of AI. In: Partridge, D./Wilks, Y. (eds.), 1990. *The foundations of artificial intelligence.* Cambridge: Cambridge University Press. S.223–233.

Dorffner, G., 1991. *Konnektionismus.* Stuttgart: Teubner (= *Leitfäden der angewandten Informatik*).

Duda, R.O./Hart, P.E., 1973. *Pattern Classification and Scene Analysis.* New York: Wiley.

Dyer, M.G., 1990. Symbolic NeuroEngineering for Natural Language Processing: A Multilevel Approach. In: Barnden, J.A./Pollack, J.B. (eds.), 1990. *Advances in Connectionist and Neural Computation Theory 1. Heigh–Level Connectionist Models.* Norwood, NJ.: Ablex. S.32–86.

Dyer, M.G., 1991. Connectionism versus Symbolism in High–Level Cognition. In: Horgan, T./Tienson, J. (eds.), 1991. *Connectionism and the Philosophy of Mind.* Dordrecht: Kluwer Academic Publishers. S.382–416.

Earley, J., 1970. An efficient context–free parsing algorithm. In: *Communications of the Association for Computing Machinery* (= *CACM*) 6:8. S.451–455.

Eikmeyer, H.-J./Schade, U., 1994. Sprachverarbeitung und Sprachpsychologie. *Arbeitspapier zur Herbstschule Konnektionismus und Neuronale Netze* (HeKoNN), Münster 1994.

Eisenberg, P., 1977. Einleitung zu: Eisenberg, P. (ed.), 1977. *Semantik und künstliche Intelligenz*. Berlin, New York: de Gruyter (= *Beiträge zur automatischen Sprachverarbeitung II*). S.1–10.

— 1986. *Grundriß der deutschen Grammatik*. Stuttgart: Metzler.

Eling, P. (ed.), 1994. *Reader in the history of aphasia: from Gall to Geschwind*. Amsterdam: Benjamins. (= *Amsterdam studies in the theory and history of linguistic science*, Series II: Classics in psycholinguistics 4).

Elman, J.L., 1990. Finding Structure in Time. In: *Cognitive Science*, 14, 1990. S.179–211.

— 1991. Distributed Representations, Simple Recurrent Networks, and Grammatical Structure. In: *Machine Learning*, 7, 1991. S.195–225.

Ender, U.F., 1994. *Sprache und Gehirn: Darstellung und Untersuchung der linguistischen Aspekte des Verhältnisses von Sprache und Gehirn unter besonderer Berücksichtigung der Hemisphären- und Zeichenasymmetrien*. München: Fink (= *Patholinguistica* 16).

Fahlman, S.E., 1988. *An Empirical Study of Learning Speed in Back–Propagation Networks*. Technical Report, CMU-CS-88-162.

Fahlman, S.E./Lebiere, C., 1990. The cascade–correlation learning architecture. In: Touretzky, D.S. (ed.), 1990. *Advances in Neural Information Processing Systems*. San Mateo: Morgan Kaufman. S.524–532.

Fanselow, G./Felix, S.W., 1987a. *Sprachtheorie: Eine Einführung in die Generative Grammatik*. Bd.1. Grundlagen und Zielsetzungen. Tübingen: Francke (= *UTB für Wissenschaft: Uni-Taschenbücher* 1441).

— 1987b. *Sprachtheorie: Eine Einführung in die Generative Grammatik*. Bd.2. Die Rektions- Bindungstheorie Tübingen: Francke (= *UTB für Wissenschaft: Uni-Taschenbücher* 1442).

Fanty, M., 1985. *Context–free parsing in Connectionist Networks*. Technical Report TR174. Rochester, N.Y.: University of Rochester, Computer Science Department.

Feldman, J.A./Ballard, D.H., 1982. Connectionist Models and Their Properties. In: *Cognitive Science*, 6, 1982. S.205–254.

Findler, N.V. (ed.), 1979. *Associative Networks*. New York: Academic Press.

Fodor, J.A./McLaughlin, B.P., 1991. Connectionism and the problem of systematicity: Why Smolensky's Solution doesn't work. In: Horgan, T./Tienson, J. (eds.), 1991. *Connectionism and the Philosophy of Mind*. Dordrecht: Kluwer Academic Publishers. S.331–354.

Fodor, J.A./Pylyshyn, Z.W., 1988. Connectionism and Cognitive Architecture: A Critical Analysis. In: *Cognition*, 28, 1988. S.2–71.

Fries, C., 1952. *The Structure of English*. New York: Harper and Row.

Game, G. W./James, C. D., 1993. The application of genetic algorithms to the optimal selection of parameter values in neural networks for attitude control systems. In: *IEE Colloquium on 'High Accuracy Platform Control in Space'*, London, Digest No. 1993/148. S.3/1–3/3.

Garey, M./Johnson, D., 1979. *Computers and Intractability*. San Francisco: W.H. Freeman.

Gazdar, G./Klein, E./Pullum, G./Sag I., 1985. *Generalized Phrase Structure Grammar*. Oxford: Basil Blackwell.

Geschwind, N., 1979. Die Großhirnrinde. In: *Spektrum der Wissenschaft*, 11, 1979. S.127–135.

Golden, R.M., 1994. *Stability and Optimization Analyses of the Generalized Brain State in a Box Neural Network Model*. Working Paper, University of Texas, Dallas. School of Human Development.

Gottlieb, D.I., 1988. Nervenzellen mit GABA als Überträgerstoff. In: *Spektrum der Wissenschaft*, 4, 1988. S.60–67.

Grossberg, S., 1976. Adaptive pattern classification and universal recoding: Part I. Parallel Development and coding of neural feature detectors. In: *Biological Cybernetics*, 23, 1976. S.121–134.

— 1978. A theory of visual coding, memory, and development. In: Leeuwenberg, E.J.L./ Buffart, H.F.J.M. (eds.), 1978. *Formal theories of visual perception*. New York: Wiley.

— 1980. How does the brain build a cognitive code? In: *Psychological Review*, 87, 1980. S.1–51.

Habel, C., 1986. *Prinzipien der Referentialität*. Berlin, New York: Springer (= *Informatik Fachberichte* 122).

Haenelt, K., 1995. *Textmodellbasierte Corpusanalyse*. Kursmaterialien GLDV–Herbstschule, Bonn, 1995. Sankt Augustin: GMD Forschungszentrum (= *Arbeitspapiere der GMD* 935).

Haffener, P./Waibel, A., 1992. Multi–State Time Delay Neural Networks for Continuous Speech Recognition. In: Moody, J.E./Hanson, S.J./Lippmann, R.P. (eds.), 1992. *Advances in Neural Information Processing Systems* 4. San Mateo, C.A.: Morgan Kaufmann Publishers. S.135–142.

Hanson, S.J./Kegl, J., 1987. PARSENIP: A connectionist network that learns natural language grammar on exposure to natural language sentences. In: *Proceedings of the Ninth Annual Conference of the Cognitive Science Society*, Seattle, W.A. S.106–119.

Harris, Z.S., 1951. *Structural Linguistics*. Chicago: Chicago University Press.

Hausser, R., 1986. *NEWCAT: Parsing Natural Language Using Left–Associative Grammar*. Berlin, New York: Springer (= *Lecture Notes in Computer Science* 231).

— 1989. *Principles of Computational Morphology*. Carnegie Mellon University: Laboratory of Computational Linguistics.

— 1995. *Grundlagen der Computerlinguistik in der Linksassoziativen Grammatik*. Unveröff. Manuskript, Universität Erlangen–Nürnberg.

Hebb, D.O., 1949. *The organization of behavior*. New York: Wiley.

Helbig, G., 1971. *Geschichte der neueren Sprachwissenschaft.* Leipzig: VEB Enzyklopädie.

Hellwig, P., 1989. Parsing natürlicher Sprachen: Realisierungen. In: Batori, I.S./Lenders, W. et al. (eds.), 1989. *Computational Linguistics. An international handbook of compu-ter oriented language research and applications.* Berlin, New York: de Gruyter (= *Handbücher zur Sprach- und Kommunikationswissenschaft.* Bd. 4). S.378–432.

Hewitt, C., 1990. The challenge of open systems. In: Partridge, D./Wilks, Y. (eds.), 1990. *The foundations of artificial intelligence.* Cambridge: Cambridge University Press. S.383–395.

Hillis, W.D., 1986. *The Connection Machine.* Cambridge, Mass.: MIT Press.

Hinton, G.E., 1989. Connectionist learning procedures. In: *Artificial Intelligence* 40, 1989. S.185–234.

Hinton, G.E./Sejnowski, T.J., 1986. Learning and Relearning in Boltzmann Machines. In: Rumelhart,D.E./McClelland, J.L./The PDP Research Group (eds.), 1986. *Parallel Distributed Processing: Explorations in the Microstructure of Cognition,* Vol. 1. Cam-bridge, Mass.: MIT Press. S.282–317.

Hopcroft, J.E./Ullman, J.D., 1969. *Formal Languages and Their Relation to Automata.* Reading, Mass.: Addison–Wesley.

Hopfield, J.J., 1982. Neural Networks and physical systems with emergent collective com-putational abilities. In: *Proceedings of the National Academy of Sciences – Biophysics,* 79, 1982. S.2554–2558.

Hopfield, J.J./Tank, D.W., 1985. Neural Computations of decisions in optimization pro-blems. In: *Biological Cybernetics,* 52, 1985. S.141–152.

Hubel, D.H./Wiesel, T.N., 1979. Die Verarbeitung visueller Information. In: *Spektrum der Wissenschaft,* 11, 1979. S.106–117.

Hwang, K./Briggs, F.A., 1984. *Computer Architecture and Parallel Processing.* New York: McGraw–Hill.

Iversen, L.L., 1979. Die Chemie der Signalübertragung im Gehirn. In: *Spektrum der Wis-senschaft,* 11, 1979. S.95–105.

Jackendoff, R., 1977. *X Syntax: A Study of Phrase Structure.* Cambridge, Mass.: MIT Press.

Jarke, M./Krause, J., 1985. Konzeptualisierung und Training für natürlichsprachliche FAS. In: Krause, J./Endres–Niggemeyer B. (eds.), 1985. *Sprachverarbeitung in Information und Dokumentation.* Berlin: Springer (= *Proceedings der Jahrestagung der GLDV*).

Jarke, M./Krause, J./Vassiliou, Y., 1984. *Studies in the evaluation of a domain–independent natural language query system.* Working Paper Series CRIS 72 GBA 84–87(CR). New York: Center for Research on Information Systems, New York University.

Jordan, M.I., 1986. Attractor dynamics and parallelism in a connectionist sequential machi-ne. In: *Proccedings of the Cognitive Science Society,* 1986. S.531–546.

Joshi, A.K., 1985. Tree adjoining grammars: How much context–sensitivity is required to provide reasonable structural descriptions?. In: Dowty, D./ Karttunen, L./Zwicky, A. (eds.), 1985. *Natural language parsing. Psychological, computational, and theoretical perspectives.* Cambridge: Cambridge University Press. S.206–250.

Kalil, R.E., 1990. Nervenverknüpfung im jungen Gehirn. In: *Spektrum der Wissenschaft*, 2, 1990. S.94–102.

Kaplan, R./Bresnan, J., 1982. Lexical–Functional Grammar. A Formal System for Grammatical Representation. In: Bresnan, J. (ed.), 1982. *The Mental Representation of Grammatical Relations*. Cambridge, Mass.: MIT Press. S.173–281.

Kay, M., 1985. Parsing in Functional Unification Grammar. In: Dowty, D.R./Karttunen, L./Zwicky, A.M. (eds.), 1985. *Natural Language Parsing*. Cambridge: Cambridge University Press. S.251–277.

Kelter, S., 1990. *Aphasien. Hirnorganisch bedingte Sprachstörungen und kognitive Wissenschaft*. Stuttgart, Berlin, Köln: Kohlhammer.

Kemke, C., 1988. *Der neuere Konnektionismus. Ein Überblick*. Saarbrücken: Universität des Saarlandes (= *Arbeitspapier der Universität Saarbrücken, FR 10, Informatik IV*).

— 1994. Konnektionismus – Ein Überblick aus der Sicht der KI–Forschung. *Arbeitspapier zur Herbstschule Konnektionismus und Neuronale Netze* (HeKoNN), Münster 1994.

King, M., 1983. Transformational Parsing. In: King, M. (ed.), 1983. *Parsing Natural Language*. New York: Academic Press.

Kirchner, W., 1990. Fehlerkorrektur im Rückwärtsgang. In: *c't. Magazin für Computer Technik*. 1990, Heft 11. S.248–257.

Klenk, U., 1989. Computerlinguistik und die Theorie der formalen Sprachen. In: Batori, I.S./Lenders, W. et al. (eds.), 1989. *Computational Linguistics. An international handbook of computer oriented language research and applications*. Berlin, New York: de Gruyter (= *Handbücher zur Sprach- und Kommunikationswissenschaft*. Bd. 4). S.87–93.

Knaurs, 1976[2]. *Knaurs Rechtschreibung und Fremdwörterlexikon*. München: Lexikographisches Institut.

Kohonen, T., 1977. *Associative Memory: A system theoretical approach*. New York: Springer.

— 1984. *Self–Organization and Associative Memory*. Berlin: Springer.

Kohonen, T./Oja, E./Lehtiö, P., 1981. Storage and Processing of Information in Distributed Associative Memory Systems. In: Anderson, J.A./Hinton, G.E. (eds.), 1981. *Parallel Models of Associative Memory*. Hillsdale, N.J.: Lawrence Earlbaum. S.105–143.

Kuczaj, S., 1977. The acquisition of regular and irregular past tense forms. In: *Journal of Verbal Learning and Verbal Behavior*, 16, 1977. S.589–600.

Kuno, S., 1976. Automatische Analyse natürlicher Sprachen. In: Eisenberg, P. (ed.), 1976. *Maschinelle Sprachanalyse*. Berlin, New York: de Gruyter (= *Beiträge zur automatischen Sprachverarbeitung* I). S.167–203.

Lachter, J./Bever, T.G., 1988. The relation between linguistic structure and associative theories of language learning. A constructive critique of some connectionist learning models. In: *Cognition*, 28, 1988. S.195–247.

Lehnert, W.G., 1990. Symbolic/Subsymbolic Sentence Analysis: Exploiting the Best of Two Worlds. In: Barnden, J.A./Pollack, J.B. (eds.), 1990. *Advances in Connectionist and Neural Computation Theory 1. Heigh–Level Connectionist Models.* Norwood, NJ.: Ablex. S.135–164.

Lenat, D.B./Guha, R.V., 1990. *Building large Knowledge–Based Systems: Representation and Inference in the Cyc Project.* Reading, Mass.: Addison–Wesley.

Lesniewski, S., 1929. Grundzüge eines neuen Systems der Grundlagen der Mathematik. In: *Fundamenta mathematicae,* Vol.14. S.1–81.

Levine, D.N./Sweet, E., 1982. The Neuropathological Basis of Broca's Aphasia and its Implications for the Cerebral Control of Speech. In: Arbib, M.A./Caplan, D./Marshall, J.C. (eds.), 1982. *Neural Models of Language Processes.* New York: Academic Press. S.299–326.

Levin, E./Pieraccini, R./Bocchieri, E., 1992. Time Warping Network: A Hybrid Framework for Speech Recognition. In: Moody, J.E./Hanson, S.J./Lippmann, R.P. (eds.), 1992. *Advances in Neural Information Processing Systems* 4. San Mateo, C.A.: Morgan Kaufmann Publishers. S.151–158.

Lohnstein, H., 1993. *Projektion und Linking. Ein prinzipienbasierter Parser fürs Deutsche.* Tübingen: Niemeyer (= *Linguistische Arbeiten* 287).

MacWhinney, B./Leinbach, J., 1991. Implementations are not conceptualizations: Revising the verb learning model. In: *Cognition,* 40, 1991. S.121–157.

Marcus, M., 1980. *A Theory of Syntactic Recognition for Natural Language.* Cambridge, Mass.: MIT Press.

Markov, A.A., 1954. *Theory of Algorithms.* Moskau: Akademie der Wissenschaften der UdSSR.

Marr, D./Poggio, T., 1976. Cooperative computation of stereo disparity. In: *Science,* 194, 1976. S.283–287.

Marslen–Wilson, W./Tyler, L.K., 1987. Against Modularity. In: Garfield, J.L. (ed.), 1987. *Modularity in Knowledge Representation and Natural Language Understanding.* Cambridge, Mass.: MIT Press. S.37–62.

McClelland, J.L./Kawamoto, A.H., 1986. Mechanisms of Sentence Processing: Assigning Roles to Constituents of Sentences. In: Rumelhart,D.E./McClelland, J.L./The PDP Research Group (eds.), 1986. *Parallel Distributed Processing: Explorations in the Microstructure of Cognition,* Vol. 2. Cambridge, Mass.: MIT Press. S.272–325.

McClelland, J.L./Rumelhart, D.E., 1981. An interactive activation model of context effects in letter perception: Part 1. An account of basic findings. In: *Psychological Review,* 88, 1981. S.375–407.

— 1988. *Explorations in Parallel Distributed Processing.* Cambridge, Mass.: MIT Press.

McClelland, J.L./Rumelhart, D.E./Hinton, G.E., 1986. The Appeal of Parallel Distributed Processing. In: Rumelhart,D.E./McClelland, J.L./The PDP Research Group (eds.), 1986. *Parallel Distributed Processing: Explorations in the Microstructure of Cognition,* Vol. 1. Cambridge, Mass.: MIT Press. S.3–44.

McClelland, J.L./St. John, M./Taraban, R., 1989. Sentence Comprehension: A Parallel Distributed Processing Approach. In: *Language and Cognitive Processes*, 4, 1989. S.287–335.

McCulloch, W.S./Pitts, W., 1943. A logical calculus of the ideas immanent in the nervous activity. In: *Bulletin of Mathematical Biophysics*, 5, 1943. S.115–133.

Minsky, M.L., 1967. *Computation: Finite and Infinite Machines.* Englewood Cliffs, N.J.: Prentice–Hall.

Minsky, M.L./Papert, S., 1969. *Perceptrons.* Cambridge, Mass.: MIT Press.

Moldovan, Dan I., 1993. *Parallel Processing from Applications to Systems.* San Mateo: Morgan Kaufmann.

Moortgat, M., 1986. *KASIMIR. A Categorial Grammar Parser.* Leiden: Instituut voor Nederlandse Lexicologie (= *INL Working Papers*, 86–07).

Nagao, T./Agui, T./Nagahashi, H., 1993. Structural evolution of neural networks having arbitrary connection by a genetic method. *IEICE Transactions on Information and Systems, E76-D(6).* S.689–697.

Nauta, W.J.H./Feirtag, M., 1979. Die Architektur des Gehirns. In: *Spektrum der Wissenschaft*, 11, 1979. S.69–79.

Nenov, V.I./Dyer, M.G., 1988. DETE: Connectionist/symbolic model of visual and verbal association. In: *Proceedings of the IEEE Second Annual International Conference on Neural Networks*, ICNN-88, 1, San Diego CA. S.285–292.

Newell, A., 1973. Artificial Intelligence and the Concept of Mind. In: Schank, R.C./Colby, K.M. (eds.), 1973. *Computer Models of Thought and Language.* San Francisco: Freemann. S.1–60.

Newell, A./Shaw, J./Simon, H.A., 1963. Empirical Explorations with the Logic Theory Machine: A Case History in Heuristics. In: Feigenbaum, E./Feldman, J. (eds.), 1963. *Computers and Thought.* New York: McGraw–Hill. S.39–70.

— 1969. Report on a General Problem–Solving Program. In: *Proceedings of the International Conference on Information Processing*, Paris, 1969.

Newell, A./Simon, H.A., 1976. Computer Science as Empirical Inquiry: Symbols and Search. In: *Communications of the ACM*, 19, 3. S.113–126.

Norman, D.A./Rumelhart, D.E. (eds.), 1975. *Explorations in Cognition.* San Francisco: Freeman.

Ott, N./Zoeppritz, M., 1979. *USL – An Experimental Information System Based On Natural Language.* München: Carl Hanser.

Partee, B.H./ter Meulen, A./Wall, R.E., 1990. *Mathematical Methods in Linguistics.* Dordrecht: Kluwer Academic Publishers.

Pao, Y.-H., 1989. *Adaptive Pattern Recognition and Neural Networks.* Reading: Addison–Wesley.

Peters, P.S./Ritchie, R.W., 1973. On the generative power of transformational grammars. In: *Information Science*, 6. S.49–83.

Petrick, S.P., 1973. Transformational Analysis. In: Rustin, R. (ed.), 1973. *Natural Language Processing*. Englewood Cliffs, N.J.: Prentice–Hall.

Pfister, M./Rojas, R., 1993. Speeding–up Backpropagation: A Comparison of Orthogonal Techniques. In: *Proceedings of the International Joint Conference on Neural Networks, 1993*, Nagoya, Japan.

Piattelli–Palmarini, M. (ed), 1980. *Language and Learning: The Debate between Jean Piaget and Noam Chomsky*. London: Routledge.

Pinker, S., 1984. *Language learnability and language development*. Cambridge, Mass.: Harvard University Press.

— 1991. Rules of language. In: *Science*, 253, 1991. S.530–535.

Pinker, S./Prince, 1988. On language and connectionism: Analysis of a parallel distributed model of language acquisition. In: *Cognition*, 28, 1988. S.74–193.

Plath, W.J., 1973. Transformational Grammar and Transformational Parsing in the REQUEST System. In: *Proceedings of the International Conference on Computer Linguistics*. Pisa, 1973.

Plaut, D.C./Shallice, T., 1991. *Deep Dyslexia: A Case Study of Connectionist Neuropsychology*. Technical Report CRG-TR-91-3, Connectionist Research Group, Department of Computer Science, University of Toronto.

Plunkett, K./Sinha, C., 1991. *Connectionism and Developmental Theory*. Aarhus: Psykologisk Institut Aarhus Universitet. (= *Psykologisk Skriftserie Aarhus* Vol.16 No.1).

Poeck, K., 1995. Sprache im Gehirn: eng lokalisierbar? In: *Spektum der Wissenschaft*, 5, 1995. S.92–98.

Pollack, J., 1988. Recursive Auto–Associative Memory: Devising Compositional Distributed Representations. In: *Proceedings of The Tenth Annual Conference of the Cognitive Science Society*, 1988, Montreal, Quebec. Hillsdale, N.J.: Lawrence Earlbaum. S.33–39.

— 1989. *Recursive Distributed Representations*. Technical Report. Columbus, OH.: Laboratory for AI Research, Computer and Information Science Department, Ohio State University.

Pollard, C.J., 1984. *Generalized Phrase Structure Grammars, Head Grammars, and Natural Language*. Doctoral Dissertation, Stanford University.

Pollard, C.J./Sag, I.A., 1994. *Head–Driven Phrase Structure Grammar*. Chicago: Chicago University Press.

Post, E., 1936. Finite Combinatory Processes - Formulation I. In: *The Journal of Symbolic Logic*, Vol. 1, Heft 3, S.103–106.

Pullum, G.K./Gazdar, G., 1982. Natural languages and context–free languages. In: *Linguistics and Philosophy*, 4, 1982. S.471–504.

Radford, A., 1981. *Transformational Syntax*. Cambridge: Cambridge University Press.

Ramacher, U., 1992. SYNAPSE – A Neurocomputer that Synthesizes Neural Algorithms on a Parallel Systolic Engine. In: *Journal of Parallel and Distributed Computing*, 14, 1992. S.306–318.

Reilly, R., 1991(?). *A Connectionist Technique for On-Line Parsing.* Technical Report, FTP–Paper. Dublin: St.Patricks College, Educational Research Centre.

Ritchie, G.D./Hanna, F.K., 1983. Semantic Networks: A General Definition and a Survey. In: *Information Technology: Research and Development,* 2 (3).

Ritchie, G.D./Thompson, H., 1984.
Natural Language Processing. In: O'Shea, T./Eisenstadt, M. (eds.), 1984. *Artificial Intelligence. Tools, Techniques, and Applications.* New York: Harper and Row. S.358–388.

Rohrer, C./Schwarze, C., 1988. Eine Grammatiktheorie für die prozedurale Linguistik: Die Lexikalisch-Funktionale Grammatik. In: Schnelle, H./Rickheit, G. (eds.), 1988. *Sprache in Mensch und Computer.* Opladen: Westdeutscher Verlag. S.9–62.

Rosenblatt, F., 1959. Two theorems of statistical separability in the perceptron. In: *Mechanisation of thought processes: Proceedings of a symposium held at the National Physical Laboratory, November 1958.* Vol. London: HM Stationery Office. S.421–456.

— 1962. *Principles of neurodynamics.* New York: Spartan.

Rückert, U., 1994. Hardwareimplementierungen neuronaler Netze. *Arbeitspapier zur Herbstschule Konnektionismus und Neuronale Netze* (HeKoNN), Münster 1994.

Rumelhart, D.E./Hinton, G.E./McClelland, J.L, 1986. A General Framework for Parallel Distributed Processing. In: Rumelhart,D.E./McClelland, J.L./The PDP Research Group (eds.), 1986. *Parallel Distributed Processing: Explorations in the Microstructure of Cognition,* Vol. 1. Cambridge, Mass.: MIT Press. S.45–109.

Rumelhart, D.E./Hinton, G.E./Williams, R.J., 1986. Learning Internal Representations by Error Propagation. In: Rumelhart,D.E./McClelland, J.L./The PDP Research Group (eds.), 1986. *Parallel Distributed Processing: Explorations in the Microstructure of Cognition,* Vol. 1. Cambridge, Mass.: MIT Press. S.318–362.

Rumelhart, D.E./McClelland, J.L., 1982. An interactive activation model of context effects in letter perception: Part 2. The contextual enhancement effect and some tests and extensions of the model. In: *Psychological Review,* 89, 1982. S.60–94.

— 1986. PDP Models and General Issues in Cognitive Science. In: Rumelhart,D.E./ McClelland, J.L./The PDP Research Group (eds.), 1986. *Parallel Distributed Processing: Explorations in the Microstructure of Cognition,* Vol. 1. Cambridge, Mass.: MIT Press. S.110–146.

— 1986b. On Learning the Past Tenses of English Verbs. In: Rumelhart,D.E./McClelland, J.L./The PDP Research Group (eds.), 1986. *Parallel Distributed Processing: Explorations in the Microstructure of Cognition,* Vol. 2. Cambridge, Mass.: MIT Press. S.216–271.

Rumelhart,D.E./McClelland, J.L./The PDP Research Group (eds.), 1986. *Parallel Distributed Processing: Explorations in the Microstructure of Cognition.* Cambridge, Mass.: MIT Press. 2 Bände.

Rumelhart, D.E./Zipser, D., 1986. Feature Discovery by Competitive Learning. In: Rumelhart,D.E./McClelland, J.L./The PDP Research Group (eds.), 1986. *Parallel Distributed Processing: Explorations in the Microstructure of Cognition,* Vol. 1. Cambridge, Mass.: MIT Press. S.151–193.

Säckinger, E./Boser, B.E./Jackel, L.D., 1992. A Neurocomputer Board Based on the ANNA Neural Network Chip. In: Moody, J.E./Hanson, S.J./Lippmann, R.P. (eds.), 1992. *Advances in Neural Information Processing Systems*, 4. San Mateo, C.A.: Morgan Kaufmann.

Schabes, Y./Abeillé, A./Joshi, A., 1988. Parsing strategies with 'lexicalized' grammars: Application to Tree Adjoining Grammars. In: *Proceedings of COLING '88*. Budapest.

Schank, R.C., 1977. Computer, elementare Aktionen und linguistische Theorien. In: Eisenberg, P. (ed.), 1977. *Semantik und künstliche Intelligenz*. Berlin, New York: de Gruyter (= *Beiträge zur automatischen Sprachverarbeitung* II). S.113–141.

— 1990. What is AI, anyway? In: Partridge, D./Wilks, Y. (eds.), 1990. *The foundations of artificial intelligence*. Cambridge: Cambridge University Press. S.3–13.

Schult, T.J., 1994. Cyc's Fiction. Alltagswissen im Rechner: die Masse macht's. In: *c't. Magazin für Computer Technik*. 1994, Heft 5. S.94–103.

Schwarz, M., 1992. *Einführung in die Kognitive Linguistik*. Tübingen: Francke (= *UTB für Wissenschaft: Uni-Taschenbücher* 1636).

Sejnowski, T.J./Rosenberg, C.R., 1986. *NETtalk: A parallel network that learns to read aloud*. Technical Report JHU/EECS-86/01, Department of Electrical Engineering and Computer Science, John Hopkins University.

— 1987. Parallel networks that learn to pronouns english text. In: *Complex Systems*, 1, S.145–168.

Sells, P., 1985. *Lectures on Contemporary Syntactic Theories*. Stanford: Center for the Study of Language and Information, Stanford University (= *CSLI Lecture Notes* 3).

Selman, B./Hist, G., 1985. A rule–based connectionist parsing system . In: *Proceedings of the Seventh Annual Cognitive Science Society Conference*, August 1985, Irvine, CA.

Shannon, C.E., 1948. A mathematical theory of communications. In: *Bell System Technical Journal* 27. S.379–423, 623–656.

— 1956. A universal Turing machine with two internal states. In: *Automata Studies*. Princeton, N.J.: Princeton University Press. S.129–153.

Shieber, S.M., 1985. Evidence against the context–freeness of natural language. In: *Linguistics and Philosophy*, 8, 1985. S.333–343.

— 1986. *An Introduction to Unification–based Approaches to Grammar*. Chicago: The University of Chicago Press.

Shieber, S. M./Pereira, F.C.N./Karttunen, L./Kay, M., 1986. *A Compilation of Papers on Unification–based Grammar Formalisms, Parts I and II*. Stanford University: CSLI Report Series 48.

Simmons, R.F./Bruce, B., 1971. Some Relations Between Predicate Calculus and Semantic Net Representations of Discourse. In: *Advance Papers of the Second IJCAI*, London 1971. S.524–529.

Smolensky, P., 1986. Information Processing in Dynamical Systems: Foundations of Harmony Theory. In: Rumelhart,D.E./McClelland, J.L./The PDP Research Group (eds.), 1986. *Parallel Distributed Processing: Explorations in the Microstructure of Cognition*, Vol. 1. Cambridge, Mass.: MIT Press. S.194–281.

— 1988. On the proper treatment of connectionism. In: *Behavioral and Brain Sciences*, 11, 1988. S.1–23.

— 1990. Connectionism and the foundations of AI. In: Partridge, D./Wilks, Y. (eds.), 1990. *The foundations of artificial intelligence*. Cambridge: Cambridge University Press. S.306–326.

— 1991. The constituent structure of connectionist mental states: A reply to Fodor and Pylyshyn. In: Horgan, T./Tienson, J. (eds.), 1991. *Connectionism and the Philosophy of Mind*. Dordrecht: Kluwer Academic Publishers. S.281–308.

Smolensky, P./Riley, M.S., 1984. *Harmony theory: Problem solving, parallel cognitive models, and thermal physics*. Technical Report 8404. La Jolla: University of California, San Diego, Institute for Cognitive Science.

Stevens, C.F., 1979. Die Nervenzelle. In: *Spektrum der Wissenschaft*, 11, 1979. S.46–56.

Stork, D.G., 1989. Is Backpropagation Biologically Plausible? In: *Proceedings of The International Joint Conference on Neural Networks*, Vol.2, 1989. S.241–246.

Sumida, R.A./Dyer, M.G./Flowers, M., 1988. Integrating marker passing and connectionism for handling conceptual and structural ambiguities. In: *Proceedings of the Tenth Annual Conference of the Cognitive Science Society*, August, 1988, Montreal, Canada.

Sutton, R.S., 1988. Learning to predict by the methods of temporal difference. In: *Machine Learning*, 3, 1988. S.9–44.

Tesauro, G., 1992. Practical Issues in Temporal Difference Learning. In: Moody, J.E./Hanson, S.J./Lippmann, R.P. (eds.), 1992. *Advances in Neural Information Processing Systems*, 4. San Mateo, C.A.: Morgan Kaufmann. S.259–266.

Thue, A., 1914. Probleme über Veränderungen von Zeichenreihen nach gegebenen Regeln. In: *Skrifter utgit av Videnskapsselskapet i Kristiana*, I 10.

Turing, A.M., 1936. On Computable Numbers, with an Application to the Entscheidungsproblem. In: *Proceedings of the London Mathematical Society*, Series 2, 42. S.230–265.

Uszkoreit, H., 1986. Catergorial Unification Grammar. In: *Proceedings of COLING-86*, Bonn, 1986. S.187–194.

van Gelder, T., 1990. Compositionality: A Connectionist Variation on a Classical Theme. In: *Cognitive Science*, 14, 1990. S.355–384.

— 1991. Classical questions, radical answers: Connectionism and the structure of mental representations. In: Horgan, T./Tienson, J. (eds.), 1991. *Connectionism and the Philosophy of Mind*. Dordrecht: Kluwer Academic Publishers. S.355–381.

Vater, H., 1982. *Strukturalismus und Transformationsgrammatik. Überblick und Anwendung aufs Deutsche*. Trier: WVT Wissenschaftlicher Verlag Trier.

— 1986. Zur NP–Struktur im Deutschen. In: Vater, H. (ed.), 1986. *Zur Syntax der Determinantien*. Tübingen: Narr (= *Studien zur deutschen Grammatik* 31). S.123–145.

von der Malsberg, C., 1973. Self–organizing of orientation sensitive cells in the striate cortex. In: *Kybernetik*, 14, 1973. S.85–100.

Waibel, A., et al., 1989. Phoneme recognition using time–delay neural networks. In: *IEEE Transactions on Acoustics, Speech, and Signal Processing*, 37, 1989. S.328–339.

— 1992. JANUS: Speech–to–Speech Translation Using Connectionist and Non-Connectionist Techniques. In: Moody, J.E./Hanson, S.J./Lippmann, R.P. (eds.), 1992. *Advances in Neural Information Processing Systems* 4. San Mateo, C.A.: Morgan Kaufmann Publishers. S.183–190.

Wall, R.E., 1972. *Introduction to Mathematical Linguistics*. Englewood Cliffs , N.J.: Prentice–Hall.

Waltz, D.L., 1988. Artificial Intelligence Related Research on the Connection Machine. In: *Proceedings of the International Conference on Fifth Generation Computer Systems*, Tokio 1988. S.1010–1024.

Waltz, D.L./Pollack, J.B., 1985. Massively Parallel Parsing: A Strongly Interactive Model of Natural Language Interpretation. In: *Cognitive Science*, Vol.9, Heft 1, S.51–74.

Wermter, S., 1994. Hybride symbolische und subsymbolische Verarbeitung am Beispiel der Sprachverarbeitung. *Arbeitspapier zur Herbstschule Konnektionismus und Neuronale Netze* (HeKoNN), Münster 1994.

Werntges, H./Eckmiller, R., 1988. Neuronale Computer. Grundlagen, Stand der Forschung und erste Ergebnisse. In: *c't. Magazin für Computer Technik*. 1988, Heft 10. S.70–82.

Westermann, G., 1995. *Konnektionistische Regelverarbeitung. Ein Neuronales Netzwerk zum Erlernen der Partizipienbildung im Deutschen*. Diplomarbeit, TU–Braunschweig, 1995.

Westermann, G./Goebel, R., 1995. *Connectionist Rules of Language*. Technical Report, TU–Braunschweig, 1995. To appear in: *Proceedings of the 17th Annual Conference of the Cognitive Science Society*, 1995.

Wickelgren, W.A., 1969. Context–sensitive coding, associative memory, and serial order in (speech) behavior. In: *Psychological Review*, 76, 1969. S.1–15.

Widrow, G./Hoff, M.E., 1960. Adaptive switching circuits. *Institute of Radio Engineers, Western Electronic Show and Convention, Convention Record*, Part 4. S.96–104.

Wilks, Y., 1977. Sprachverstehende Systeme in der künstlichen Intelligenz. Überblick und Vergleich. In: Eisenberg, P. (ed.), 1977. *Semantik und künstliche Intelligenz*. Berlin, New York: de Gruyter (= *Beiträge zur automatischen Sprachverarbeitung* II). S.180–230.

— 1990. Some comments on Smolensky and Fodor. In: Partridge, D./Wilks, Y. (eds.), 1990. *The foundations of artificial intelligence*. Cambridge: Cambridge University Press. S.327–336.

Williams, R.J./Zipser, D., 1988. *A learning algorithm for continually cunning fully recurrent neural networks*. Technical Report 8805. San Diego: University of California, Institute for Cognitive Science.

Willshaw, D.J., 1971. *Models of distributed associative memory*. Unveröffentlichte Dissertation, University of Edinburgh.

Winston, P.H./Horn, B., 1984². *LISP*. Reading, Mass.: Addison–Wesley.

Wirth, N., 1983⁴. *Systematisches Programmieren*. Stuttgart: Teubner (= *Leitfäden der angewandten Mathematik und Mechanik* 17).

Woods, W.A., 1970. Transition Network Grammars for Natural Language. In: *Communications of the Association for Computing Machinery* (= *CACM*), 13:10. S.591–606.

— 1973. Progress in Natural Language Understanding: An Application to Lunar Geology. In: *AFIPS Conference Proceedings* 42, 1973. S.441–450.

— 1977. Lunar Rocks in Natural English: Explorations in Natural Language Question Answering. In: Zampolli, A. (ed.), 1977. *Linguistic Structures Processing.* Amsterdam: North–Holland.

Zaun, D.P., 1990. *Probleme des links–assoziativen Parsings deutscher Sätze.* Trier: Westdeutscher Verlag Trier (= *Fokus* 2).

— 1992. *LISP. Eine Einführung – nicht nur für Linguisten.* Hürth-Efferen: Gabel Verlag (= *KLAGE* 20).

Zoeppritz, M., 1985. *Computer Talk?* IBM Technical Note 85.05. Heidelberg: IBM Germany.

Zwicky, A. et al., 1965. The MITRE Syntactic Analysis Procedure for Transformational Grammar. In: *Proceedings of Fall Joint Computer Conference.* New York, 1965.

CPSIA information can be obtained
at www.ICGtesting.com
Printed in the USA
BVHW011931210619
551640BV00010B/195/P